トマス・モアの思想と行動

鈴木　宜則

風行社

トマス・モアの思想と行動　《目　次》

[凡　例]

＊本書の以下の論述では、諸著作は、以下のような省略形によって引用する。

1. *Answer*: *The Answer to a Poisoned Book*, ed. S. M. Foley and C. H. Miller, *The Yale Edition of The Complete Works of ST Thomas More*, vol. 11, 1985 (hereafter *CW*).
2. *Apology*: *The Apology*, ed. J. B. Trapp, *CW*, vol. 9, 1979.
3. *Atlantis*: *New Atlantis*, in *The Works of Francis Bacon*, ed. J. Spedding et al., London, 1857-1874, iii; (reprinted, Stuttgart, 1989, hereafter, *WB*)〔ベーコン著・川西進訳『ニュー・アトランティス』、岩波文庫、二〇〇三年。成田成寿訳『ニュー・アトランティス』、『世界の名著』二五『ベーコン』、中央公論社、一九七九年所収〕.
4. *Confutation*: *The Confutation of Tyndale's Answer*, in *CW*, vol. 6, pts. I, II, ed. Rouis A. Schuster, Richard C. Marius, James P. Lusardi, and Richard J. Schoeck, 1973.
5. *Dialogue*: *A Dialogue concerning Heresies*, in *CW*, vol. 6, pts. I, II, ed. T. M. Lawler, G. Marc'hadour and R. C. Marius, 1963.
6. *Correespondence*: *Ovus Epistolarvm Des. Erasmi Roterodami*, II, IV, P. S. Allen, M. A., Oxford, 1909, 1922.
7. *Dulce*: *Dulce bellum*, in *Opera omnia Desiderii Erasmi Roterodami*, ed. J. Clericus, vol. 2, Leiden, 1703-1706; (reprinted, Hildesheim, 1961)〔月村辰雄訳『戦争は体験しない者にこそ快し』、二宮敬「人類の知的遺産」23『エラスムス』、講談社、一九八四年（以下月村訳）〕.
8. *English Poems*: *English Poems, Life of Pico, The Last Things*, in *CW*, vol. 1, ed. Anthony S. G. Edward, Katherine, Gardiner, Rodgers and Clarence H. Miller, 1997.
9. *Epigrams*: *The Latin Epigrams of Thomas More*, ed. L. Bradner and C. A. Lynch, Chicago, 1953.

10. *Heresies*: *A Dialogue concerning Heresies*, in *CW*, vol. 6, pt. I, ed. T. M. C. Lawler, G. Marc'hadour and R. C. Marius, 1981.
11. *History*: *The History of King Richard III*, in *CW*, vol. 2, ed. R. S. Sylvester, 1963.
12. *Institutio*: *Institutio Christiani*, ed. O. Herding, in *Opera omnia Erasmi Roterodami*, iv-4, Amsterdam, 1974（*The Education of a Christian Prince*, tr. L. K Boorn, New York, 1936; repr. 1965).
13. *Latin Poems*: in *CW*, vol. 3, pt. II, ed. Clarence H. Miller, Leicester Bradner, Charles A. Lynch and Revilo P. Oliver, 1984.
14. *Lucian*: *Translation of Lucian*, in *CW*, vol. 3, 1974.
15. *Pico*: *English Poems, Life of Pico The Last Things*, in *CW*, vol. 1, 1997.
16. *Querela*: Querela pacis, ed. O. Herding, in *Opera omnia Desiderii Erasmi Roterodami*, iv-2, Amsterdam, 1977〔箕輪三郎訳『平和の訴え』、岩波文庫、一九六一年（以下、箕輪訳）〕.
17. *Responsio*: *Responsio ad Lutherum*, in *CW*, vol. 5, pt. I, 1969.
18. *Sole*: T. Campanella, *La Citta del Sole; Dialogo Poetico*, trans. D. J. Donno, Berkeley, 1981（*Opere di Giordano Bruno e di Tommaso Campanella*, a cura di A. Guzzo e di R. Wmerio Milano・Napoli, 1956 も参照).
19. *Utopia*: *Utopia*, ed. Edward Surtz, S. J. and J. H. Hexter, in *CW*, vol. 4, 1965〔澤田昭夫訳・改版『ユートピア』、中公文庫、一九九九年（以下、澤田訳）〕.
20. 菊池『ユートピアの政治学』：菊池理夫『ユートピアの政治学――レトリック・トピカ・魔術――』、新曜社、一八七八年。
21. 澤田「モアの執筆意図」監修澤田昭夫『『ユートピア』――歴史・文学・社会思想――』、荒竹出版、一九七六年。
22. 澤田「訳注」：澤田、改版『ユートピア』中公文庫、一九九三年。
23. 鈴木「一試論」：鈴木宜則「ユートピア解明のための一試論――トマス・モアにおける正義の観念――」、『鹿児島大学教育学部研究紀要 人文・社会科学編』、第二三巻、一九七七年（以下、『紀要』）。

24. 鈴木「構造」：鈴木宜則『ユートピアの構造』、田村秀夫編『トマス・モア研究』、御茶の水書房、一九七八年。
25. 鈴木『経済学』：鈴木宜則『研究年報』、『経済学』東北大学経済学会。
26. 鈴木「モアの政治思想」：「初期モアの政治思想」、「社会思想史学会年報」、『社会思想史研究』第五号、一九八一年。
27. 鈴木「ユートピア」：鈴木宜則「ユートピア」、佐藤正志・添谷育志編『政治概念のコンテクスト――近代イギリス政治思想史研究――』、早稲田大学出版会、一九九九年。
28. 伊達「戯作」：「戯作としての『ユートピア』」（一）、（二）、（三）、（四）、『松山商大論集』第二巻、一九七〇年。
29. 伊達『源流』：伊達功『近代社会思想の源流――トマス・モア『ユートピア』の源流――』（増補版）、ミネルヴァ書房、一九七三年。
30. 塚田『モアの政治思想』：塚田富治『トマス・モアの政治思想――イギリスルネッサンス期政治思想研究序説――』、木鐸社、一九七六年。
31. プラトン『法律』：プラトン著、森進一・池田美恵・加来彰俊訳『ミノス　法律』、「プラトン全集13」岩波書店、一九七六年。
32. プラトン『国家』（上）・（下）：プラトン著、藤沢令夫訳『国家』（上）・（下）、岩波文庫、二〇〇九年版。

序論　問題の所在

トマス・モア（一四七七年ないし七八年―一五三五年）に関する諸研究は、政治思想史や社会思想史の分野に限っても、これまで内外の研究者によって、膨大な量を積み重ねてきている。本書は、次の四点を明らかにすることを目的にしている。すなわち、第一に、モアの政治・経済・社会諸観念、教育思想、宗教思想などを総合的に把握し、それぞれの思想の特徴を明らかにした上で、その全体像を構築することである。第二に、第一の論究なかんずくモアの社会諸観念を踏まえて、*Utopia* ＝『ユートピア』[1]（一五一六年・一五一七年・一五一八年版［三版］の計四版がある。[2]）の独自な解釈を行うことである。第三に、モアの政治思想の特徴を明らかにした後に、これとの関連で彼が考えていた当為の国家像・政治家像を明らかにし、これを前提にして、彼がヘンリー八世に仕官した本当の理由を解明をすることである。第四として最後に、以上の諸検討を前提にして、モアの思想史的意義（特に政治・法・経済・社会・教育・宗教思想の意義）を明らかにすることである。

なお、『ユートピア』の初版はエラスムスとピーター・ヒレスが編集したものであるが、本書では、イエール大学からモア全集の中の第四巻として出版された、エラスムスとベアートゥス・レナーヌスが編集して一五一八年三月に刊行されたバーゼル版（第三版）を底本として用いる。

上記の目的を達成するため、本書の構成は、次の十二章及び「序論」・「結論」から成る。すなわち、

「序論　問題の所在」

「第一章　『ユートピア』の構造」――『ユートピア』を構成する形式的並びに実質的内容を筆者の立場から再構

築する。すなわち、『ユートピア』は大別して以下の五つの部分から成る。第一に、十数編の書簡や詩である。これらのほとんどがエラスムスが友人である人文主義者、特に政治に関与している知識人達に依頼したものである[3]。(これらは出版された時期によってその数が異なる。)第二に第一巻である。本巻は架空の人物ヒュトロダエウス、書中のモア、ピーター・ヒレスの三者による鼎談の形式を採っている。ヒュトロダエウスはヒレスによってアメリーゴ・ヴェスプッチに同行した人物(ポルトガル人)として書中のモアに紹介された。ここではイングランドを中心とするヨーロッパと新世界の実情との比較が、ヒュトロダエウスによってなされている。その際知識人の仕官論争も行われ、これに否定的なヒュトロダエウスが「ユートピア」に言及したため、二人がその詳細な実情を説明するようヒュトロダエウスに求めた。第三に第二巻である。ヒュトロダエウスは、ユートピアの家族・社会生活・職業・経済・政治・法制・教育・学問・道徳・宗教などを説明した。本巻は派遣先のフランダースで書かれ、残りは帰国後に執筆され[4]、一五一六年冬に出版された。第一巻、第二巻及びモアのヒレス宛の書簡には小見出し評釈が付されている[5]。第四にヒュトロダエウスによるヨーロッパ並びに、ユートピアの諸制度と人間像の比較並びに評価である。最後に書中のモアによるユートピアの評価とヒュトロダエウスとの再会の期待の表明である。

なお、本書の書名は、*De opuтimo reipuublicae statu deque noua insula Vtopia libellus uere aureus nec minus salutaris quam festius clarissimique uiri Thomae Mori inclitae ciuitatis Londinensis ciuis & Vicecomitis*(『最善の政体について、そしてユートピア新島についての楽しさに劣らず有益な黄金の小著　著名、雄弁なるトマス・モア　有名なロンドン市の市民、司政長官著』)である[6]。

「第二章　モアの社会諸観念」——モアが社会全体とこれを構成している人間をどのように観察・理解していたのかを明確化する。すなわち、確かにモアの『ユートピア』には、政治・法・経済・教育・道徳・宗教思想等の個別諸思想を含む国家や社会に関する諸思想のほぼ全体像が、示されている。これは、本書がユートピアという一つの国家ないし社会の全体像を提示しているからである。けれども、個別諸思想を支えるモアの人間観・社会観・世界観の基本的枠組は、ほとんどが一五一八年頃までにまとめられた、『ユートピア』以外の諸著作（ラテン語及び英語の警句詩）と幾つかの書簡から知ることが可能である。こうした著作に表されたモアの思想の基本構造は、筆者の知る限りこれまで本格的に取り上げられることがなかった。[7] そこで筆者は、本章において、モアの社会諸観念の基本的内容を明らかにすることを第一の目的としている。

この問題を明らかにすることによって、もう一つの論点が解明されると考えられる。それは、『ユートピア』とそれ以外の諸著作に具現されたモアの社会諸観念と、『ユートピア』との関係という問題である。これは、高度の修辞性を有する『ユートピア』という著作自体の持つ性格、並びに従来の研究史——ユートピアを理性に基づく理想的な異教国家と解する立場が有力——に由来する問題であり、ここに、『ユートピア』のいわば外在的解釈が本章の第二の目的となる。これは、『ユートピア』の諸解釈批判、並びにその解釈にとって不可欠なことである。

「第三章『ユートピア』の諸解釈批判」——本章の目的は、第一に、従来の『ユートピア』の諸解釈の一部に加え、筆者から見て一見非キリスト教的、非ヨーロッパ的な諸事項と思われるその他の諸構成要素を追加して、これらの批判的考察を行うことである。ここでは主として、二十世紀中葉に示された、サーツ及びレノルズの解釈を取り上げる。第二に、これによって、第四章で検討する『ユートピア』並びにユートピアの解釈の前提にすることを目的としている。すなわち、『ユートピア』を基本的に諷刺的な戯作として把握する解釈も、一見成立可能のように見える。しかしながら、『ユートピア』を解釈する場合、モアがギリシア・ローマの古典に通暁し、新発見の諸国に関する事情に通じた、ルーキアーノス的な諷刺の精神を持つヒューマニストであったばかりでなく、政治家あるいは法律家として社会の現実に精通しながらも、理想を追求する敬虔なキリスト者でもあったことを見逃がしてはならないであろう。

「第四章 『ユートピア』の解釈」――これまで、『ユートピア』とその第二巻に著されたユートピアの特質については、多種多様な解釈がなされてきた。すなわち、まず第一に、聖人モアに固執し、『ユートピア』を冗談と見なす聖人伝的伝統[8]、これを厳密に理解しないカウツキー（近代社会主義の綱領と解する）[9]やエイムズ（ブルジョア民主主義の萌芽と解する）の解釈[10]は、誤りであるとして斥けることが可能である。なぜならば、彼らはモアの他の諸著作並びに生涯、時代背景を十分考慮していないからである。しかし、近年有力視されている第三の見解とも言うべき解釈の直接的な検討だけは、避けて通ることができない。すなわち、第二に、一九三〇年代にチェンバーズら[11]がユートピア異教国家説を提起して以来、一九五〇年代以降その様々な解釈が行われてきた。例えば、サーツやレノルズ達によって、微妙な差異はあれ、ユートピアがキリスト者モア自身の理想国家ではなく、理性に基づく異教徒の理想国家であり、『ユートピア』は高度の戯作性を持つ作品であることが、主張されているからである。彼らの解釈については、第三章において検討する。彼らの見解と私見とは、『ユートピア』を社会批評の性格を持つ諸修辞法を駆使した著作として捉える点では、共通している。しかし、問題は、主としてその第二巻のユートピア解釈にある。

第三に、これとは逆に、ユートピアを人文主義者モアの理想であり、しかも実践的なものと解する立場である。その代表者がヘクスターである[12]。第四は、『ユートピア』を関連する人文主義者の文学の文脈の中に置き、モアが人文主義自体の批判を企図したと解する説である。これには、二つの見方がある。その一つは、フェンロンのように、ギリシア語からの造語であるUtopiaやHythlodaeusの意味に着目し、前者を一つの人文主義的な理想社会の型であるが、モアがそれを幻想であることを暴露していると解釈する立場である[13]。もうひとつは、スキナーのように、ヘクスターと同様に、それを牧歌と言うよりはむしろ一つの理想と解しながらも、ヒュトロダエウスの議論は、スコラ的、人文主義的政治思想の中心的諸仮定の反語的な転位として読みうるとする立場である[14]。

第四に、ヘクスターとスキナーを批判するブラッドショーの接近法である。彼は『ユートピア』第二巻における反語を軽く扱うと同時に、それがプラトンの『国家』に負っていることを強調し、モアの目的をプラトンの政治と哲学の諸見解の道徳的絶対主義に対する攻撃だと解する。[15] 彼によれば、モアは第一巻に目録化して示された社会諸悪のための「可能な唯一の解決策」ではなく、「可能な最善の解決策」を追求したのであり、モアの範型は、プラトンのそれからそれほど離れておらず、キケロのそれに遙かに近い「世俗的哲学」だった。そしてブラッドショーによれば、『ユートピア』の教訓は、進歩の可能性が「道徳的絶対主義」の伝統にも、政治家の「世俗的義務」への傾倒にもなく、それは、「両者の建設的で継続的な対話」から現れるであろうとされている。

第五に、二〇〇〇年に示されたガイの『ユートピア』解釈である。彼は、多くの点でそれがモアの理想の国家を描いていると見、たとえモアが共産主義を実際に国家の最善の状態に対する可能な唯一の解決策と信じていたかどうかについては我々に確信がないままだとしても、それはモアの同時代人に対する一つの宣言書だったと解釈し、更に、最近の諸解釈の中で、『ユートピア』がプラトンとキケロという好敵手である哲学者を両立させようとするものだという意見は大いに魅力的であるとし、その際、虚構のモアが『ユートピア』において鍵になる人物だと見ている。この見解自体は興味深いが、ガイは最終的な自らの解釈を示してはいない。[16] ただ、モアが修道士になることを断念し、法的、政治的な経歴へと進んでいったこととの関連が示唆されているだけである。[17]

第六に、代表的な日本人二人の『ユートピア』解釈を示しておく。まず澤田昭夫は、「キリスト教的生活を忘れた当時のキリスト教社会の知識人に対して、（キリスト教が島に伝えられてからはその社会倫理を歓迎したが）根本的には自然宗教しか知らぬ異教徒のユートピア人の幸福で正しい生活ぶりを示すことによって、『自分たちは自然宗教の知識を超えた知識をキリスト教の啓示によってもっているはずなのに、生活の実際についてはユートピア人の方がわれわれよりもはるかに優れているではないか』と反省させること、それが『ユートピア』の教化、説得の目的であった。」と解釈する。[18] なお、澤田の解釈はサーツらの解釈に近い。

次に菊池理夫は、〈ユートピア〉を「異教徒社会」として捉え、それ「自体は否定でも肯定でもないアイロニー的存在であり、決してそれはジンテーゼではない。それでは、モアにとってのジンテーゼの社会とは何か。それはテキストのなかに直接見出すことはできず、むしろ〈ユートピア〉自体もそうであるように、実体化を拒むものである。ただ、いえることはヒュトロダエウスも〈モア〉もともに〈ユートピア〉（そのすべてではない）の実現を『希望する』（optare）（二一〇、二一二）というように、終末論的希望の原理に基づくものである。そして、その終末論とはこれもしばしば誤解されているように、『今ここ』における実践を無視する逃避的なものではない。」と解釈している。[19] なお、菊池の解釈は人文主義者モアの修辞法を重視しているが、その他の点では澤田の解釈に近い。

最後に、ごく最近では、ユートピアをサージのように、哲学者達と守護者達に共有制を採用し奴隷制を当然のものとして考えているプラトンの『国家』と比較し、全市民が共有制であり、しかも島全体が単一の家族のようなものであり、奴隷労働を刑罰として考えている、「トマス・モアのユートピアを読者に対し、彼または彼女が自分自身の熟考された結論に到達するべきことを要求する、自己啓発の一つの初期の例を構成するものである。」と解釈している。[20] しかし、サージの解釈は興味深いが、十分に論証されていないという欠点がある。そこで、『ユートピア』を正確に解釈する方法として、次の三点がある。まず第一に、モアの手になる他の諸著作に書かれた政治・経済・社会諸思想と比較することである。第二に、同時代人の解釈を重視することである。第三に、時代背景（例えば文芸復興期、新世界の発見、第一次囲い込み運動）を考慮することである。以下の各章は、『ユートピア』の正しい解釈を前提にして論じるものである。

「第五章　ルネサンス三つのユートピア」――ルネサンス期の代表的な、ユートピア――『ユートピア』、『太陽の国』、『新アトランティス』――に書かれたユートピア思想を比較・検討することによってユートピアの独自性を明らかにする。すなわち、ユートピアの研究者であるレヴィタスの『ユートピアの概念』も指摘しているように、ユートピアの定義や境界に関して合意を得ることは困難であるが、何が主要なユートピアであるかについては伝統があり、もしユートピアの合意された核として一握りの作品を挙げるとすれば、プラトンの『ポリテイア』とカベーの『イカリア旅行』と共に、ルネサンス期の『ユートピア』（一五一六年）、『太陽の国』（一六〇二年著、一二三年刊）、『新アトランティス』（一六一〇―二四年頃著、二七年刊）がこれに該当すると一般には考えられている。[21]

これらのルネサンス期に登場した三ユートピアの内、『ユートピア』の研究が最も多いのに比して、『新アトランティス』のそれが少なく、『太陽の国』に関する研究は更に少数であり、三者の本格的な比較研究に至ってはこれまでほとんどなかったように思われる。[24]日本においては特に、『ユートピア』以外の研究は極めて少なく、三者の比較研究はほとんどなされていないのが実状である。

そこで本章において筆者は、これらの三ユートピアをプラトンの思想をも踏まえ、全面的に比較することによって、その共通点と相違点、従って、特徴を明らかにすることを目的にしている。その狙いは二つある。一つは、広くルネサンス・ユートピア思想研究のための足掛りを得、ひいてはユートピア思想史研究のための展望を切り開くことである。もう一つは、三つのユートピアのそれぞれ、特にモアのそれをより正しく理解するための手掛りを得ることである。三者の内『ユートピア』が最も複雑且つ難解であることに加えて、モアの他の諸著作がそこに示された重要な諸観念のほとんど全てを論じている訳ではない以上、これらとほぼ同時期に執筆されたユートピアとを相互に比較することによって、『ユートピア』を解釈する際に何らかの示唆が見つかる可能性があると考えられるからである。

「第六章　モアの政治思想」――モアが政治に関してどのような思想を有していたのかを明らかにすることによって、モア独自の政治思想の特色を明らかにする。聖職か結婚かの選択に悩んだ二十歳台半ばのモアが、俗人として法律家の道を選び、政治の悪魔性を知りながらも、やがて請われてヘンリー八世に仕え、宗教改革期の政治と宗教の葛藤を真向から引き受け、遂には処刑されたのは、一五三五年七月六日のことであった。[25] 爾来四七四年余り（本書執筆時）、モアが一貫して政治を問題にしてきたにも拘らず、『ユートピア』に見られるものを除き、その政治思想の全体像はほとんど本格的に取り上げられることがなかった。[26] これは、一つにはモアが政治を体系的に論じていないことに依ろうし、もう一つには、それを最もまとまった形で取り扱っているのが新世界に舞台設定された国家小説『ユートピア』であることに依るであろう。

しかし、モアの政治思想は、三つの意味において本格的な研究に値する。第一に、その政治思想史上における独自性の故にであり、第二に、モアの政治行動の十全な理解——これは逆に、モアの政治思想のより正確な把握を可能にする——のためであり、第三に、その高度の修辞性故に、それ以外の作品の検討を抜きにしては十分な把握にまで達し得ない、『ユートピア』の理解に寄与するが故にである。ここで論じようとするのは、主として第一と第三の二論点である。その際、一五一八年頃までに既にモアの政治思想の原型が構成されたもの[27]と筆者は解釈している。

従って、本章の目的はまず第一に、モアの政治思想の特質——取り分け、その思想の精神性と、それにも拘らず当為と現実との架橋を試みていること——を明らかにすること、第二に、『ユートピア』に表現された政治思想とモア自身の思想との距離を明らかにすること、[28] 第三に、現実政治に身を委ねるべき政治家像（本格的には第十二章で論じる。）を明らかにすることである。なお、第二の問題の性格上、『ユートピア』に表現された政治思想とその他の諸著作に見られる政治諸観念とを対比するという論述方法を採用する。

「第七章　モアの教育思想」——研究するのに十分値するにも拘らず、モアが教育についてどのように考えていたのかは、これまで明らかにされてこなかった。ニコラス・ハープスフィールドによれば、モアの親友だったエラスムスは、モアの長女マーガレット・ロウパーのことを、洗練された学識、知恵並びに徳の故にイングランドの全ての博学な既婚女性の花と呼んで高く評価しており、[29]モアが女性をも含む全市民の教育を重視していたことが分かる。実際モアは、一五一八年のマーガレットに宛てた手紙の中で、彼女の兄弟と共にマーガレットが、学問や読書や議論をすることを喜んでいるのである。[30]

しかし筆者は、こうしたモアの教育思想が本格的に研究されたことを寡聞にして知らない。そこで本章は、モアの教育思想の特徴を恐らく初めて明らかにすることを目的にしている。但し、史・資料が少ないため、この問題の十分な検討が不可能であることを予め断っておく。

「第八章　モアにおける政治と経済」――モアが政治と経済との関係をどのように認識していたのかを明らかにする。モアの政治思想と経済思想の意義を明らかにしようという、それ自体は正当な試みが本格的に開始されたのは、筆者の知る限り二十世紀以降のことである。まずカウツキーは、その著『トマス・モアとその《ユートピア》』においてモアを社会主義者として捉え、その経済論を次のように評価している。「モアはまとまった経済理論を提示しなかったが、これは時代がそこまで進化していなかったからである。けれども彼は、きわめてするどく当時の経済情勢を観察し、現代社会主義の根底のひとつである原則、『人間は、かれがそのなかに生活している物質的諸関係の産物であること、ひとつの人間階層を向上させようとおもうなら、それ相応に経済的諸関係を変革しなくては、目的は達せられないこと』を、はやくも見抜いていた」[31]。しかし、この評価は、十分に論証されていないことと相まって、モアの思想を不当に一般化し過ぎており、不正確且つ不十分である。

次にオンケンは、モアの中にマルクス流の階級国家と剰余価値の観念の洞察を見出した。[32]二十世紀中葉になると、エイムズは、モアの思想を共和主義的、ブルジョア的、民主的なものとして捉え、彼の意義をディドロやジェファソン、孫文の先駆者であることに求めている。[33]またモートンは、モアの社会理論の意義を以下のように評価している。すなわち、『ユートピア』に見られる国家・階級・財産の社会主義的分析は、驚くほど近代的であり、古代世界の社会理論と今日の社会理論（「科学的社会主義」）とをつなぐものである、と。[34] 更に、メーブスは、モアの政治論の意義を「人間を政治的なものの尺度にした」点に求めている。[35]

しかし、いずれも研究の対象をほとんど『ユートピア』一著に限定し、[36] しかも十分に証明し得ておらず、何よりもその多くが十全な歴史的検討を欠くという憾みがある。けれども私見によれば、モアの経済・政治思想の新しさの一つは、彼が両者の結び付きを見抜いていたばかりでなく、そこから生じる弊害を除去するための手だてをも考案した点にある。ここに、政治と経済との関係に関するモアの独自性を明らかにすることが、本章の目的である。

「第九章　モアにおける正統と異端――『ユートピア』と宗教論争書を中心として」――モアが伝統的なカトリック教と異端に関してどう考え、ヘンリー八世に仕える一高官としていかに行動したのかを明らかにする。一五二〇年頃までのモアに見られた改革的な立場が、ルターらによる宗教改革運動に接して変化し、保守化したのかどうかは、彼が一五一七年になぜヘンリー八世に仕官したのかという問題と共に、モア研究史上の大きな問題点の一つである。[37] この問題は『ユートピア』の解釈とも関わり、現代のモア研究において、およそ一九七〇年代までは、モアの人物を肯定的に見る立場の不変説ないし連続説が主流だったように思われる。[38] こうしたモア像を修正しようとしたのが、エルトンを初めとする修正主義者と呼ばる一群の歴史家達であった。本章は、モアにおけるキリスト教の正統と異端との関係を解明し、エルトンらの諸解釈を批判することを目的にしている。

エルトン自身は最初、『ティンダルの答弁の論駁』を書いたモアが、『ユートピア』の作者が明白にそうしたように、古い教会について全てが良い訳ではないことをなお理解できたかもしれないが、現状では改革がただ破壊にのみ立ち至る可能性があり、これに抵抗しなければならないということを強く確信していたとして、一五三〇年代初めのモアがもはやほとんどエラスムス学徒とは呼ばれ得ないと指摘し、[39] 後期のモアが保守化したことを示唆している。しかし後に彼は、モアを一貫してあいまいであると捉え、『ユートピア』、『ティンダルの答弁の論駁』、『苦難に対する慰めの対話』という、一見それほど共通性を持たないように見える三著を検討することによって、モアの本質を人間とその本性に関する深刻な悲観論者として理解している[40]。

同じくモアの人物を好ましくないものと見るフォックスの場合は、明確に変化説ないし不連続説の立場を取る。すなわちフォックスによれば、モアが『ユートピア』における「注意深い漸進主義者」から、『弁明』においては近い将来における一切の改革を考えない「反動的な超保守主義者」になったと言うのである[41]。またマリウスは投獄されるまでのモアが、世俗世界において出世する必要と、生活を簡素にしてその魂を来たるべき永遠の世界のために準備するという敬虔な欲求との間で、引き裂かれた人間であると理解することによってこの問題を説明しようとしている[42]。

これらの修正主義者のモア理解に対して批判的な論者も少なくない。例えば、ブラッドショーは、彼らを批判して、モアが反対したのはルターらのプロテスタント的宗教改革——特にその「信仰のみ」の教義とその帰結の危険性——なのであり、エラスムス的なキリスト教ヒューマニズムの立場に一貫して彼が与した、と論じている[43]。また、マーフィーは、ブラッドショーらの立場を支持し、エルトンやマリウスを批判して、モアが政治的にも宗教的にも保守的な反動主義者ではなく、単にプロテスタント的な改革に反対したに過ぎないと見、モアを興味深い人物だと評価している[44]。

以上のような相異なるモア像が提示されるのは、ある意味で当然である。というのは、例えば、『ユートピア』において一定の信仰箇条を条件として信仰の自由が認められ、違反者に対して極刑が科されないのに比して、宗教論争書では、ルターやティンダルらの異端者が厳しく批判され、彼らが悪魔的な存在として火刑に値することが主張されているからである。けれども、一方があるいは両者の違いを強調し、あるいは後者の表面に見える人間性の否定的側面を誇張することも、もう一方が両者の明瞭な差異を軽視することも適切ではない。また、一貫性を強調する余り、解答を単に歴史的条件の変化に求めることも[45]、逆に変化の理由をルターとの論争の過程に求め、これを伝統的価値の発見過程として位置付けるのも[46]、正しい解釈ではないように思われる。

最初に示した問題を解く場合に最も重要なことは、モアの前期の著作と後期の著作のとらわれない内在的理解であろう。しかし、本章ではモアの宗教思想全体を取り上げる訳ではなく、彼の正統と異端に関する思想を中心とする。そこにモアの真の姿を見出す一つの重要な手掛りがあると解されるにも拘わらず、従来の研究がこの点を必ずしも十分に検討してこなかったからである。ここに、モアの宗教思想の特徴の一端を明らかにすることが、本章の目的である。

ここで対象とするモアの著作は、ヘンリー八世に仕える前の前期において最も体系的な『ユートピア』と、生前出版された後期の宗教論争書六冊、すなわち、『ルターへの反論』(一五二三年)、『異端に関する対話』(一五二九年)、『ティンダルの答弁の論駁』(一五三二―三三年)、『弁明』(一五三三年)、『サレムとビザンツの征服』(一五三三年)、『ある有害な書物への答弁』(一五三三年) である。これらを資料にして、まず、後者におけるモアの宗教思想の骨格を再構成することから始めたい。

「第十章　エラスムスとモアの当為の政体」――エラスムスとモアがいかなる政体を当為の政体と考えていたかを比較し、両者の共通点と相違点を明らかにすることによって、モアの当為の政体の特徴を明らかにする。

モアの当為の政体については、「最善の国家状態」(『ユートピア』の書名) を考察したその『ユートピア』研究の一環として、これまで取り上げられる機会が比較的多かったし、筆者自身これを検討したことがある。けれども、その大部分に問題があるように思われる。上述のように、ユートピアの政体は、例えば、カウツキーの言うように、「完全に民主主義」であり、エイムズが解するように、社会の現実の諸圧力の下で可能な限り真の民主主義を表すもの[47]

なのであろうか。こうした解釈を批判することは、それほど難しいことではない(48)。また、エイムズや彼を踏襲するデイヴィスのように、ユートピアを「君主なきもしくは幻の君主を持つ諸都市の連盟」ないし「諸都市国家の共和主義的連盟」と解する(49)のは表面的である。というのは、例えばサージャントも指摘しているように、ユートピアの社会は権威主義的、家父長制的でもある(50)からである。

一方、エラスムスの当為の政体に関する研究は少なく、それも必ずしも十分満足できるものではないと考えられる。例えば、フォックスの研究によれば、エラスムスの最善の統治形態は君主政体である(51)。けれどもこの理解は、フォックスがその根拠として示した『キリスト教君主教育』の引用箇所の解釈としても単純に過ぎると解される。それでは、例えばコーエルバーがすでに一九六五年に示したように、それを君主政体、貴族政体並びに民主政体の三要素の混合政体もしくは制限君主政体に求める(52)べきであろうか。私見によれば、その後トレーシーも同様に理解したところである(53)が、これは妥当な解釈である。しかし、彼らの業績にも一定の限界があると考えられる。これらは、一つには資料の十全な分析によって根拠付けられていないことに依り、もう一つには、エラスムスの当為の政体論の考察に他の同時代人、とりわけ彼と相似た思想を有すると解される彼の親友モアの当為の政体論との比較検討が欠けていることによる。同じことは、モアの場合についても言える。

従って、本章の目的は次の二点である。第一に、エラスムスの当為の政体とモアの当為の政体とが実際は何であったのかを明らかにすることであり、第二に、両者を比較・検討することによって、その類似点と相違点とを明らかにすることである。その際、当為の政体論の一構成要素となる、二人の在るべき為政者像の微妙な差異についても明らかにしたい。この点も、従来看過されてきたことの一つだからである。

「第十一章　モアとエラスムスにおける戦争と平和」――第十章を踏まえて、モアとエラスムスが戦乱の時代の中で戦争をいかに防止し、平和を実現しようと考えていたのかを両者を比較することによって明らかにする。モアの『ユートピア』の理解を困難にしている主要なものは、そこに採用されている複雑且つ高度な文学的手法と、書中のモアがその末尾で「不条理」と指摘している、ユートピア人の「共同生活制・貨幣流通皆無の生活物資共有制」(最重要)、宗教、戦争等である。[54] 中でも戦争論が、従来誤解を生み出す一大原因であったように思われる。その理由は、一つにはモアが他の事柄とは異なり、戦争について別の著作の中でほとんど論じていないことにあり、もう一つにはユートピア人の戦術が持つ問題性にある。前者はモアの真意の判定を難しくし、後者はその一見不道徳性、非キリスト教性故に、イデオロギー的に解釈されるかモア自身との距離として処理され、記述に即した木目細かな分析を妨げてきたと考えられる。

しかしながら、最近の研究の幾つかが、この問題をより客観的に取り扱おうとしていることもまた事実である。例えばローガンは『ユートピア』を、モアのキリスト教ヒューマニズムに基づく政治哲学の真面目な著作であり、ユートピアをモアの理想国家そのものではないが、合理的、世俗的な国家の一典型として捉えている。[55] そこでは、モアが古典的ないしキリスト教的世界国家の理論家としてではなく、自国の安全と福利を優先させる世俗的な都市国家の理論家として行動していると解釈されている。また菊池理夫は、弁証法的なアイロニーという観点からユートピア人の戦争論や共有制を解釈し、これらを必ずしもモアの真意とは見ない立場を取り、[56] 塚田富治は、モアがキリスト教徒同士の戦争とトルコ人との戦争とを区別していたとし、後者の場合を想定した戦術論をそこに見出す。[57]

確かにユートピア人の戦争論には、外面的には他国民を手段視している点や、アイロニーの要素が見出される。しかし、その個々の構成要素を前後関係や戦争論全体の中でより詳細に検討する時、それは、彼らの見方とは趣を異にする解釈を可能にするように思われる。その際参考になるのが、『ユートピア』の編集と出版を手懸け、少なくとも当時のモアと親密な友人関係にあったエラスムスの政治思想なかんずくその平和論であり、[58] その解明の糸口を与えてくれるのが、ユートピア人の戦争論が主としていかなる戦争のために書かれているかの問いである。

従って、本章の目的は第一に、エラスムスの平和論[59]を手掛かりにしてユートピア人の戦争論とモア自身の思想との関係を明らかにすることであり、第二に、これにより戦争と平和に関するモアとエラスムスの思想の共通点と相違点を浮き彫りにすることである。後者は、彼らの政治思想の独自性を検討する場合の一前提となるはずである。

「第十二章　モアにおける職業としての政治」――本章の目的は、モアが当為の為政者像とその政策をどのように考え、自ら政界に入ったのかを明らかにすることである。すなわち、多少とも思索的な精神の持主にとって、「当人がなぜ政治家になったか」は、「いかなる人間が政治家になるべきか」の問題を前提としているように思われる。このことはトマス・モアの場合にも当てはまる。しかし、これまで前者（モアはなぜ一五一七年にヘンリー八世の参事会員になったのか）[60]に関してはしばしば論じられてきたが、後者（モアは、いかなる人間が政治家に相応しいと考えていたのか）についてはほとんど問題にされることがなかった[61]。

このため、前者に関する検討も必ずしも十分ではないように思われる。ここに、トマス・モアにおける非世襲的ないし選択的政治家の諸条件、並びに彼が政治家になった基本的な理由を明らかにすることが、本章の目的になる。またその方法としては、『ユートピア』と『リチャード三世王史』の中で描かれているジョン・モートン像、人生と社会に対するモアの経験重視の態度、及び一五一六年二月十七日頃付モアのエラスムス宛書簡が、問題を解く鍵となる。なお、ここではモアの職業政治家論に限定して論じるものである。

【注】

（1）*Utopia* は、ギリシア語の ουτοπία（ウートピア）をラテン語化したものである。ラテン語では Nusquama である（澤田「ユートピアの定義のために」、監修澤田『『ユートピア』』、一五一―二頁。また、澤田は「訳注」では英語で Nowhere と呼んでいる「（扉・3、二五五頁）。」

（2）澤田訳「あとがき」、『ユートピア』、二九八―九頁。

(3) "More's Letter to Erasmus on c. 20 September 1517", in *Correspondence*, II, No. 467, p. 346.
(4) "Erasmus's Letter to Ulrich Hutten on 23 July 1519", in *Correspondence*, IV, No. 999, p. 21.
(5) *Utopia*, p. 22〔澤田訳、三〇頁〕; 澤田「あとがき」、『ユートピア』三〇〇頁。
(6) *Utopia*, p. 1.
(7) 初期モアの社会諸観念については、See ex. Y. Suzuki, "The Social Ideas of the Younger More", *Moreana: Bulletin Thomas More*, XXI (83-84), 1984. pp. 61-71 (hereafter, *Moreana*).
(8) E. g., T. E. Bridgette, *Life and Writings of Blessed Thomas More*, London, 1969, p. 105.
(9) K. Kautsky, *Thomas More und seine Utopia*, 6. Aufl., Berlin, 1926, S. 206ff.
(10) R. Ames, *Citizen Thomas More*, New York, 1969, pp. 5 ff. カウツキーとエイムズの批判については、例えば伊達『源流』、二〇九―一七頁参照。なお、前者を批判する場合、ユートピア社会主義の性格に加えてその非現実性の問題がある。
(11) R. W. Chambers, *Thomas More*, London, 1936, pp. 125-44 (reissued, 1957).
(12) J. H. Hexter, "Introduction," pt. I, in *Utopia*, pp. cv-cxxiv.
(13) D. B. Fenlon, "England and Europe: Utopia and It's Aftermath", *Transactions of the Royal Historical Society*, 5th Ser., 1975, pp. 115-36.
(14) Q. Skinner, "Sir Thomas More's Utopia", *Past and Present*, 38, 1967, pp. 154-7; *The Foundations of Modern Political Thought: Rennaissance*, Cambridge, 1978, pp. 255-62. 同様な解釈として、G. W. Logan, *The Meaning of More's "Utopia"*, Princeton, 1983, pp. 215-41 がある。
(15) B. Bradshaw, "More on Utopia", *Historical Jounal*, 24, 1, March 1981, pp. 20-6.
(16) J. A. Guy, *Thomas More*, London, 2000, pp. 101-2.
(17) Guy, *More*, pp. 21-2.
(18) 澤田「モアの執筆意図」、一一三頁。
(19) 菊池理夫『ユートピアの政治学――レトリック・トピカ・魔術――』、新曜社、一九八七年、一五八―九頁。
(20) Richard Saage, ""Utopia" and Thomas More's Identities", in *Ideal Constitutions in the Rennaissance*, Heinrich C. Kuhn and Diana Stanciu (eds.) pp. 80-2.

（21）R. Levitas, *The Concept of Utopia*, New York, 1990, p. 11.

（22）例えば田村秀夫「ユートピア思想」、編集代表田村秀夫・田中浩『社会思想事典』、中央大学出版部、一九七八年、二〇—二頁。

（23）筆者の『ユートピア』解釈については、例えば鈴木「構造」、二二九—七七頁参照。

（24）三者の部分的な比較を行ったものとして、例えばJ. Bierman, "Science and Society in the *New Atlantis* and Other Renaissance *Utopias*", *PMLA*, 78., 1963, pp. 492-566がある。

（25）例えば澤田「あとがき」、*Utopia* 澤田訳、三〇一—三頁。

（26）モアの政治思想全体を検討しようとしたものとしては、例えばM. Fleisher, *Radical Reform and Political Persuation in the Life and Writings of Thomas More*, Geniva, 1973; 塚田『モアの政治思想』、菊池理夫『ユートピアの政治学』などがある。

（27）筆者の『ユートピア』解釈に関しては、例えば次の二論文参照。（A）「最善国家としての『ウートピア』——トマス・モアの社会思想史的意義解明のために——」、『経済学』、第三五巻第一号、一九七三年、七五—九一頁（『ユートピア』の戯作性を強調する解釈の批判）。（B）「構造」、二二九—七七頁（正義の観念の分析による『ユートピア』の構造の解明）。

（28）Guy, *The Public Career of Sir Thomas More*, Brighton, 1980, p. 6.

（29）William Roper & Nicholas Harpsfield, *Lives of Saint Thomas More*, ed. with an "Introduction", by Reynolds, Dent, London; Dutton, New York, Everyman's Library, p. 98.

（30）*St. Thomas More: Selected Letters*, ed. Elizabeth Fragers Rogers, New Haven and London, 1961, p. 109.

（31）Kautsky, *Thomas More und seine Utopia*, 5. Aufl., Stuttgart und Berlin, 1922, S. 220〔渡辺義晴訳『トマス・モアとユートピア』、法政大学出版局、一九六九年、二六四頁〕.

（32）H. Oncken, "Einreitung zur Übersetzung der Utopia", in *Klassiker der Politik*, Bd. 1, *Thomas Morus:*, *Utopia*, herausg. F. Meinecke u. H. Oncken, Berlin, 1922, S. 30.

（33）R. Ames, *Citizen Thomas More and His Utopia*, New York, 1949, p. 6.

（34）A. L. Morton, *The English Utopia*, London, 1952, p. 42〔上田和夫訳『イギリス・ユートピア思想』未來社、一九六七年、六七頁〕.

（35）G. Möbus, *Macht und Menschlichkeit in der Utopia*, Berlin, 1957, S. 29.

（36）筆者の『ユートピア』の内在的（A）、外在的（B）理解に関しては、次の各二論文参照。（A）「最善国家としての『ウートピア』」、『経済学』、第三五巻第一号、一九七三年、七五—九一頁及び鈴木「構造」、二二九—七七頁。（B）「初期モアの政治思想」、『社会思想史研究』、第五号、一九八一年、一二二—四〇頁及び「初期モアの社会諸観念」、『イギリス哲学研究』、第五号、一九八二年、一五—二四頁。

（37）例えば、R. Marius, *Thomas More: A Biography*, London, Melbourne, 1984, pp. xiii-xxiv; 菊池『ユートピアの政治学』、九一頁。

（38）E. g., Chambers, *Thomas More*, pp. 256, 265; E. E. Reynols, *More and Erasmus*, London, 1965, pp. 209-10.

（39）G. R. Elton, "Sir Thomas More and the Opposition to Henry VIII", in Studies in Tuder and Stuart Politics and Government, Tudor Politics/ Tudor Government, Cambridge, 1974, p. 158.

（40）Elton, "The Real Thomas More?", in *Reformation Principle and Practice*, ed. P. N. Brooks, London, 1980, pp. 23-31.

（41）A. Fox, *Thomas More: History and Providence*, New York and London, 1982, p. 118.

（42）Marius, *Thomas More*, pp. xxi-xxv, 391, passim.

（43）Bradshaw, "The Cotroversial Sir Thomas More", *Journal of Ecclesiastical History*, Vol. 36, No. 4, 1985, pp. 535-69.

（44）A. Murphy, "Revising a Revisionist of Thomas More", *The Heythrop Journal*, XXX, 1989, pp. 177-9.

（45）J. M. Headley, "Thomas More and Luther's Revolt", *Archif für Reformationsgeschichte*, Vol. 60, 1971, p. 145; 澤田昭夫「ルネサンスと宗教改革——モアとルターの場合」、『トマス・モア研究』、第四号、一九七三年、一五—二〇頁。

（46）塚田『モアの政治思想』、二八五—六頁。

（47）Kautsky, *Thomas More und Seine Utopie*, S. 202〔渡辺義晴訳『トマス・モアとユートピア』、三五九頁〕; Russell Ames, *Citizen Thomas More und His Utopia*, New York, 1949, reissued, 1969, p. 168.

（48）例えば、塚田『モアの政治思想』、一六八頁参照。

（49）Ames, *Citizen More*, p. 161; J. C. Davis, *Utopia and the Ideal Society: A Study of English Utopian Writing 1516-1700*, Cambridge, 1981, p. 52.

（50）L. T. Sargent, "More's Utopia: An Interpretaion of Its Social Theory", *History of Political Thought*, Vol. 5, No. 5, 1984, pp. 195-210.

（51）A. Fox, "English Humanism and the Body Politic", in *Reassesing the Henrican Age: Humanism, Politics and Reform 1500-1550*, by A. Fox & J. Guy, Oxford, 1986, p. 43.

（52）Eberhard von Koerber, *Die Staatstheorie des Erasmus von Rotterdam*, Berlin, 1965, S. 45-6.

(53) James D. Tracy, *Politics of Erasmus: A. Pacifist Intellectual and His Political Milieu*, Toronto, 1978, p. 35.

(54) *Utopia*, p. 244〔澤田訳、二四五頁〕.

(55) G. M. Logan, *The Meaning of More's "Utopia"*, Princeton, 1983, pp. 215-41.

(56) 菊池「レトリックとしての政治思想史」、『思想』、七五四号、一九八七年、八六―八頁、同『ユートピアの政治学』、一四七―五一頁。

(57) 塚田『モアの政治思想』、一九一―九頁。

(58) E. g. A. Fox & J. Guy, *Reassessing the Henrican Age: Humanism, Politics and Reform 1500-1550*, Oxford, 1986, pp. 37-8.

(59) ここでは、『ユートピア』と同じ時期に刊行された *Dulce*〔月村訳〕、*Querela*〔箕輪訳〕、*Institutio*（*Education*）を使用する。

(60) Guy, *The Public Career of Sir Thomas More*, New Haven, 1980, pp. 7-8.

(61) 政治家としてのモアに関しては、Y. Suzuki, "Thomas More on Politics as a Profession", *Moreana*, XX（97）, 1988, pp. 125-32 参照。

第一章　『ユートピア』の構造

第一節　『ユートピア』の構成

『ユートピア』の概要は次の通りである。第一は、諸書簡や詩（これらはその序文の役割を果たしている。）である。[1]本書の出版に深く関わったエラスムスが、ヨーハン・フローベン宛に本書の出版を依頼する書簡がその巻頭に掲載されている。[2]第二は、第一巻（ヒュトロダエウス、書中のモア、ヒレスの鼎談である。ここでは、ヒュトロダエウスによるイングランドを中心とするヨーロッパの現状の検討及びその原因の指摘、新世界の諸国の中で、ユートピア以外でヨーロッパにとって参考になる国々の諸制度の説明とユートピアへの言及、並びに彼のように学識・見識・経験・知恵を備えた知識人が仕官するべきか否かの仕官論争が行われている。）である。第三は、第二巻（新世界の国々の実情を見聞してきたヒュトロダエウスが、社会の諸改革に最も有益な諸制度を有すると考えるユートピアの詳細な説明を書中のモアとヒレスに対し行っている。）である。第四は、ヒュトロダエウスがその社会諸制度とユートピア人の人間像を書中のモアとヒレスに対し説明した上で、ヒュトロダエウスの旧世界とユートピアの比較に基づく両者の評価がなされている。最後に、巻末の書中のモアによるユートピアの評価が示されている。なお、第一巻の巻頭に『国家の最善状態　ブリタニアの有名な都市、ロンドンの市民にして司政長官である有名な市民トマス・モアによって報告された、非凡な人物ラファエル・ヒュトロダエウスの談話　第一巻[3]』という標題が、また巻末には、『第一巻の終わり。第二巻が続く。[4]』という言葉が付けられている。

第二は、専らヒュトロダエウスの談話の体裁を取り、次の九つの部分（以下、章）から成る。第一章にだけ見出しが付されていないが、内容は、ユートピアの地勢と都市構成、農村地帯に関することが述べられている。第二章「都市について、特にアマウロートゥムについて」。ここでは、ユートピアの首都であるアマウロートゥムの地理、都市構造、道路、住居とその庭が説明されている。第三章「役職について」。ここでは、主要な役職と統治機構及びその運営方法が書かれている。第四章「職業について」。ここでは、農業並びに手工業の種類、市民皆労制とその例外としての学問専従者、労働時間、睡眠時間、余暇、建物の保守管理、衣服の種類や数について述べられている。第五章「相互の付き合いについて」。ここでは、家族構成・家族関係・市部の世帯数・物資の分配・共同食事とその際の子供達の教育、病院、人口過剰になった場合の植民政策が取り上げられている。第六章「ユートピア人の旅行について」。ここで扱われているのは、国内旅行・貿易と国際交流・物事の合理性的な評価と扱い、学問と教育、特に道徳哲学と幸福論の特色、すなわち、合理性的な快楽の享受と反理性的な偽の快楽の排斥についてである。なお、この章が最も長い章である。

第七章「奴隷について」。ここでは、「奴隷」（servus）の種類（多くは、内外の犯罪者と戦争捕虜）、病人の治療と苦痛を伴う不治の病に冒された者に対する自発的な死の勧告、婚姻制度・離婚制度・性犯罪とその刑罰、道化の享受と化粧の排斥、徳行の促進法、為政者の徳性と猟官の禁止、少数の法律と長老会議の権限、同盟の排斥について述べられている。第八章「軍事について」。ここでは、正当な戦争の種類、戦略・戦術・武器、講和が取り上げられている。最後に、第九章「ユートピア人の諸宗教について」。ここでは、彼らの宗教的寛容と公定宗教並びにキリスト教への相当数の改宗者の出現、布教の条件、修道士的な一群の人々の存在、聖職者とその役割・徳性、祝日と悔い改め、公的礼拝式について述べられている。但し、内容と章名とがかなり食い違っている場合もある。

このように、『ユートピア』第二巻は、章名のない章が一つ、「ユートピア人の」が付された章が二つあり、更には、章名と内容がかなりずれているものが二章あり、取り分け第六章は、最初と最後に旅行に関することが取り上げられている以外、ほとんどがユートピア人固有の人生観・世界観に関することである。もっとも、人生を旅と考える立場からすれば、形式と内容の不一致は少なくなるのであるが。[5] 又、第二巻の巻頭には、『国家の最善状態、ロンドンの市民にして司政長官であるトマス・モアによって報告された、ラファエル・ヒュトロダエウスの談話第二巻』[6] の巻名が付けられている。

第四は、二つの部分から成る。一つは、ヒュトロダエウスによるユートピア社会の評価である。彼は、ユートピア以外の諸国の悲惨と不条理を批判すると同時に、ユートピア人の幸福と正義を称讃した上で、前者の根源として人間の高慢を指摘している。[7] もう一つは、書中のモアによるユートピアの法制と生活風習に対する疑問、ヒュトロダエウスとの再会の期待及びユートピアの実現可能性に関する疑問の表明である。[8] 巻末には、「第二巻の終わり最も卓越し最も博学な人物であり、ロンドンの市民にして司政長官トマス・モア氏によって報告された今まで二、三の者以外ほとんどだれにも知られていなかった、ユートピア島の法律と制度に関するラファエル・ヒュトロダエウスの午後の話。終わり」[9] の語が付けられている。

最後は、『ユートピア』理解の助けになり、同国の存在を印象付けるモアのヒレス宛書簡と人文主義者の一人による二つの書簡から成る。

また、『ユートピア』第一巻・第二巻及び巻頭に収録されたモアのヒレス宛の書簡には、当該箇所の内容に関する小見出し評釈が付けられている。これは、ヒレスとエラスムスの手に成るものである。[10]

更に、『ユートピア』の第二巻及び巻末のモアのヒレス宛書簡には、ギリシア語からの造語が幾つか見られるが、これら以外は全てラテン語で書かれている。

以上が『ユートピア』の部分別、章別の諸構成であるが、これをより良く理解するためには、『ユートピア』の実質的な思想内容を再構成する必要がある。次に、そこに見られる諸思想の構造を正確に把握したい。

第二節 『ユートピア』の政治・経済・宗教・社会思想

1 ユートピアの地勢

ユートピアは、半島部にあった国土を開削工事によって十五マイル幅で大陸から切り離された人工の島国であり、新月のような形をしている。(11) これは自衛のためであるが、外にも防衛体制が整えられている。(12) この国は、言語・生活風習・制度・法を同じくするほとんど同型の五十四の都市から成る。(13) 各都市は、自領を尊重している。(14) 最も近接しているどの都市間でも約二十四マイルしか離れておらず、他の都市に一日で行けない所はない。(15) また、島の中心部に、毎年開催される全島会議が行われる、アマウロートゥムがある。(16)

2 社会生活

ユートピア人は、規則正しい健全な生活を営んでいる。一日は二十四時間制で正午から始まる。(17) 一年は月の軌道に従って諸月に分割されている。(18) 但し、一年が何箇月かは明記されていない。一日の内、勤労に午前と午後の各三時間の計六時間、睡眠に八時間が充てられ、昼食後二時間の休憩時間がある。(19) 勤労、睡眠及び食時の時間以外は、各自の自由時間であり、大抵の人は学問研究にこれを費やす。(20) そのため、夜明け前に公開講義が行われ、多くの男女が関心のある講義を聴講する。[21] 但し、この時間を職業活動に費やすことも可能である。[22] 夕食後の一時間彼らは、音楽や会話、健全な娯楽を享受する。[23] 生活の基本単位は世帯であり、これは、大抵の場合血縁関係で構成される大家族制である。[24] 市部では、食事は三十世帯単位の共同食事であり、各世帯の女性が交代で調理を分担する。[25] 但し、屠殺は市部の外にある所定の場所で「奴隷」(servus) によって行われ、市中に運び込まれる。[26]

一般市民が屠殺を行わないのは、「それに慣れることはわれわれの自然本性のもつ感情のなかで最も人間的なもの、つまり慈悲心を徐々に死滅させることになる」と彼らが考えていることによる。[27] 共同食事は、子供と青少年の躾と彼らの気質や才能を確認する機会でもある。[28] 五歳未満の乳幼児は特設の食堂で食事をするが、母親に支障がある場合には部族長の妻が乳母を捜し、乳母は同情心から喜んで申し出るので容易に見つけることができる。[29] ここにユートピア人の隣人愛の精神の一例を認めることができる。病人は市の城壁の外にある四つの広大な公営の病院で手厚い治療を受けるのであるが、食事の分配の際、最初に病人食が準備される。[30] 都市は等分された四つの区から成り、各区の中心に市場があり、その建物にあらゆる物資が集荷され、そこから各世帯の必要物資が家長によって無償で入手できる。[31] 衣服は各家庭で作られ、性別と既婚未婚の別が分かる以外は全員同型で、機能的、合理的に製作され、必要な数以外の衣服を彼らは持たない。[32]

ユートピア人は、月の最初の日と最後の日、及び年の同様の日を祝日と定め、最後の祝日の夕方及び最初の祝日の朝、公的な礼拝式に参列するために神殿 (templum) に参集する。[33]「最後の祝日」には、神殿に出かける前に自宅で、妻は夫に、子供は親に過ちを犯した場合に、犯した過ちに対する赦しを乞い求める。[34] この意味で、ユートピア人は、家父長制的である。礼拝式の後昼食を取り、その後は娯楽や軍事教練に費やす。[35] 農村地帯の住民の多くは、毎月祝日を祝うため市部に出かける習わしがある。[36] 結婚年齢は、女性が十八歳以上、男性は二十二歳以上であり、[37] 結婚後女性は配偶者の住居に移るが、男性は自分の世帯に残る。[38]

ユートピアでは、結婚前に紳士淑女の立ち会いの下で、互いに裸体を見せ合う習慣がある。[39] これは、人間の現状に即した賢明な措置だと考えられている。性格の不一致のため協議離婚も認められているが、その場合長老会議の承認が必要である。[40] 不治で不断の苦痛を伴う病に罹った病人には、長老会議の決定を受けた役人と神意の解釈者である司祭が、死期を超えて生きているのだから、これ以上疫病や伝染病を培養しないよう自発的な死を勧めるが、これを受け入れない病人を冷遇することはない。[41] 司祭や長老会議が認めなかった理由で自殺する者は、葬られずに泥沼に捨てられる。[42] ユートピア人のほとんど全員が死後の至福を確信しているので、人の死を悲しまず、朗らかで希望に満ちた死を迎えた者を火葬にし、不承不承で死に行く者は土葬に付する。[43]

市部においては、世帯総数が六千、各世帯の成人数が十人から十六人に法定されており、過不足は世帯間で調整される。[44] 都市間でも同様であり、全国の過剰人口は植民によって調整される。[45] 未成年者の数は、予め規制することはできない。[46] 又、ユートプス王以後、家屋などの生活条件の改善が加え続けられてきている。[47]

3　経　済

ユートピアでは市民皆労を原則とし、男女を問わずほとんどの市民が肉体労働に従事する。[48] 農業が基幹産業であり、子供の時からその理論と実習を学び、農村地帯において二年交代で彼らは農業に従事する。[49] これは農業を苦役と考えるアリストテレス的な立場であるが、希望により長期間農村に滞在することも可能である。[50] 彼らは、市部とその周辺地帯の消費量を正確に計算した上で食糧を生産し、鶏の人工ふ化や牛馬の性質に合った利用をしている。すなわち牛は農業・食肉に、馬は若者達の馬術の訓練に使用している。[51] 余剰物は近隣の人々に分配され、農村地帯にない物は市部から無料で獲得できる。[52] 農作物の収穫に必要な人員は、市部から派遣された市民によって賄われる。[53]

彼らは、もう一つの技術、例えば毛織・亜麻織・石工・鍛冶・錠前・大工の技術を習得し、女性にはより弱い性として前二者のような軽い仕事が割り当てられる。[54] 男性の場合、自然の性向から父親の仕事を習わされるが、ほかの仕事に就きたい者は、その仕事に従事している世帯に養子として転入させられる。[55] 一つの仕事を習得した上で更にもう一つの仕事を身につけたいならば、同様なやり方で認められ、両者を習得した者には、都市の必要がない限り選択の自由が認められる。[56] 彼らには適度の労働が求められ、怠慢や働き過ぎは三十世帯毎に選ばれる部族長(phylarchus)によって監督される。[57]

各都市二百人いる部族長は法的には労働が免除されているが、模範を示すためにこの特権を行使しない。[58] ほかに労働を免除されているのは、司祭の推薦を受け、部族長の秘密投票に反映された民意によって選ばれた三百人足らずの学問専従者であり、彼らの中から外交使節・司祭・部族長頭領・都市統領が選ばれる。[59] 製服業は存在せず、彼らは健康と衛生の観点から合理的な衣服を有し、これらは自家製であり、必要なだけ持ち、僅かの労力しか掛けない。[60] 建造物の保守管理を適切に行い、建築や修理・改造には無駄な労力を投入しない。[61] 又、公道を修理するために多数の人手が集められることもあるが、この種の仕事の需要がない時には労働時間の短縮が行われる。[62]

都市間の必需品の過不足は、各都市から年取った経験ある市民が三名ずつ派遣される全国長老会議によって把握され、無償で調整される。[63] ヒュトロダエウスによれば、「全島は単一の家族のようなもの」なのである。[64] 翌年の収穫の不確実性を考慮して彼らは、二年分の備蓄を行った上で余剰物資を輸出し、その七分の一をその地域の貧しい人々に贈る。[65] 輸出されるのは穀物・羊毛・毛皮・家畜などであり、自国に不足している鉄に加えて、大量の金銀を輸入するが、物を売った場合に彼らは支払金の大部分を信用証書の形で保有する。[66]

4 政治

ユートピアは都市単位の一種の連邦制を採用している。都市政治の主要な役職は、部族長・部族長頭領・都市統領の三者である。都市統領は、各区の民衆が長老会議に推薦した四名の候補者の中から、「公益上最適任と考える人物を選びますという宣誓をした後で」部族長達によって秘密投票で選ばれ、僭主制を樹立する企図の容疑で失格にならない限り、その任期は終身である。[67] 部族長頭領は、十人の部族長とその家族に一人の割合で置かれ、毎年選ばれるが、理由なく交代することはない。[68] 部族長職などほかの全ての役職は任期一年である。[69] 都市統領と部族長頭領に毎回別の部族長二名を加えた二十三人が長老会議（senatus. 以下、市議会）を構成し、三日目毎に、必要があればもっと頻繁に、公共の問題について協議するために会議を開く。[70] 公共の問題については、三日前に審議されていなければ決定されず、慎重審議のため、提案された日には審議しないという慣行がある。[71] 重要な問題は部族長会議に提案され、部族長が担当の家族達と話し合った後協議し、市議会に提案する。[72] また、市議会には司法権もあり、刑事事件や民事事件もそこで処理される。[73] 国の盛衰が役人の性格如何に掛かっていると考えるユートピア人は、国の「最も堅固な中核であるべき正義」を崩壊させる貪欲と偏見によって役人の判断が左右されないよう最大限の制度的な工夫をしているのである。[74]

法律の数は非常に少なく、弁護士も存在しない。[75] これは、全て法律は各人にその義務を思い出させるために公布されるのであり、その解釈については、「最も自明のものが最も公平な解釈だ」という考えに基づいている。[76] 結婚前に肉体関係を持った者は結婚を禁止されると同時に、その家族の家長夫妻は、義務を怠ったとして大きな不名誉を招く。[77] また、密通には「奴隷」刑が科され、被害者には離婚が認められると共に、加害者は一生を不名誉と独身状態で過ごさなければならない。[78] 婚外の肉体関係を持った者も、都市統領の大権によって結婚禁止や「奴隷」刑から解放されることがあるが、密通の再犯には死刑が科される。[79] 更に、市議会並びに民会（comitia publica）以外の場で共通の利害に関する事柄について協議するのは、死に値すると考えられている。[80] これは、『ユートピア』とほぼ同時期に著された『リチャード三世王史』において専制批判が見られるように、専制によって民衆を圧迫し国の秩序を変革するような、都市統領と部族長頭領との共謀を実現させないために定められたものである。[81]

これらの犯罪以外に一定の刑罰を定めた法律はなく、市議会が個々の犯罪の性格を考慮してその都度刑罰が科される。[82] 犯罪が重大で、公然と処罰することが公共の道徳の利益になる場合以外は、夫が妻を、親が子供を懲戒する。[83] 通常、最も悪い犯罪は「奴隷」刑で処罰される。[84] これは、犯罪者にとって死刑同様に恐るべき罰であり、労働させる方がより有益であり、見せしめとして犯罪抑止効果があるという功利的な考えに基づく。しかし、処遇に反抗すれば、監獄でも調教不可能な動物として殺される。[85] 但し、改悛の情を示した長期服役囚が、都市統領の大権か民衆の投票によって、減刑されたり釈放される場合がある。[86] 淫猥な行為を教唆する者には行為者と同じ刑罰が科され、また全ての犯罪において、故意による公然の未遂行為は犯行と同じに扱われる。[87] ユートピアでは、動機が重視されている訳である。全島共同の問題は年一回は開かれる全島会議（totius insulae consilium）に諮られる。[88]

ユートピアの外交方針は善隣友好を旨とし、物資の援助だけでなく人的な協力も惜しまない。貪欲や偏見から解放され、賄賂や依怙贔屓、悪意とは無縁なユートピア人の美徳を活用するために、近隣諸国（多くは彼らが僭主制から解放してやったのである。）が一年とか五年契約でその役人を借用し、任期が終わるとまた別のユートピアの役人の派遣を求めてくる。[89] ユートピア人は、統治者を求めてくる民族を盟邦（socius）、恩恵を与えているその他の民族を友邦（amicus）と呼び友好関係にあるが、他国を敵視し、しかも守られないことの多い同盟（foedus）を結ぶことはしない。[90]

以上のようなユートピアの政治体制の性格は、何であろうか。これを規定しうるためには、次の二点が明らかにされなければならない。一つは、そこに国王が存在するかどうかであり、もう一つは、政治参加の単位が個人かどうかである。『ユートピア』の中で国王について言及されているのは、僅か三箇所に過ぎず、いずれも建国者ユートプスに関してである。その内容は、この国の名称の起源となった征服者ユートプスの事績と国内統一のための宗教政策の説明である。[91]しかし、それ以外、建国以来一七六〇年の歴史を持つ[92]ユートピアの過去と現在のどこにも、この王以降国王に関する言及は皆無である。[93]

ただ、モアがエラスムスに宛てた書簡の中で、「私は、非常に心が開けるように感じ、私の頭を高く保っている。というのは、私の白昼夢の中で、私が、ユートピア人達によって終身の王に選び出され、アマウロートゥムの人達の卓越した随行員団によって取り巻かれ、少量の小麦を私の聖なる勺として携えて、非常に印象的な私のフランシスコ会のフロックコートを着て、小麦でできた王冠をかぶって、私が、自分自身今練り歩いていることを見ることができるからである。[94]」と述べていることが、問題になる。しかし、これは夢の中での話であるから単なる希望を夢想しているに過ぎず、現在のユートピアに国王が存在しているかどうかの根拠にはなりにくい。これらのことは、現在のユートピアには、国王が存在しないことを物語っているように考えられるのである。[95]

次に、都市統領の第一次選挙や民会に関する記述があるにも拘わらず、先に見たところから、成人男女が個人を単位にして政治に関与している光景は浮かんでこない。むしろ、世帯を指導、監督し、その意思を集約する役割を与えられている最年長者の男性である家長が、政治に関与する基本的な単位であるように思われる。というのは、世帯の構成員は、彼に従うようになっているからである。[96]これらの点をも考慮に入れてユートピアの政治体制を見る時、それが君主制でも貴族制でもないことは明らかである。「もし共和制の特徴が、最高権力が人民にあり、彼らが国王または同様な支配者によって治められない」ところにあり、しかも、「古典的共和主義が、自然的ないし生得的権利、被治者の同意の観念、もしくは制限政府の観念にさえ基づいておらず」、その鍵になる概念が「全体の福利が優先し、これが、各構成員が彼又は彼女に最も適した役割を果たすことを要求することである[97]」とすれば、まさしくユートピアの政治体制は、基本的に共和制に該当する。[98]但し、これは権威主義的な性格を持つものである。

別の角度から見れば、これを混合政体と言うことも可能である。[99] なぜならば、それが「君主制、貴族制、民主制の混合した政体。……ポリビウスがはじめて明瞭なかたちで説き、混合政体はもっともよい政体でローマの共和制において、執政官は民（「君」の誤植か。筆者）主制の元老院は貴族制の、民会は民主制の契機を担い、この原理が体現されているとなした」[100] とすれば、都市統領を君主制、市議会・部族長頭領会議及び全国長老会議及び部族長会議を貴族制、また部族長とその管轄下の諸世帯との集会、更に内実は不明であるが民会を民主制の各要素と解することができるからである。[101] 但し、そこには階級としての貴族は存在せず、民会は個人単位で参加するものかどうかも不明である。

5 軍事

ユートピア人は、他国を敵視するいかなる同盟も結ばず、「自然の連合体は同盟に代わるものだ、人間は、条約よりも善意によって、ことばよりも心によって、よりよく、より固く結ばれる、と考えているのです。[102]」更に、戦争を野獣的なものとして極度に嫌悪し、その栄光は認めない。しかし彼らは、非常時に備えて民兵制を採用し、男女共定期的に軍事教練を行っている。[103] 彼らが認める戦争は六種類である。すなわち、(1)自国の防衛戦争、(2)友邦の防衛戦争、(3)被抑圧友邦民族の解放戦争、(4)友邦に加えられた不法行為に対する報復・処罰のための戦争、(5)同胞を殺傷した犯人が引き渡されない場合の報復戦争、[104] 及び(6)農耕の行われていない近隣の大陸への植民地建設を妨害された場合の戦争[105]である。(2)(3)(4)については次の二つの条件が付けられている。すなわち、「行動を起こすのは事前に彼らが相談を受けて（戦争）理由を承認した場合、また返還を要求したものが返されず、彼ら自身が戦火を開かねばならないという場合に限ります。[106]」なお、この開戦の決定は「敵の侵入で略奪品が持ち去られた場合」に限らず、「それ以上に激しい敵愾心に燃えて宣戦の決定をくだすのは、友邦の商人がどこかの民族のところで、悪法のこじつけや善法の曲解によって、正義の仮面のもとに不正な弾劾を受ける場合です。(107)」

これに対して、金銭問題でユートピア人自身が被った不義については、身体への暴行さえなければ、損害賠償が済むまでその民族との通商を停止するだけに留める。(108)これは、彼我の財産制度の違いすなわち私有制と共有制による損害の多寡による。(109)しかし、彼らの市民が傷害や殺人に遭った場合は別である。彼らはまず、使節に事実を調査させ、犯人の引き渡しを求め、もしこれが実現しなければ、直ちに宣戦布告を行い、犯人は、死刑または奴隷刑で処罰される。(110)

「流血の結果得られた勝利は、彼らを悲しませると同時に恥じいらせ」る。(111)なぜならば、彼らは、「いかに貴重なものでも、あまり高価に買うのは無分別だと考えて」おり、「戦略と謀略で勝利を得、敵を降服させたときには彼らはそれを非常に誇りに思い」、記念の行事を行う。(112)なぜなら、人間以外には不可能な「精神と理性」の力を用いて勝つことを彼らは誇りにしているからである。(113)

　彼らが戦争でめざしているのはつぎのただひとつのこと、もし戦争以前に獲得していたら戦争を不要にしていたはずのものを確保すること、あるいは、もしそれが本来不可能であるとしたら、せめて責任ありとかれらがみなす人々にたいして非常にきびしい報復を行ない、その恐ろしさで相手が以後二度と同じことを繰り返そうと思わなくなるようにすることです。彼らはそういう目標を念頭において、それを速やかに達成しようとしますが、そのさいにも、賞讃や名誉を手に入れることよりも、まず第一に危険を避けることを考えています。(114)

このため、彼らは、次の七種類の手段を順次採用する。第一に、敵国の指名人物を含む要人に対し褒賞金を掛け、その旨を書いたビラを敵国内の要所要所に貼り出す。(115)第二に、君主の兄弟か貴族の誰か一人に王権獲得の望みを抱くように、敵国内部に分裂の種を蒔く。[116] 第三に、これが失敗すると、敵の隣接民族を唆し、特に葬り去られていたような古い権利を見付けて争わせる。[117] 第四に、傭兵である。[118] 第五に、彼らがそのために武器を取って戦ってやる人達の軍隊。[119] 第六に、他の友邦の補助軍。[120] 最後に、自国軍である。[121] まず海外へ義勇軍が派遣され、もし自国を侵害されるような場合は身体が健全な者全員が参戦する。[122] なお、妻が夫と共に軍務に就く場合もある。[123] その戦術は合目的であり勇敢に行使される。[124] 敗残兵は殺さずに捕虜にする。[125] 武器も合理的なものを用い、城塞も合目的的に作られている。[126]

いったん停戦条約が結ばれるとこれを忠実に守り、敵国民に対しては、戦闘に関与した度合いにより合理的に扱い、一部を現金、一部を土地で戦費を彼らに請求する。[127] もしどこかの君主がユートピアの領土に侵入する気配を見せれば、彼らは自領内では戦争をせず、直ちに大軍をもって境界線の外でこれを迎え撃つ。[128]

6　宗　教

ユートピア人の中には、惑星や昔の偉人を神として礼拝している者もいるが、大部分のより賢明な人々は、「父」(parens)と呼ばれる「唯一の、知られざる、永遠無量で、説明不可能な」「能動力によってこの全世界に遍く充満している」「ある神的存在」を神として信じている。[129] 他の全てのユートピア人も「全世界創造と摂理の原因とみなすべき唯一最高存在」があると考える点では一致しており、これは「ミトラス」(Mythras)と呼ばれている。[130] この最高存在の受け取り方は人によって異なるが、「それはいずれも同一本性のもので、その唯一独特の神的意志と威光に——世の全民族の同意で知られるように——万物の総体が帰される」ということを全員が確信している。[131]

ここに一種の限定的な宗教寛容的思想が見られるが、こうした世界の創造、支配者である唯一の最高神の存在に加えて、二つのことが信仰箇条として考えられている。その一つが霊魂の不滅であり、もう一つが現世の生き方に対する死後の賞罰である。[132] 反対の意見を持つ者は人間の一員とは見なされず、いかなる栄誉、役職、公的任務も与えられないが、刑罰を加えられることはなく、改心させるため司祭や有識者と論争することが、彼らには奨励されている。[133] また、布教活動にも条件が付けられている。それは理性的でなければならないというものであり、ユートプス王がアブラクサ（Abraxas. ユートピア以前の名称）征服直後、最初に定めた法である。[134] これが定められた理由は二つある。第一に、平和への配慮であり、第二に、宗教自体の利益である。[135] その理由は次の通りである。「もしも、かりにひとつの宗教だけが最高の真理でほかのすべての宗教が虚構だとしたら、［問題を理性と節度をもって扱うかぎり］真なるものは、結局いつかはみずからの真理力によって姿を現わし、光り輝くようになるだろうが、武器をとり騒乱を起こして論争するならば、最悪の人間は必ず最も頑固な人間だから、最良で最も聖なる宗教でも、茨とやぶのなかにおかれた穀物の種子のように、窒息させられるだろう、ということです。[136]」

ユートピアには、少数の神殿（templum）と同数の各都市十三名以内の司祭しかおらず、彼らは、ほかの役職と同様、党派心を避けるために民衆による秘密投票によって選ばれ、選ばれた者は同僚によって聖別して任命される。[137] 司祭の任務は多様である。彼らは礼拝祭儀を司ると共に習俗の審査官であり、更には子供と青少年の教育者でもある。[138] 女性も司祭職に就くことを禁じられていないが、女性の司祭は稀であり、高齢の寡婦に限られるのに対し、男性の司祭は選り抜きの女性と結婚する。[139]

司祭職ほど名誉ある役職はなく、たとえ司祭が犯罪を犯したとしても裁判にはかけられず、神と自分自身に対してだけ責任を負う。[140] 司祭は非常な悪人が礼拝に参加することを禁じるが、これ以上恐れられている罰は他にない。[141] これは一種の破門と解されるが、彼らは、直ちに司祭に対して悔悛の印を示して赦しを得なければ逮捕され、神に対する不謹慎という理由で市議会の手で処罰される。[142] その上司祭達は、戦場における勇敢な流血回避行為によって、他の民族の間でも同じように崇敬されている。[143] また、そこには修道士に類する人々がいる。彼らは、他者のために善行を積むことによってのみ死後の幸福に値すると考え、絶えず働く人々であり、独身を守る「より聖なる人々」と、結婚生活を選ぶ「より賢明な人々」の二つの派からなる。[144]

このようなユートピアの宗教制度は一種の公民宗教である。そこでは、特定の宗派に独特な礼拝式は自宅で行われる。[145] 全市民が参加する公的礼拝式が、民衆によって選出された公職者である司祭によって執り行われると同時に、彼らが風紀を取り締まり、子供達の教育にも従事するのである。従って、司祭職はユートピアの社会体制を精神的に支える最も重要な役割を果たしていると言える。

第三節　人生の目的

ユートピア人は、まず、自然（natura）の前において人間が平等であると考える。すなわち、彼らは「人類一般の境遇からはるかにかけはなれた運命を与えられた人間、それゆえ、自然がその人だけに配慮を加えるというような人間はおりませんし、自然はすべての人々を、みな同じ姿をもつという共通の絆で結び、すべての人々を平等に可愛がってくれる」というのである。[146] この場合、人間をして人間たらしめるものが、人間の自然本性である理性（ratio）なのである。[147]

このようなユートピア人によれば、人間の幸福（felicitas）は理性の導く「善良で名誉ある快楽」にある。[148] ここで、「快楽」とは、「人がそこにとどまるのを楽しむように自然の導きのおかげでしむけられているような、肉体と魂のすべての運動と状態」である。[149] この「真の快楽」には二種類ある。一つは肉体的快楽であり、もう一つは精神的快楽である。[150] 両者は更に二つずつに分かれる。前者は、「五感を通じてはっきりした甘美な快感で満たしてくれるもの」である排泄・生殖行為や音楽鑑賞と、「肉体のゆったりした、調和のとれた状態」である健康とがこれに属する。

健康は「すべての快楽のいわば基礎であり土台である」。後者は、「知性の活動と真理の観想から生まれる甘美さ」と、「善い生活を送ったという甘美な記憶と、未来の幸福に対する疑いのない希望」から成る。

これに反して偽の快楽は、「自然に反するものなのに、「名前を変えれば、ものの中身も変えられるかのように」人々が最も空虚な『満場一致』によって甘美なものだとおもいこんでいるもの」である。[151] 理性に反し習慣に由来する「贋の快楽」は斥けられる。[152] これには上等な衣服や宝石、蓄財、高貴な身分、賽子遊び、狩猟の楽しみなどが属する。[153]

真の快楽の中でユートピア人が何よりも尊重しているのが精神的快楽であり、その中でも最大のものは、「徳を実行することと、善い生活を送っているという自覚の両者から生まれる快楽」である。[154] ここで「徳」(uirtus)とは「本性に従って生きること」であり、これは取りも直さず理性の命ずるところに従うことである。[155] この理性が人間に、「できるだけ心配のない、できるだけ喜びに満ちた人生をおくること、そして、われわれは互いに自然の協同体に属しているのだからほかのすべてのひとにもそれと同じ人生目標を実現させるよう助けてやること」を勧め、促しているとされる時、[156] 人生最大の快楽が他者に対する隣人愛の行為であり、それが善良な生活の自覚を生み出すものであることが分かる。

また彼らは、人間が本性に従って生きるよう神によって創られ、その本性である理性が、何よりもまず、「われわれの存在の根拠であり、われわれが参与を許されている幸福の根拠である神の威光にたいして愛と尊崇の心を燃え立たせる」ものと考えている。[157] ここに、先に見た人間の自然の前における平等は、神の前の平等によって支えられていることが分かる。事実、ユートピア人の幸福論は、理性の不完全性故に、次のような宗教的原理に結び付けられているのである。それは、「魂は不滅であり、神の仁慈によって幸福のために創られている。この現世の生活のあとで、われわれの徳には褒賞が、悪行には罰が与えられるように定められている。こういう原理は、理性によってそう信じ、認めるようになると考えています。[158]」というものである。

更に、「彼ら（ユートピア人）のほとんど全部は、人間の（味わうべき）至福が計り知れぬほど大きいということを確実なこと、わかりきったことと考えており、したがって、だれであろうと病気にかかればそれを悲しみますが、だれが死のうとそれを悲しがりません。[159]」とされる時、そこでは人間の死の前における平等も認められているように思われる。「ただ、心配しながら、いやいや人生に別れを告げると見られるひとの場合は別です。……そういう死者を彼らは悲しみと沈黙のうちにかつぎ出し、死霊にあわれみをたれたまえ、そのあやまちを慈悲をもってゆるしたまえと神に祈願してから、屍を土でおおいかぶせます。[160]」ここに、人間の自然、死、神の前における基本的な平等が認められているように思われる。[161] しかし、人間の自然、死、神の前における平等性は、適性や肉体的、精神的差異に基づく各人の機能的区別を否定するものではなく、年齢による経験的知恵や知的能力の違いによる社会生活全般にわたる指導、被指導関係を認めるものである。

ユートピアの末尾でヒュトロダエウスはヨーロッパ社会の腐敗・不正・堕落を糾弾し、ユートピアが最善であることを宣言し、その根源が人間の心の中に深く入り込んだ高慢（superbia）を彼らが制御できたことを礼讃している。[162] これに対して書中のモアは、ユートピアの生活風習や法律の中には不条理な事例が少なからずあること、特に彼らの「全社会制度の主要な土台」になっている「共同生活制貨幣流通皆無の生活物資共有制」や「戦争のやりかた」は、「世論によれば社会の真の栄誉、飾りであるようなもののすべてを根底からひっくりかえしてしまう。[163]」としつつも、ヒュトロダエウスに再会し話し合う機会を待つと述べ、「それまでのあいだは、他のことについては議論の余地なく最高学識者、人間界の最高経験者である彼が語ったことのすべてについて同意することは私にはどうしてもできないけれども、今私が容易に認めるのは、ユートピアの社会には、諸都市に対して、よりただしくいうならば、実現の希望を寄せるというよりも、願望したいものがたくさんあるということです。[164]」と答えて、『ユートピア』は完結している。

【注】

（1）澤田「モアの執筆意図」、一〇四頁。
（2）*Utopia*, p. 2〔澤田訳、一一―二頁〕.
（3）*Utopia*, p. 46.
（4）*Utopia*, p. 108.
（5）*Utopia*, p. 236〔澤田訳、二三七―八頁〕並びに *Epigrams*, No. 97.
（6）*Utopia*, p. 110〔澤田訳、一一九頁〕.
（7）*Utopia*, p. 242〔澤田訳、二四三―四頁〕.
（8）*Utopia*, pp. 244, 246〔澤田訳、二四五―六頁〕.
（9）*Utopia*, p. 246.
（10）*Utopia*, p. 22〔澤田訳、三〇頁〕; 澤田「あとがき」、『ユートピア』、三〇〇頁。
（11）*Utopia*, p. 110〔澤田訳、一一九頁〕.
（12）*Utopia*, pp. 110, 112〔澤田訳、一一九―二一頁〕.
（13）*Utopia*, p. 112〔澤田訳、一二一頁〕.
（14）*Utopia*, p. 112〔澤田訳、一二二頁〕.
（15）*Utopia*, p. 112〔澤田訳、一二一頁〕.
（16）*Utopia*, p. 112〔澤田訳、一二二頁〕.
（17）*Utopia*, p. 126〔澤田訳、一三五頁〕.
（18）*Utopia*, p. 230〔澤田訳、二三二頁〕.
（19）*Utopia*, p. 126〔澤田訳、一三五頁〕.
（20）*Utopia*, p. 126〔澤田訳、一三五頁〕.
（21）*Utopia*, p. 123〔澤田訳、一三五頁〕.

(22) *Utopia*, pp. 126, 128〔澤田訳、一三五頁〕.
(23) *Utopia*, p. 128〔澤田訳、一三六頁〕.
(24) *Utopia*, p. 134〔澤田訳、一四二頁〕.
(25) *Utopia*, p. 140〔澤田訳、一四七頁〕.
(26) *Utopia*, p. 138〔澤田訳、一四五頁〕.
(27) *Utopia*, p. 138〔澤田訳、一四五頁〕.
(28) *Utopia*, p. 144〔澤田訳、一四九―五〇頁〕.
(29) *Utopia*, p. 142〔澤田訳、一四七―八頁〕.
(30) *Utopia*, p. 138〔澤田訳、一四五―六頁〕.
(31) *Utopia*, p. 136〔澤田訳、一四四頁〕.
(32) *Utopia*, pp. 132, 134〔澤田訳、一四〇―一頁〕.
(33) *Utopia*, pp. 230, 232〔澤田訳、二三二―三頁〕.
(34) *Utopia*, p. 232〔澤田訳、二三四頁〕.
(35) *Utopia*, p. 236〔澤田訳、二三八頁〕.
(36) *Utopia*, p. 116〔澤田訳、一二四頁〕.
(37) *Utopia*, p. 186〔澤田訳、一九〇頁〕.
(38) *Utopia*, p. 134〔澤田訳、一四二頁〕.
(39) *Utopia*, p. 188〔澤田訳、一九一―二頁〕.
(40) *Utopia*, pp. 188, 190〔澤田訳、一九二―三頁〕.
(41) *Utopia*, p. 184〔澤田訳、一九〇頁〕.
(42) *Utopia*, p. 222〔澤田訳、二二四―五頁〕.
(43) *Utopia*, pp. 222, 224〔澤田訳、二二五頁〕.
(44) *Utopia*, pp. 134, 136〔澤田訳、一四二―三頁〕.
(45) *Utopia*, p. 136〔澤田訳、一四三頁〕.

(46) *Utopia*, p. 136〔澤田訳、一四二頁〕.
(47) *Utopia*, p. 132〔澤田訳、一三九—四〇頁〕.
(48) *Utopia*, p. 124〔澤田訳、一三三—四頁〕.
(49) *Utopia*, p. 124〔澤田訳、一三三頁〕.
(50) *Utopia*, p. 114〔澤田訳、一二三頁〕.
(51) *Utopia*, pp. 114, 116〔澤田訳、一二三頁〕.
(52) *Utopia*, pp. 136, 138〔澤田訳、一四四頁〕.
(53) *Utopia*, p. 116〔澤田訳、一二四頁〕.
(54) *Utopia*, p. 126〔澤田訳、一三四頁〕.
(55) *Utopia*, p. 126〔澤田訳、一三四頁〕.
(56) *Utopia*, p. 126〔澤田訳、一三四頁〕.
(57) *Utopia*, p. 128〔澤田訳、一三四—五頁〕.
(58) *Utopia*, p. 130〔澤田訳、一三八頁〕.
(59) *Utopia*, pp. 130, 132〔澤田訳、一三八—九頁〕.
(60) *Utopia*, pp. 126-134〔澤田訳、一四〇—四一頁〕.
(61) *Utopia*, p. 132〔澤田訳、一三九—四〇頁〕.
(62) *Utopia*, p. 134〔澤田訳、一四一頁〕.
(63) *Utopia*, pp. 146, 148〔澤田訳、一五二—三頁〕.
(64) *Utopia*, pp. 146, 148〔澤田訳、一五三頁〕.
(65) *Utopia*, p. 148〔澤田訳、一五三頁〕.
(66) *Utopia*, p. 148〔澤田訳、一五三頁〕.
(67) *Utopia*, p. 122〔澤田訳、一三四頁〕.
(68) *Utopia*, p. 122〔澤田訳、一三〇頁〕.
(69) *Utopia*, p. 120〔澤田訳、一三〇頁〕.

(70) *Utopia*, p. 122〔澤田訳、一三〇頁〕.
(71) *Utopia*, p. 122〔澤田訳、一二二頁〕.
(72) *Utopia*, p. 124〔澤田訳、一三一頁〕.
(73) *Utopia*, p. 122〔澤田訳、一三〇―一頁〕.
(74) *Utopia*, p. 196〔澤田訳、一九九頁〕.
(75) *Utopia*, p. 194〔澤田訳、一九七頁〕.
(76) *Utopia*, p. 194〔澤田訳、一九四頁〕.
(77) *Utopia*, p. 186〔澤田訳、一九〇頁〕.
(78) *Utopia*, p. 188〔澤田訳、一九二頁〕.
(79) *Utopia*, p. 190〔澤田訳、一九三―四頁〕.
(80) *Utopia*, pp. 122, 124〔澤田訳、一三一頁〕.
(81) *Utopia*, pp. 122, 124〔澤田訳、一三一頁〕.
(82) *Utopia*, p. 190〔澤田訳、一九四頁〕.
(83) *Utopia*, p. 190〔澤田訳、一九四頁〕.
(84) *Utopia*, p. 190〔澤田訳、一九四頁〕.
(85) *Utopia*, p. 190〔澤田訳、一九四―五頁〕.
(86) *Utopia*, p. 192〔澤田訳、一九四頁〕.
(87) *Utopia*, p. 192〔澤田訳、一九五頁〕.
(88) *Utopia*, p. 112〔澤田訳、一二二頁〕.
(89) *Utopia*, p. 196〔澤田訳、一九八頁〕.
(90) *Utopia*, p. 196〔澤田訳、一九九―二〇〇頁〕.
(91) *Utopia*, pp. 112, 218, 220〔澤田訳、一二一、二二一―三頁〕.
(92) *Utopia*, p. 120〔澤田訳、一二八頁〕.
(93) *Utopia*, pp. 218, 220〔澤田訳、二二一―二頁〕.

(94) "Thomas More's Letter to Erasmus on c. 4 december 1516", in *Correspondence*, Vol. II, No. 499, p. 414.
(95) 例えば、鈴木「ユートピア」、一二九頁。
(96) *Utopia*, p. 134〔澤田訳、一四二頁〕.
(97) F. N. Magil, *International Encyclopdia of Government and Politics*, London and Chicago, 1996, p. 1172.
(98) G. B. Wegemer, *Thomas More on Statesmanship*, Washington, D. C., 1998, p. 124.
(99) For example, J. Bodin, *On Sovereignty: Four Chapters from The Six Books of the Commonwealth*, ed. and trans. J. H. Franclin, Cambridge, 1992, p. 90; D. Baker-Smith, *More's Utopia*, London and Worcester, 1991, p. 154; Cf. Wegemer, *Thomas More on Statesmanship*, p. 124.
(100) 鈴木安蔵「共和制」、中村哲・丸山真男・辻清明編『政治学事典』、平凡社、一九五四年、五〇六頁。
(101) 例えば、鈴木「ユートピア」、一三〇頁。
(102) *Utopia*, pp. 196, 198〔澤田訳、二〇〇—二頁〕.
(103) *Utopia*, pp. 198, 120〔澤田訳、二〇三、一三八頁〕.
(104) *Utopia*, pp. 200, 202〔澤田訳、二〇三—五頁〕.
(105) *Utopia*, p. 136〔澤田訳、一四三頁〕.
(106) *Utopia*, p. 200〔澤田訳、二〇三頁〕.
(107) *Utopia*, p. 200〔澤田訳、二〇三—四頁〕.
(108) *Utopia*, p. 200〔澤田訳、二〇四—五頁〕.
(109) *Utopia*, p. 202〔澤田訳、二〇五—六頁〕.
(110) *Utopia*, p. 202〔澤田訳、二〇五頁〕.
(111) *Utopia*, p. 202〔澤田訳、二〇五頁〕.
(112) *Utopia*, p. 202〔澤田訳、二〇五—六頁〕.
(113) *Utopia*, p. 202〔澤田訳、二〇六頁〕.
(114) *Utopia*, p. 202〔澤田訳、二〇六頁〕.
(115) *Utopia*, pp. 202, 204〔澤田訳、二〇六—七頁〕.

(116) *Utopia*, p. 204〔澤田訳、二〇八頁〕.
(117) *Utopia*, pp. 202, 204〔澤田訳、二〇八頁〕.
(118) *Utopia*, pp. 206, 208〔澤田訳、二〇九—一一頁〕.
(119) *Utopia*, p. 206〔澤田訳、二一一頁〕.
(120) *Utopia*, p. 208〔澤田訳、二一一頁〕.
(121) *Utopia*, p.208〔澤田訳、二一一頁〕.
(122) *Utopia*, p. 208〔澤田訳、二一一—二頁〕.
(123) *Utopia*, p. 208, 210〔澤田訳、二一二頁〕.
(124) *Utopia*, p. 210〔澤田訳、二〇二—五頁〕.
(125) *Utopia*, pp. 210, 212〔澤田訳、二一二—三頁〕.
(126) *Utopia*, pp. 212, 214〔澤田訳、二一五—六頁〕.
(127) *Utopia*, p. 214〔澤田訳、二一六—七頁〕.
(128) *Utopia*, p. 216〔澤田訳、二一七頁〕.
(129) *Utopia*, p. 216〔澤田訳、二一八頁〕.
(130) *Utopia*, p. 216〔澤田訳、二一八頁〕.
(131) *Utopia*, p. 216〔澤田訳、二一八—九頁〕.
(132) *Utopia*, p. 220〔澤田訳、二二三頁〕.
(133) *Utopia*, pp. 220, 222〔澤田訳、二二三—四頁〕.
(134) *Utopia*, pp. 220, 112〔澤田訳、二二一—二頁、一二一頁〕. 澤田「訳注」、一二一・2、二七八頁。
(135) *Utopia*, p. 220〔澤田訳、二二二頁〕.
(136) *Utopia*, p. 220〔澤田訳、二二二頁〕.
(137) *Utopia*, pp. 226, 228〔澤田訳、二二八—九頁〕.
(138) *Utopia*, pp. 226, 236〔澤田訳、二二九—三八頁〕.
(139) *Utopia*, p. 228〔澤田訳、二三〇頁〕.

(140) *Utopia*, p. 228〔澤田訳、二三〇頁〕.
(141) *Utopia*, pp. 226, 228〔澤田訳、二二九頁〕
(142) *Utopia*, pp. 226, 228〔澤田訳、二二九頁〕.
(143) *Utopia*, p. 230〔澤田訳、二三一—二頁〕.
(144) *Utopia*, pp. 224, 226〔澤田訳、二二六—八頁〕.
(145) *Utopia*, p. 232〔澤田訳、二三三頁〕.
(146) *Utopia*, p. 164〔澤田訳、一六八頁〕.
(147) *Utopia*, p. 162〔澤田訳、一六六頁〕.
(148) *Utopia*, p. 162〔澤田訳、一六六頁〕.
(149) *Utopia*, p. 166〔澤田訳、一七〇頁〕.
(150) *Utopia*, pp. 172-178〔澤田訳、一七六—八一頁〕.
(151) *Utopia*, p. 166〔澤田訳、一七〇頁〕.
(152) *Utopia*, pp. 166-170〔澤田訳、一七〇—五頁〕.
(153) *Utopia*, pp. 166-172〔澤田訳、一七〇—五頁〕.
(154) *Utopia*, p. 174〔澤田訳、一七九頁〕.
(155) *Utopia*, p. 162〔澤田訳、一六六頁〕.
(156) *Utopia*, p. 162〔澤田訳、一六六—七頁〕.
(157) *Utopia*, p. 162〔澤田訳、一六六頁〕.
(158) *Utopia*, pp. 160, 162〔澤田訳、一六五頁〕.
(159) *Utopia*, p. 222〔澤田訳、二二四頁〕.
(160) *Utopia*, p. 222〔澤田訳、二二四—五頁〕.
(161) 例えば、鈴木「ユートピア」、二三五—六頁。
(162) *Utopia*, pp. 242, 244〔澤田訳、二三四—五頁〕.
(163) *Utopia*, p. 244〔澤田訳、二四五頁〕.

(164) *Utopia*, pp. 244, 246〔澤田訳、二四五—六頁〕.

第二章　モアの社会諸観念

第一節　人間の功罪

モアによれば、人間の弱点は次の九点に見られる。第一に、外見を飾ることである。これはまず、着飾るところに現われる。モアは以下の三例によって当事者を諷刺している。すなわち、服装のために四エーカーの土地を抵当に入れた男の話、金ピカの身なりをした国王、スペイン王女の護衛の装いがこれらである。[1] 次に化粧である。これは比較的若い婦人ばかりでなく、老女や男性によっても行われる。[2] それは更に、実物とは似ても似つかない美しい肖像を描かせるところにも、何かにかぶれてこれを自慢するところにも見られる。[3] 第二に、金銭財宝の崇拝である。モアは巨富の蓄積に狂奔する貪欲な金持、或いは金銭との死別を惜しむ、或いは自らもこれを使わず必要とする他者にも使わせない守銭奴、金のために先祖伝来の土地を手放した男、並びに財宝を森の中に埋めた男のことを痛烈に皮肉っている。[4] 第三に、職業における当為と現実との食い違いである。モアが諷刺の対象とした主要な職業は、医師・弁護士・聖職者の三職である。彼は、或いは法外な医療費を詐取し、或いは悪意か酩酊から適切な診療を施さない医師、[5] 奇策や逃亡によって受刑を免れしめる弁護士、[6] 吝嗇ないし無学な司教や邪悪なもしくは教養のない司祭、[7] 及び言行不一致の説教師[8]を取り上げている。

第四に、空虚な名声の追求である。[9] 第五に、猟犬による獲物殺傷を楽しむ人間の残酷さである。[10] 第六に、事実をゆがめる偏見ないし偏愛である。[11] 第七に、占星術師の予言を中心とする迷信である。占星術師の的外れな予言の諷刺に『警句集』の内十一編の詩を割き、[12] また、その英語詩でも占星術とその他の占いの誤りを指摘し、[13] 更には、『ルーキアーノス翻訳』の刊行の意図を示す序文の中でも、想像の産物や魔術、迷信回避の勧告を行っており、[14] これらのことは、多くの人間を惑わす迷信に対するモアの関心の強さを物語っている。第八に、王侯貴族の権力欲である。[15] 最後に、暴君に典型的に見られる人間の高慢である。[16]

このような人間の諸々の弱点に対する批判は、主として『警句集』において諷刺の形で行われている。上記の諸事項のほか、『警句集』において次の五事項が人間ないし人間社会の弱点として諷刺されている。すなわち第一に、人間の虚栄心とこれをも凌ぐ場合もある貪欲。[17] 第二に、偽証。[18] 第三に、悪人ではなく善人が損害を蒙ること。[19] 第四に、妻の厄介さ、[20] それにも拘らず男は結婚すること。[21] 最後に、夫が不在の場合の妻の不貞。[22] この内第三は、「鼠でさえ悪人を噛むであろう。」という古諺に反対し、「鼠さえ噛むのは無実の人である。罪人に触れることは蛇すら恐れる。」という主張である。

以上のようなことの本質から逸脱した人間の非合理性、不合理性の批判は、取りも直さずその克服の要請であるが、モアは、より積極的に次のような節度ある合理性的、精神的生活を提唱している。これらは次の九項目から成る。すなわち、第一に、自制ないし克己である。具体的には、放縦と肉欲が死期を早めることが戒められる。[22] 第二に、中庸である。具体的には支出・所有・生活程度、要するに万事において極端を避け中庸を守るべきことが説かれている。[23] 従って、第三に、あごひげに快い香料を塗り、額をかぐわしい花輪で飾り、今日のことだけを考えて生きるような、ささやかな楽しみを持った簡素な生活である。[24] 第四に、足と眼にそれぞれ障害を持つ者同士の、言わば二人三脚に象徴される「固い友情」である。[25] 第五に、苦難に耐える勇気である。[26] 第六に、謙虚である。

具体的には、一方では人間の誕生の直接の原因に思いを致し、高慢になることを直接的に戒め、他方では学問が順境におけるそれを抑制するとして間接的に高慢を戒め、更には、永遠の前における高慢の無価値さが指摘されている。(27) 第七に、女性の清純さである。具体的には、女性に対する真の愛情は外観によってではなくその清純さを尊重することによって呼び起こされること、並びに女性の美醜は意志の問題であることが主張されている。(28)

それ故第八として、物質的なもの、特に富に対する精神の優越性である。(29) しかも最後に、本当の徳を求めることである。モアは、「真の徳への勧め」という短詩の中で次のように説いている。「ああ、この悲惨な世の中で哀れな人間を引きつけるものは何であれ、早咲きの薔薇のようにたちまちしぼみ、枯れてしまう。運命は、未だかつて何処かで不快な抱擁を行うことなしにだれであれその心地良い腕の中に抱いたことはない。徳を吸い込み、空しい快楽を差し控えよ。本当の喜びは、気高い精神の伴侶である。(30)」、と。こうした厳しい徳を求める態度は、モアの最も初期の書簡にも『ピコ伝』にも窺われる。(31) 前者においてモアは言う。「人が徳の険しい細道を自力で登ろうと努力している時……」、その際重要なことは、言葉ではなく行為である。(32)

要するに、モアは真の理性の導きに従うべきことを主張しているのである。モアがこれに直接言及しているのは、「カンディドゥスへ。いかにして妻を選ぶべきか」という標題の詩においてである。モアはその中で、「知性と先見の明を持つ者だけが、彼を導く理性によって真の愛に至ることができる。(33)」と述べ、結婚生活における理性の重要性を指摘している。これは結婚に関する限りのものであるが、上述したような処世の諸規範と現実批判の諸基準に照らして、モアが合理性的生活一般を要請していることは明らかであろう。ところで、社会の物質的基礎を支える職業活動を通して、人は何よりも社会に参与する。それ故、賢者の言と前置きしていることからも明らかなように、理性に依れば、人間にとって最善のことは自分に遂行できる仕事を勤勉に行うことであり、(34) ここにもモアの詩全体を貫く実用的な助言が見られる。(35)

けれども人間理性が自立している訳ではなく、神の存在を前提とする宗教的原理が不可欠である。これを良く示しているのが、神の人事への介入とこれへの期待[36]、特に神による善の促進と悪の回避へのそれ[37]、人間の個性形成への関与[38]、罪の重さ並びにキリストの「天の王国」に対する希望である[39][40]。モアの神による奇跡への期待は、長女マーガレットの重病の際に神への祈りの形で具体的に示されている[41]。

以上のような理性と信仰によって支えられた、徳の実践を中核とする人生観・社会観・演劇への関心、なかんずく劇中の登場人物がその役割を適切に演じることを重視し[42]、しかもこうした芝居に社会における人間活動の諸局面をなぞらえる見方が、これらの著作に共通する点である[43]。

第二節　人間の平等性

このようなモアの世界における徳の中心性——これは、北方ヒューマニスト達の共通点であるが[44]——、モアにおける徳の重要性は、人間の誕生と死亡、なかんずく死についての彼の認識に基づく。モアはギリシア人と共に言う。「丁度この世に裸でやって来たように、私は確実にここから裸で立ち去るであろう[45]。」これは人間の宿命であり、例外は存在しない[46]。「貴方がたとえ世界をヘラクレスの柱まで征服したとしても、最終的には、貴方のものであろう土地の量は、それでも、だれのものとも同じである。貴方は、アリイスより一ペニーたりとも富める者としてではなく彼と同等の者として死に、貴方の土地（もはや貴方のものではない）は貴方を飲み込むであろう[47]。」また死からはだれも逃れられない。「死における平等について」（アリイスは乞食である）[48]。恐るべき暴君ですら同じ運命から免れ得ない[49]。更に死における人間の平等性は、逆に奴隷らと同じ運命から免れ得ない。死における人間の平等性は、逆に奴隷の肉体を他者の支配から解放し[50]、彼を強者と同等にさえする[51]。なぜならば、死はこの世のものを無に帰するからである。モアは「死について」という短詩で述べている。「彼は夢みている。だれかが彼をこの世において金持だと思うことを。けれども死が目醒めさせる時、彼は、直ちに自分がいかに貧しいかに気が付く。[52]」

死が永遠の眠りだとすれば、睡眠は一時的な眠りであり、心身の休息状態である点で両者は共通している。従って、高慢な暴君といえども睡眠中は普通の人間と変わらず、[53]「ほとんど人生の半分は眠りである。その間は富者も貧者も平等である[54]」ということになる。否それればかりでなく、眠りは貧者に慰めすら与えてくれる。「ああ眠りよ、人生の安らかな部分よ、おまえは、貧しき者を夜は富める者と対等にしてくれ、悲しみの心を忘却の優しい滴で慰め、苦しみのあらゆる想起を追い払ってくれる。寛大にも、仕合せな夢の中では、お前は貧しい者に富すら与えてくれる。[55]」

しかも富者や権力者は絶えず不安に苛まれる。なぜならば、富者は自分の財宝を隠す配慮をしなくてはならず、[56]権力者には身辺の警護が必要である。[57]暴君に至っては安眠すら享受できず、この意味では乞食にも劣るからである。[58]しかし、社会的地位の相違は果たしてどれだけの意味を持つのであろうか。モアはある短詩の中で、国王が腰かけている所から余り離れていない橋の上に坐っている小作農をとがめた廷臣に対して、その乞食をして「同じ橋の上に坐ってはいけないのか。もし橋が一〇マイルもあるとしたらどうする」と答えしめている。[59]この笑い話の中に、人間の基本的平等意識を読み取ることができる。そして、モアが「民衆の同意が統治権を賦与し撤回する」という詩において、王は民衆の主人ではなく、その地位が民衆の意志に基づくものであると主張する時、[60]立場はむしろ逆転する。

更に、人間はだれしも等しく運命の支配下に置かれている。「万事の主人」である「運命の女神」は、誰にも捉え難い姿態を有し、[61]何人もその支配から逃れることはできない。[62]この「捕捉し難い運命[63]」は「止まることのない車」であり、「無原則に人間の運命の交替を生み出す[64]」。それ故、運命は弱者を絶体絶命の危機から救出もし、[65]貧者をたちまち富者に変えもする。[66]

このように、死と運命の前における人間の平等という認識が、その背後にある神の前の平等と相俟って、徳の主体としての人間の平等性というモアの立場を支えているものと解される。しかしモアによれば、人生とははかないものである。すなわち死は、人間に同種の生命体としての平等性を告知するだけに留まらない。死は正に人間の体内に宿り、誕生の時から始まっているが故に、人生そのものが死への旅である。[67] その上この旅は、いつ果てるかも知れない旅である。[68] ある兄弟は同じ日に生死を分かつ。[69] また、ある難破船の水夫は荒れ狂う海から逃れたものの岸辺で毒蛇に咬まれて死んだ。[70] また、海の波から逃れた貨物船は陸で火災に遭い滅びたが、その際敵である海水の援助を求めるという皮肉なことにもなる。[71] 従って、死の不可測性は絶えざるその恐怖によって人間を苦しめる。[72] そして一般に、人間は災難の予測・回避能力を持たず、現在の恩恵は顧みない。[73] しかも、この世における財産は幸運の支配下にあって不確実であり、[74] 気紛れな民衆の意見に依存する名声もまた一時的に過ぎず、必ずしも実質を伴うとは限らない虚しいものである。[75] 否、そもそも「人事において真の重みを持つものは何一つない」[76] し、人間は単なる手段に過ぎず、その生命は無である。[77] この世という牢獄の様々な生活は取るに足らず、一度しか訪れることのない死だけがあらゆる苦悩から人間を解放してくれる。[78] 従って、「人生をして短からしめよ」[79] ということになる。ここに死は解放者として登場する。[80]

こうした死生観は、モアの精神の深部に存在するものであった。

第三節　人間の特性

このように現世の生活が些事[81]で空虚だとすれば、重要事ないし確実なものとは何なのか。モアは言う。人間にとって「快楽・称賛・敬意、全てのものがすぐさま消えてしまう――神の愛を除いて。これは、永遠に続く。だから、死すべき者よ、今よりは些事を信ぜず、また、束の間の利益を望まず、祈りを永遠の神にささげよ。神は、我々に永遠の命という贈り物を与えてくれるだろう。[82]」ここに永遠である神の恩寵のみが不滅であり、永遠の生命が、神を信じ祈ることによって得られることが吐露されている。とすれば、魂が救済され永遠へと連なりうるためには、人間は神の命ずるところに従う、すなわちこの世の空虚さをさげすみ、天上の至福を求めなければならない[83]。これが先に言及した徳の実践なのである。従って、「虚しい快楽を慎み」、「徳を吸い込む」ことが「真の喜び」をもたらす[84]と主張される時、この神がキリスト教と共通性を持つ神であることもまた疑いない[85]。

この世が天国への旅、過程であり、それがいかに虚しくはかないものだとしても、人間は通常ここで数十年の旅を続けることが運命付けられている。従って、避け得ない運命は雄雄しく引き受け、苦しみにも不屈の精神を以て耐えなければならない[86]。否、むしろ積極的に栄えるべきである。モアは、直接には書物の生命に関してではあるが、主張する。「生命とは、単に生存することではなく、むしろ繁栄することなのだ[87]。」と。それ故人間には、魂の救済という第一目的に抵触しない範囲内で、可能な限り煩いのない、できるだけ喜びに満ちた人生を送ることが要請される。

けれども、等しく同じ姿態と理性・自由意志が賦与されているとは言え、人間相互間には、知性と徳性において差異があることもまた事実である。先述したように、一般に人々は非合理的で無定見であり、抑制するものがなければ容易にしかも取り返し難く自由本来の範囲を逸脱してしまい[88]、真の知識に到達することができない。これが可能なのは知的な人間だけである。従って、一般民衆は有徳の有識者や幾多の経験によって思慮分別を弁えた老人によって指導されなければならない。前者は、上記モアのコレット宛書簡における知徳兼備・言行一致のコレットに対する病める精神の医師としての役割の期待[89]から、後者は、英語詩の一編と『リチャード三世王史』から窺い知ることができる(90)。

一般民衆が宗教によって抑制され、有徳の有識者と年長者によって指導されなければならないのは、単に彼らが知性の低さと意志の弱さによって社会の秩序を乱すという理由からだけではない。それは、神による救済の対象として平等であるにも拘らず、彼らが厳しい徳を実行することができずに、救われないことを恐れることにもよるように考えられる。ここに、モアにおける善意による強制の不可避性という見地を見ることができる。これは、目的と手段との矛盾という人間社会一般における基本的問題である。

結　語

以上の論述から、本章の目的について次の二点が論証されたと考えられる。第一に、ほぼ一五一八年迄に書かれた『ユートピア』以外の諸著作に表されたモアの根本的人間観・社会観・世界観は、来世を人間の目的地とし、現世をそこへ至るために不可欠な魂の救済を達成するための過程ないし準備期間として見る、伝統的なキリスト教思想である。けれども第二に、彼の新しさは、神の前における人間の抽象的な平等性に留まらず、救済の、それ故徳の主体としての個人の平等が「今、ここ」において追求されなければならないとし――現実問題としては、現在の知性と徳性の優劣に基づく機能的な指導・被指導関係を認めていたにせよ――、人生の意義を徳をも包摂する合理性的快楽ないし幸福に見出していた点にある。こうしたモアの根本思想は、新約的なキリスト教信仰の徹底と理性による万物の合理性的な位置付けに由来するものと解されるが、それは彼の個別的社会諸思想の基調を成しているのである。

【注】

（1）*Epigrams*, Nos. 202, 185; *Correspondence*, No. 2, p. 4.
（2）*Epigrams*, Nos. 73, 40, 213.
（3）*Epigrams*, Nos. 79, 77.
（4）*Epigrams*, Nos. 58, 81, 117, 203, 150.
（5）*Epigrams*, Nos. 72, 206, 78, 230,
（6）*Epigrams*, Nos, 98, 99.
（7）*Epigrams*, Nos. 533, 160, 186, 188, 153, 187, 244.
（8）"More's Letter to J. Colet, of 23 Oct. 1504", in *Correspondence*, No. 3, p. 7
（9）*Epigrams*, No. 114: 'Pagent Verses', in *English Poems*, p. 117.
（10）*Epigrams*, No. 19.
（11）*Epigrams*, Nos. 170, 171..
（12）*Epigrams*, Nos. 42-7, 49, 83, 200, 151, 164.
（13）"A Rueful Lamentation", in *English Poems*, p. 120.
（14）*Lucian*, pp. 2-5.
（15）*Epigrams*, No. 227; *History*, p. 12.
（16）*Epigrams*, Nos. 62, 96; *Lucian*, p. 101; "Pageant Verses", in *English Poems*, p. 118.
（17）*Epigrams*, Nos. 139, 25, 133.
（18）*Epigrams*, Nos. 195, 196, 197.
（19）*Epigrams*, No. 20.
（20）*Epigrams*, No. 67
（21）*Epigrams*, Nos. 147, 180, 189.
（22）'Progymnasmata'., No. 5, pp. 8, 131; in *Epigrams*, Nos. 127, 31, 107.
（23）"Progymnasmata", No. 8, in *Epigrams*, pp. 9, 131.

(24) *Epigrams*, No. 71.
(25) *Epigrams*, Nos. 9-15.
(26) *Epigrams*, No. 54.
(27) *Epigrams*, Nos. 41, 125; "Pagent Verses", in *English Poems*, p. 118.
(28) *Epigrams*, Nos. 25, 48.
(29) "Progymnasmata", in *Epigrams*, No. 2, pp. 7, 129.
(30) *Epigrams*, No. 50.
(31) *Correcepondence*, No. 3, pp. 6-7; Pico. p. 4.
(32) See *Epigrams*, No. 181.
(33) *Epigrams*, No. 125.
(34) "'A mery gest how a sergaeunt wold lerne to be a frere" in *English Poems*, p. 99.
(35) M. E. Willow, *An Analysis of the English Poems of St. Tomas More*, The Hague, 1974, pp. 22-3.
(36) *History*, p. 86; *Lucian*, p. 99 etc.
(37) *Epigrams*, No. 157.
(38) "A Lueful Lamentation", in *English Poems*, p. 122.
(39) *Epigrams*, No. 157.
(40) See *Epigrams*, Nos. 142, 141; "Appendix", No. 1, pp. 117, 238.
(41) W. Roper, *The Life of Sir Thomas More*, Everyman's Library; London, 1963, p. 15.
(42) *Epigrams*, Nos. 214, 215.
(43) See *History*, p. 81.
(44) E. g. Q. Skinner, *The Foundations of Modern Political Thought*, vol. I, *The Renaissance*, Cambridge, 1978, pp. 228-36〔門間都喜郎訳『近代政治思想の基礎』、春風社、二〇〇九年、二四三―五一頁〕.
(45) 'Progymnasmata', in *Epigrams*, No. 7, pp. 9, 131.
(46) "Pageant Verses", in *English Poems*, p. 116; *Epigrams*, No. 112.

(47) *Epigrams*, No. 22. See also No. 103.
(48) *Epigrams*, No. 89.
(49) *Epigrams*, No. 62.
(50) *Epigrams*, No. 28.
(51) *Epigrams*, No. 27.
(52) *Epigrams*, No. 61.
(53) *Epigrams*, No. 96.
(54) *Epigrams*, No. 89.
(55) *Epigrams*, No. 121.
(56) *Epigrams*, No. 150.
(57) *Epigrams*, No. 222.
(58) *Epigrams*, No. 92; *History*, p. 387.
(59) *Epigrams*, No. 190.
(60) *Epigrams*, No. 103.
(61) *Epigrams*, No. 232.
(62) *Epigrams*, No. 50.
(63) See M. D. Willow, *Analysis of English Poems*, p. 180.
(64) *Epigrams*, No. 54; "Progymnasmata", in *Epigrams*, No. 3, pp. 7, 130.
(65) *Epigrams*, Nos. 24, 246.
(66) *Epigrams*, Nos. 29, 30.
(67) *Utopia*, p. 236〔澤田訳、二三七―八頁〕.
(68) *Epigrams*, Nos. 57, 159.
(69) *Epigrams*, No. 38.
(70) *Epigrams*, No. 157; "Progymnasmata", No. 13, pp. 12, 314.

（71）*Epigrams*, No. 205.
（72）*Epigrams*, No. 18.
（73）*Epigrams*, No. 18.
（74）"Progymnasmata", No. 12, pp. 11, 133 in *Epigrams*, No. 95.
（75）"Progymnasmata", No. 3, pp. 7, 130.
（76）*Epigrams*, Nos. 114, 87.
（77）*Epigrams*, No. 51.
（78）*Epigrams*, No. 112.
（79）*Epigrams*, Nos. 101, 52, 63, 243（最後の詩は、一五一九年の作と考えられる）.
（80）*Epigrams*, No. 55.
（81）L. Bradner, "More's Epigrams on Death", *Moreana*, Vol. XIII, No. 50, 1976, p. 34.
（82）*Epigrams*, No. 51.
（83）"Appendix", in *Epigrams*, No. 1, pp. 117, 238.
（84）*Pico*, p. 4.
（85）*Epigrams*, No. 50.
（86）See *Epigrams*, Nos. 141, 142.
（87）*Epigrams*, No. 56; "Progymnasmata", No. 12, pp. 11, 123.
（88）*Epigrams*, No. 326.
（89）注（8）参照。
（90）*Correspondence*, pp. 6-8; "Pageant Verses", in *Epigrams*, p. 116; *History*, p. 91.

第三章　『ユートピア』の諸解釈批判

第一節　《異教徒の理想国家としてのユートピア説》批判

『ユートピア』には、確かに内容上、形式上戯作的な要素が少なからず盛り込まれ、当時のカトリック教会の教義とは矛盾する事項が散見される。それ故、こうしたモアの立場を重視すれば、これを基本的に諷刺的な戯作として把握する解釈も、一見成立可能なように見える。同じく『ユートピア』の戯作性を重視する立場でも、ユートピアをキリスト教的な国家と解釈する論者[1]と異教徒の理想国家として把握する者[2]とが対立している。そこでまず、両者に共通する戯作性の問題について論じることにしたい。

既に十九世紀の末葉においても、『ユートピア』の編集者であるJ・H・ラプトンのように、そこに著された戯作的諸要素に注目する論者もあったが[3]、近年これらを真正面から取り上げたのは、誰よりもサーツである。彼はヘクスターと共編の『ユートピア』に載せた序文の中に掲載した「聴衆とこっけいな要素（The audience and the comic element）」と題する一節において、戯作的な要素として次の諸事項を列挙している[4]。すなわち、(1)婚前検査の方法[5]、(2)居候と一修道士の逸話[6]、(3)金銀の使用法[7]、(4)アネモールの使節の話[8]、(5)ユートピアを大陸から切断するための大掛りな開削工事[9]や森全体の移植[10]、(6)モアのヒレス宛第二書簡中に見られる用語[11]に代表されるような、ギリシア語から考案された諸名称（passim）、(7)モアがヒレスに宛てた第一書簡全体、[12] (8)プラウトゥスの喜劇をセネカが中断する話と宮廷におけるヒュトロダエウスの助言との対比、[13] (9)二つの王国を統治する王を二人の主人を持つ御者に喩える話、[14] (10)第二巻に見られる些細な事柄——(イ)軍艦を難破させるための標識の移動、[15] (ロ)雛鳥の人工孵化者の後を雛鳥が母親として追う話、[16] (ハ)共有財産の印としての誰もが容易に入室できる二枚戸の扉、[17] (ニ)司祭の鳥の羽飾り、[18] (ホ)司祭が選り抜きの女性と結婚すること、[19] (11)返答するよりも相手の言葉を繰り返すのに熱心な、論争者達の常套手段を用いようと決心していた法律家の話、[20] (12)居候の思い付きをモートン卿が拒絶しないのを見て、これに対して欺瞞的に賛意を示す追従的な廷臣達をヒュトロダエウスが嘲笑の的にする場面、[21] (13)「かくもいやらしく、邪悪なザポーレート人傭兵に対する激しい憤り、[22] (14)キリスト教に改宗したユートピア人の無分別な狂信の例、[23] (15)市議会に提出された議案を当日は討議しないで次の会期まで持ち越す理由、[24] (16)狡猾な弁護士を排除し、最も自明な法を前提にして、裁判においては当事者主義が採用されていること、[25] (17)例えば、女達が働いているところでは「そのかわりに男たちがぶらぶらしているのが通例です。」[26]といった単一の句または節、(18)戦争を終結し、多くの無辜の血を流さないために採られるという、敵の君主や指導者の買収、[27] (19)偽の快楽の列挙とその反駁、[28] (20)ヨーロッパ人の愚行や弱点に対して、ユートピア人の快楽説を擁護する箇所、[29] (21)囲い込みによって害悪をもたらす、怠惰で贅沢な何人かの修道院長への言及、[30] (22)ユートピア人達を諸学芸において古代の先哲と同格に置き、幾つかの点で近代論理学者に劣るとする記述、[31] (23)ヨーロッパにおいては君主と教皇の尽力により同盟は神聖不可侵の権威を持ち、特に後者は条約の遵守を強制するとの記述、[32] (24)一般的には社会の真の栄誉とされている諸事項を理由に、書中のモアが無貨幣の共有制度を拒否している点、[33] (25)現実のヨーロッパに対する反語として、(イ)農業と手工業の尊重、[34] (ロ)万人の労働義務、[35] (ハ)庭園を有する都市、[36] (ニ)一般に学問、教育、特にギリシア語への熱中、[37] (ホ)私通や姦通に対する厳罰、[38] (ヘ)少数の法律、[39] (ト)幸福な死、[40] 簡素な葬儀、[41] 宗教的寛容、[42] 迷信の憎悪、[43] 神聖な聖職者、[44] 教会の尊敬、[45] 祈禱の有益性、[46] 並びに(26)

共同食事制[47]がこれらである。

サーツはこれらの諸事項を無邪気な冗談から公然の痛烈な皮肉に至るまで幾つかに分類し、それぞれに簡単な注釈を加えている。これにレノルズが指摘した諸項目[48]、(a)奴隷制[49]、(b)植民政策[50]、(c)傭兵による戦争[51]、(d)市民達の移籍[52]、(e)安楽死並びに[53](f)離婚[54]を追加するならば、『ユートピア』に盛り込まれた思想の大部分が多かれ少なかれ戯作的な性格を持っていることになる。確かにそこには戯作的な要素が少なからず存在する。しかし問題はなぜ、そしてどの程度戯作性が導入されているかである。それ故、より立ち入った分析を加えなければならない。

次に、上記の諸事項を筆者の基準に従って検討することにしたい。分析の基準としては、ここでは、(A)非意図的な冗談、(B)修辞的手法、(C)想像力の産物、(D)現実社会批判、(E)ヒュトロダエウスの真意の五つを採用する。まず第一に(A)に該当するものは(10)-(ロ)の雛鳥の話ただ一つである。これについての説明は不要であろう。[55]第二に、(B)には(6)(7)(8)(9)並びに(24)が該当する。『ユートピア』中の至る所に見られるギリシア語から考案された諸名称は、中には文脈上妥当なものもあるが、多くは反対の意味やそれが存在しないことを示している。[56]このことは、語義の持つ滑稽さを借りて、当該諸事項が現実には存在しないものであることを暗示しているのである。

またモアのヒレス宛第一書簡は、ユートピアに関するモアの著書が、現存する人物ラファエル・ヒュトロダエウスが実在する社会について物語ったことをそのまま再現したものであることを読者に強調するという、真剣な意図の下に書かれたものである。[57]従って、サーツが、アーニュドルス河の橋、島自体の位置、並びにユートピアに布教するために司教になりたいという神学者の申し出についての発言にはユーモアが見られて特に面白い、[58]としているのは厳密性を欠く。これは、ユートピアが虚構でもモア自身の作品でもないことを読者に納得してもらおうとする、苦心の現われなのである。(8)は書中のモアが対話の中で直接関与する唯一の箇所であるが、演劇の例示は、観想的な哲学と実用的な哲学との関係を具体的にしかも面白く説明するための喩え話である。(9)についても同様のことが言える。(24)には一般民衆に対する皮肉が含まれていることは否定できないが、この発言は何よりもモアの真意を隠すための技法であると解される。

第三に、(C)該当するものは(5)だけである。確かにサーツも指摘しているように、半島の大陸からの切断工事や森全体の移植は、当時の技術水準からすれば「超人的な芸当」であり、それ故空想的である。しかし、ユートピア人の熱心さと勤勉さ[59]並びにこれらに基づく学問研究によって獲得された洞察力と発明力[60]をもってすれば、必ずしも不可能とは限らない、とモアが考えたことは大いにあり得る。

第四に、(D)に関する事柄であるが、分析に先立って一言断っておきたい。すなわち、現実社会を批判する場合には、批判の対象を比較する何らかの基準が不可欠であることは言うまでもない。換言すれば、批判と提言ないし真意は表裏一体を成している訳である。しかしここでは直接的な批判だけを取り挙げ、間接的な批判すなわち真意に係わる諸事項は、丁度これとは逆の関係に立つ(E)のところで検討することにしたい。

(D)に属するものは(2)(4)(11)(12)(13)(14)(17)(19)(21)(22)(23)の十一項目である。以上の内(2)(11)(12)(21)は第一巻に見られる事項であるが、これらは全て自分の立場ないし本務を弁えないために社会を毒する、社会の指導的立場にある人々に対する諷刺ないし皮肉である。また(14)と(22)も、あるいは信仰者のあるいは論理学者のあるべき立場から逸脱した行為に対する諷刺である。すなわち前者は、信仰活動は理性的でなければならないというユートピア人の規定[61]に違背する例として、後者は、論理学本来の研究を疎かにして枝葉末節の議論に専念する「近代」の注解学者批判[62]として、取り上げられたのである。次に(4)と(19)は、事物の自然本性や実用的価値とは無関係な、単に虚栄心や優越感を満足させるに過ぎない、一般に快楽と習慣的に考えられているものに対する批判である。[63]ユートピア人にとっては、まず人間固有の理性が事物の尺度なのである。更に、サーツも指摘しているように、(19)は人道に背き殺戮に熱中する民族に対する痛烈な皮肉であり、[64](20)は怠惰で勤労意欲のない人々に対する諷刺である。そして(23)はヨーロッパの君主と教皇に対する明白な反語であった。これはサーツも指摘しているところである。

確かに、サーツも「……有用な目的が、ほとんど常に『ユートピア』のこっけいな句または節の背後に潜んでいる。[65]」と指摘しているように、彼自身これらの多種多様な戯作的諸事項を単なる冗談と解している訳ではない。しかし、『ユートピア』中のこれらの滑稽な諸要素は、表題の頁の festiuus（楽しい）という形容詞を完全に正当化する。この性質は、書物が nec minus salutaris quam festiuus（楽しいと同じほど有益）――あたかも楽しさが二者の内でより顕著な特徴であるかのように――であることによって、強調されさえするように思われる。[66]」とされる時、サーツは少なくとも愉快と有益を同等視しているのである。しかし、ユーモアやウイットはむしろ道具であり、その限りにおいて手段である、ということを見逃がしてはならないであろう。ヒュトロダエウスの批判の内容と姿勢に照らして、彼の真意は批判の側面に置かれていると言わなければならない。

最後に、(E)に関してであるが、これにはサーツが列挙した残りの諸事項とレノルズが指摘した六項目が該当する。以下、これらを①哲学、②共有制、③政治、④宗教に関するものの四項目に分けて検討することにしたい。但し、この分類は厳密なものではない。

まず①には、(3)(19)(20)(22)(24)が該当する。上述したように、そもそもユートピア人の生きることの意味は精神的文化の享受に求められ、それは宗教に裏打ちされ且つそれと調和的な理性に従って生活する時に初めて成就されるものであるとすれば[67]、彼らが理性的すなわち自然的な快楽を擁護し、これに反するものを一切排斥すると同時に、理性を訓練するための学問と教育を最大限に尊重するのは当然である。[68]この場合、金銀の使用法は、そこには確かに諷刺も含まれているが、その内在的価値相応に取り扱うという基本的な思想と、ユートピアの諸制度、特に共有財産制の維持に対する現実的な配慮によるものであろう。またギリシア語への特別な熱中は、ヒューマニストの古典に対する態度の反映と解される。

次に、②には、(8)、(10)―(ハ)、(24)、(25)―(ロ)並びに(d)が属する。市民皆労は、本来平等であるはずの全市民が、彼等の福利を実現するための社会的義務として考案されたものである。[69]農業と手工業の尊重についても同様のことが言えよう。また、(25)―(ハ)の庭園のある都市は生活環境整備の観点から、その上(10)―(ハ)の自由に出入りできる二枚戸の扉は、施設設備の公共性と人間相互の信頼関係という見地から考えられたものである。しかも(26)の共同食事（これは市部に限定され、強制的なものではない）の雰囲気は、サーツも指摘していように、確かにその品行方正振りにおいて息苦しい。しかし、それは栄養の見地も考慮されているのであるが、何よりも、大人による児童、青少年の躾と個性の認識という教育的見地から考案された、真面目なものである。市民達の移籍は市部に限られ、厳密には成人のそれである。[70]こうした措置は、ユートピアでは政治面であれ経済面であれ社会生活の基礎的単位が世帯なのだから、世帯相互間の均衡を図る必要から考案されたものであるが、これは、ユートピア人が体得している理性的な相互扶助すなわち隣人愛の精神に基づいている。[71]

更に、③に該当するものは(1)、(3)、(4)、(5)、(10)―(イ)、(12)、(13)、(15)、(16)、(18)、(23)、(25)―(ホ)(ヘ)、(a)、(b)、(c)、(f)である。広義の政治に関する諸事項の中で、まず内政について見ると、(15)は住民の生活に関わる法律制定手続の慎重を期するための措置である。これは、ユートピアでは正当な手続を経て成立した法律の遵守が厳しく要求されるからである。[72](16)と(25)―(ヘ)は司法に関することであるが、法律が少数でその解釈が単純且つ自明であれば、法学者や訴訟代理人としての弁護士は不必要である。これは一般民衆の理解能力を考慮して、公平の見地から考案されたものである。[73](25)―(ホ)及び(f)は結婚の意義と関連している。すなわち、ユートピアでは結婚は唯一の配偶者と生涯夫婦愛を持続する制度として考えられている。[74]それ故、双方の性格上の不一致を理由にして、一定の条件の下ではあるが協議離婚が容認され、また、夫婦愛を破壊する背信行為に対しては厳罰が加えられると同時に、それが離婚の事由にもなるのである。無論そこには、ユートピアの社会諸制度の基礎的単位である世帯の維持という、現実的な配慮や峻厳な心情倫理が関係しているものと考えられる。なお政治とは無関係であるが、(1)はこの結婚制度に関係している。すなわちこの制度は、結婚の性質上離婚が原則として容認されないことを前提に、人間の現状を考慮して考案されたものである。[75]無論そこにはサーッが指摘するように、性病や軽率な若年結婚に対する警告、[76]澤田が指摘する「配偶者の選択に十分注意せよとの教訓」[77]が含まれていることも否定できない。また、モアも高く評価しているプラトンも、『法律』の中で、結婚を考えて少年少女が役人の慎重な監督の下に一緒に踊り、「理性を失わない仕かたで、適当な口実がつけられる年頃にかぎって、各人の節度をわきまえた羞恥心が許すかぎり、互いに裸を見たりみられたりする」ことの必要性を述べており、[78]これがモアがこの問題を考える一つの切っ掛けを与えた可能性がある。(a)は、先述のようにいわゆる奴隷制ではなく刑罰として考案されたものであり、ユートピアの社会諸制度を維持するための必要悪としての側面を持っている。[79]

次に対外関係についてであるが、(13)ユートピアの植民政策は、過度の人口膨張による生活水準の低下を防止するための措置である。[80]しかし、ユートピア人の知的、道徳的優越意識、言わばエリート意識には問題がある。(10)―(イ)、(18)、(c)は、戦術の問題である。理性的、合理的なユートピア人は、何よりも人命、特に自国民の生命を尊重し、戦争においても、肉体よりも人間固有の知性の働きを重視する。[81]それ故にこそ、標識の操作や敵国民の買収、傭兵の採用がなされる訳である。

最後に④には、(2)、(10)―(ニ)(ホ)、(25)―(ト)及び(e)が該当する。[82]上述のように、ユートピアにおいては人間固有の理性が社会生活の基準とされ、自然的な快楽を享受し、事物の内在的価値相応の取り扱いをするという、合理的、科学的な精神が尊重される。しかし、理性の自己運動に対して無条件の承認が与えられている訳ではなく、理性には宗教の裏付けが必要である。ここにユートピアにおける宗教の根源性を見ることができる。それ故少数の厳選された司祭は、一般市民の生活倫理の監督者並びに児童、青少年の教育者であるだけでなく、国家要人の選出母体となる学者達の推薦権を持ち、何よりも神意の解釈者として礼拝祭儀を司るという、社会的に緊要な役割を果たし、事実ユートピアで最高の名誉職であるとされているのである。[83] 神聖な司祭、教会の尊敬、祈禱の有益性、幸福な死、並びに司祭の配偶者選びの記述は、ほかでもないこの宗教の根源性に根差しているのである。[84] また、迷信への憎悪、簡素な葬儀、司祭の羽飾り、司祭の妻帯、安楽死、宗教的寛容は全て、ユートピア人の理性尊重の態度に基づく。[85] 特に、宗教的寛容は、社会の平和と真理の自己開示に対する配慮から考案された、合理的な措置である。[86]

以上、筆者は、諸論者によって戯作的なものされた諸事項に検討を加え、その大部分が、あるいは社会批判としてあるいは真意として、真剣に考察されたものであることが明らかになった。しかし、その根拠は、主としてユートピア人の根本思想に求められていた。換言すれば、『ユートピア』の主人公である仮空の人物ヒュトロダエウスの思想とモアのそれとが同一であるという仮説を前提にしていた。そこで、今度は、両者の同一性の問題を明らかにしなければならない。[87] その際、モア、ヒュトロダエウス、書中のモア三者の相互関係が、問題になってくる。

まず、ヒュトロダエウスとモアとの関係である。これは、前者が絶讃するユートピア人の思想とモアの個性と生涯との関連において明らかにすることができる。ユートピア人の根本思想は、要約すれば次のようになる。すなわち、彼等は人間の幸福＝人生の目標を善良な正しい快楽と徳の実行に求め、それは人間固有の理性に則って生活する時に実現される。それ故、事物はその自然本性によって、人間はその本性と社会的役割によって評価される。しかし、理性の完全な自律性が認められている訳ではなく、霊魂の不滅と人間が神の慈愛によって幸福を目的として造られたこと、並びに来世における賞罰を内容とする宗教的原理にその最終的な根拠が置かれている。それ故、快楽にも序列があり、肉体的快楽に精神的快楽が優越し、取り分け徳の実践と善良な生活の自覚が最大のものである。[88] これを全市民に保障するために考案されたものが、市民皆労の共有制と共同生活並びに学者による政治である。そしてこれは、理性的な隣人愛の精神、勤勉、寡欲、旺盛な探究心、並びに謙虚且つ厳格な自己規律の精神を前提にしている。
また、人間の幸福は国内外の平和を前提にして成り立ち得る。そこで考案されたのが、法の遵守と一定の条件内での信仰の自由並びに諸外交政策である。彼等は簡素で規則的且つ静的な生活を愛好し、信仰においては極めて敬虔である。
以上のようなユートピア人の思想は、モアの個性と生涯[89]にほぼ一致している。[90]従ってここにヒュトロダエウス＝ユートピア人＝モアの図式が成り立つ。[91]
次にヒュトロダエウスと書中のモアとの関係であるが、問題は『ユートピア』の第一巻及び最後の部分において、両者の思想に対立が見られるところから発生する。既に見たように、前者は第一巻において終始理想主義的な政治論を主張して君主への仕官を固辞し、また「談話」の直後にヨーロッパ社会の劣悪性を非難する一方、ユートピアの卓越性を絶讃している。これに対して後者は、第一巻では現実に即した政治論を展開して前者に仕官を勧誘し、また最後の箇所では、少なくともユートピア人の諸制度のうち基本的諸制度に対しで懐疑的なのである。これは仕官問題に直面したモアの内面的葛藤であったのかもしれない。
しかしながら、両者の主張の外面的な懸隔の大きさに目を奪われて、相互の言わば弁証法的な関係を見逃がしてはならない。私見によれば、ヒュトロダエウスはモアの理想的側面を代弁し、書中のモアは彼の現実的側面を代弁している。[92]確かに後者は、ヒュトロダエウスの主張の非現実性、従ってユートピアの非歴史性を指摘している。しかし他方、その国家ないし社会像を理念として追求することの実用性までも否定してはいないのである。[93]
また書中の見出しは、ユートピアをキリスト教徒が模範とするべき聖なる社会としている[94]ほか、至る所でその卓越性を主張している。これに対して、批判的と肯定的な表現が同時になされているのは、小見出し評釈の一箇所だけである。[95]ヨーロッパ人は、その才能、[96]印刷術と製紙術[97]及び精緻な論理学[98]においてユートピア人に勝るとされている。しかし才能の卓越性も、合目的的な使用を忘れると、煩瑣な論理学に代表されるような、本道から外れたものになることを見逃がしてはならないであろう。

このように見てくると、『ユートピア』の性格は最早明らかであろう。すなわちそれは、基本的にデクラマーティオ（declamatio. 修辞的論述）の形式を採った、キリスト教的ヒューマニスト[99]の社会批評書なのである[100]。第一巻は直接的な、第二巻は間接的な、いずれも社会批評である[101]。それ故、形式は異なれ、両者は論理的にまとまった一つの統一体を成しているものと言わなければならない[102]。そこに見られる戯作的な諸要素は『ユートピア』の実質的な戯作性を証明するものではなく、むしろ著者の真意をカムフラージュするための隠れ蓑の役割を果たしている。モアは特に国王と教会を警戒したのである。デクラマーティオは、主張そのものの真偽を問題にする論文（tractatus）とは異なり、著者の天賦の才能を訓練し、文才を啓発することを目的としている。それ故、これが社会批判の手段として用いられれば、極めて有効となり得る。『ユートピア』は、形式上はエラスムスの『痴愚神礼讃』同様このジャンルに属しているのである[103]。仮空の人物ヒュトロダエウスを登場させて、あるいは書中モアをしてこれを批判させ、あるいは奇異な用語を使用させたのも、そのためであった。

こうした諷刺の性格を持つ著作は、全体的にユーモアと機知を湛えており、読者に面白く且つおかしく読ませてくれる。彼らは、ユートピアとヨーロッパの現実との架橋し難い懸隔を眼前にして、しばし楽しみを享受するであろう。しかし、やがて彼らが我が身を振り返った時、思わず戦慄を覚えるに違いない。実はそれが真実を語っているからである。また、モアの存命中に出版された第四版に序文として掲載された合計十三編の詩や書簡のいずれも、ユートピアの異教性を指摘してはいないのである。

また我々は、『ユートピア』の表題を文字通りに受け取ってはならないであろう。確かにそれは、「楽しさに劣らず有益な[104]」（*nec minus salutaris quam festiuus*）という語句によって修飾されている。しかし、これを単純にまず後者（楽しさ）にその特徴があると解してはならないのである。[105] 問題は、モアがどちらに力点を置いていたかである。私見によれば、後者は前者の単なる手段ではないにせよ、少なくとも第二義的なものである。彼の真意はあくまでも前者にあると解されるからである。[106] 我々は、古典や新大陸に関する豊富な知識が、モア独自の観点から取捨選択されて利用されていることを見落としてはならないであろう。

第二節　その他の非ヨーロッパ的非キリスト教的な諸事項

本節では、筆者の観点から見て一見非キリスト教的、非ヨーロッパ的に見える諸事項について検討する。

(1)モア自身が執筆した部分について見ると、①ユートピアでは太陰暦が採用されていること。[107] ②公的な礼拝式の最初と最後に会衆が地面に平伏すること。[108] ③死者は原則として火葬または埋葬に付されること。[109] ④ユートピアにはヨーロッパの哲学者の名前が知られていないにも拘わらず、論理学の分野においてヨーロッパの「近代論理学者」には到底及びもつかない点を唯一の例外として、ユートピア人が諸学芸のほとんどあらゆる分野でヨーロッパの先哲と同格であること。[110] ⑤ユートピア人のギリシア語に対する強い関心とその迅速な修得及び、ヒュトロダエウスが携行したギリシア語の書物を彼らに手渡してきたこと。[111] ⑥ヒュトロダエウスらが、ユートピア人が印刷術と製紙術を発明する切っ掛けを作ったこと。[112] ⑦ヨーロッパのキリスト教信仰が支配的な地方では同盟が神聖且つ不可侵であるのに対して、ユートピアの位置する新世界では同盟が遵守されないばかりか、そもそもこれを締結する習慣自体が悪であると考えられているために、ユートピア人は同盟を結ばないこと。[113] ⑧ユートピア人の相当数がキリスト教に積極的に改宗したこと。[114] ⑨ユートピア人が使用する楽器の多くはヨーロッパのものと形が異なるものであるが、はるかに音色がよく、彼らの音楽が自然の感情の動きに対応し、音と内容とが合致している点でヨーロッパの音楽よりはるかに優れていること[115]。⑩ヨーロッパ人はユートピア人に才能の点では勝っているとしても、熱心と勤勉という点でははるかに劣っていること[116]。⑪妻子の従軍[117]。

これらの諸事項は、いずれもユートピアの事情の報告者であるヒュトロダエウスによって伝えられたことである。また、ユートピアの解釈には無視できない諸事項が本文中に付けられた小見出し評釈である。

(2)編者による小見出し評釈の内、ヨーロッパより優れている点は、七箇所ある。①「ああ聖なる社会よ、キリスト教徒の学ぶべき社会よ[118]」。②「ユートピア人たちは普通のキリスト教徒たちよりどれほど賢いことか[119]」。③「しかし占星学者は今日キリスト教徒のあいだで支配的な地位にある[120]」。④「魂の不滅、これについて今日かなり多くの人、キリスト教徒さえも疑いをもっている[121]」。⑤「だが、われわれのほうにはなんという大群をなしていることか[122]」（司祭のこと。筆者）。⑥「われわれの司祭たちよりはるかに聖なる司祭たちよ[123]」。⑦「しかるに、われわれのところでは最もけがれたものが祭壇に最も近いところにはべろうとしている[124]」。

(3)序文として掲載された書簡については、以下の三点を挙げることができよう。①ジャン・デマレのヒレス宛の書簡の中で、丁度ユートピア人がキリスト教を受け入れ始めたように、ヨーロッパ人も彼らから社会統治方法を借用するようになればよい、と述べている点[125]。②コルネーリス・デ・シュライファーが読者向けに書いた詩の中で、『ユートピア』には新世界に見られる新奇なものと、ヨーロッパとは異なる生活様式が盛り込まれていることを謳っている点[126]。③ギヨーム・ビュデがトマス・ラプセットに宛てた書簡の中で、ユートピアをヒュトロダエウスが伝え、モアがまとめた新世界の島であるとしている点[127]。

以上列挙した諸事項の多くがユートピアの社会ないしユートピア人がヨーロッパ社会ないしヨーロッパ人とは異なるものであることを示している。しかし、それらが非ヨーロッパ的・非キリスト教的であるかというと、事情は必ずしも単純ではない。問題は、それらが使われた文脈と意図である。以下、順を追って逐一検討したい。

まず、(1)に関して。②は単なる異なった風習の記述と解されるが、③にはヨーロッパに対する諷刺の意味が含まれているように思われる。[128] また①④⑤⑥は、⑩のヨーロッパ人が才能の点でユートピア人に優越しているという一般的評価の具体例になっている。しかし④の記述は、ヒレスとエラスムスが、「この箇所は諷刺らしい」という小見出し評釈を付けたように、その前後関係から判断して、実在とかけ離れた煩瑣な空理空論を弄する近代ヨーロッパの論理学者を諷刺するための文章であることを見逃してはならないであろう。これを裏付けるかのように、ギリシア語や印刷術・製紙術の場合と異なり、ユートピア人が「近代の論理学」を受け入れたという記述はどこにも見当たらないのである。要するに、その真意は、卓越した才能も適切な使用を誤ると結局は無に帰してしまうのであり、それを正しく活かすための熱意と勤勉こそが肝要であることを示唆することにモアの真意があるものと解される。

⑤の叙述の小見出し評釈に、「しかし今日、能なし、木偶の坊が学問に専心し最も恵まれた才能は快楽で台なしになっている」という言葉が付されて、学問的才能に恵まれた者こそ、その本来の使命でありそこにこそ真の快楽が存在する真理の探究に従事するべきであり、[129] この場合、才能そのものよりもこれを正しく活用するための態度を確立することこそが肝腎であることを暗暗裡に指摘していることは、このことを裏付けている。更に、ギリシア語に対する熱烈な関心は上記のことの具体例であり、ヒューマニスト・モアの態度の反映であると解されるが、反面、当時依然として根強かったギリシア語への偏見や無関心に対する諷刺も含まれているものと思われる。

これらの諸点は、ユートピア人の基本的な思想や制度とは無関係の比較的些細な事柄であり、ユートピアの説明の中で重要な意味を持たないものであることを指摘しておきたい。これに対して(1)の⑦と⑨は、ユートピア人の方が優越している場合である。確かに⑦はヨーロッパの君主や教皇に対する反語と諷刺であるが、他面、そこには人間本来の善意によって諸民族は自然本来の共同体に属するものであり、それが同盟という人為的なものに代わるものなのだという立場が主張されている。この点は人間自然の感情を重視する⑨に通じ、従って、両者とも「単純なれ」というキリストの福音につながるものであり、その意味で④にも関係している。[130]

また⑧は、一見ユートピアの宗教に対するキリスト教の優越性を示しているかに見える。しかし改宗の理由とその表現の仕方が問題である。その間の事情は次のように述べられている。

われわれの口からキリストの名、教え、生きかた、奇跡について聞き知り、またみずから進んで流した血によってキリストの教えを多くの民族に広く伝えた殉教者たちの感嘆すべき節操についても聞き知って以来、彼らも積極的にそれ（キリストの教え）に帰依するようになりました。それはちょっと信じられないほど積極的だったのです。これは、神様が彼らを内的に照らしたもうたためか、それともキリストの教えが彼らのあいだで最も支配的な教えに一番近いと、彼らの目に映ったためでしょうか。それに劣らず重要な契機だったと私が信じたいのは、キリストは弟子たちの共同生活をよしとしたもうた、そういう生活は今日までもキリスト教徒たちのほんものの共同体のなかで実行されているそうだ、こういう話を彼らが聞いたことです。どういうことが契機であったにせよ、相当数のものがわれわれの宗教にはいり聖水で清められました。[131]

このように、モアは理由を断定することを避けている。しかし、ユートピアでは、世界創造と摂理の原因である唯一最高の存在と霊魂の不滅、並びに死後の賞罰を承認することが信仰の条件になっているのであるから、キリスト教とユートピアで最も支配的な教え――「物体としてではなく能動力によってこの全世界に」遍在し、万物の発生や変化を支配する超理性的な「唯一の最高存在」――を信じ、この神を父と呼ぶもの[132]との同質性、並びに規模の違いはあれ共同生活の共通性がその理由だったことは、想像に難くない。上記の引用文の後で、「キリストの教えに同意しない人々でも、その教えを妨げたりはせず、改宗者を攻撃することもしません。[133]」と述べていることは、ユートピア人の公定宗教がキリスト教と同質性を有するものと解される。しかもこの引用箇所からも推測できるように、ユートピアでは、信仰活動は理性的になされなければならない[134]。また、公的な礼拝式においては独自の行動をすることが禁じられているのである[135]。ここで強調するべきことは、ユートピアで中心的な宗教とキリスト教とが優劣関係にある訳ではない[136]ということである。

以上の考察から、従来の『ユートピア』の諸解釈が、誤りであることが明らかになったもの、と考えられる。

【注】

(1) 例えば伊達『源流』、二六八—七九頁、伊達「戯作」(二)、一—一七頁、(三)、五三—七〇頁、(四)、六七—八九頁。

(2) E. g. Chambers, *Thomas More*, London, 1936, pp. 126-9 (reissued, 1957); Surtz, *The Praise of Pleaure: Philosophy, Education, and Communism in More's Utopia*, Cambridge, Massachusettts, 1957, pp. 1-8, etc: *The Praise of Wisdom: A Commentary on the Religious and Moral Problems and Backgrounds of St. Thomas More's Utopia*, Chicago, 1967, pp. 1-20 etc.; "Introduction", in *Utopia*, p. cxxxii, etc.; E・E・レノルズ『モア』澤田訳、研究社、一九七一年、「はしがき」(iii頁)。

(3) J. H. Rupton, "Introduction", in *The Utopia of Sir Thomas More*, Oxford, 1895, p. xli.

(4) Surtz, "Introduction", in *Utopia*, pp. cxlix-cliii.

(5) *Utopia*, pp. 186, 188〔澤田訳、一九一—二頁〕.

(6) *Utopia*, pp. 82, 84〔澤田訳、八九—九三頁〕.

(7) *Utopia*, pp. 150, 152, 154〔澤田訳、一五五—九頁〕.

(8) *Utopia*, pp. 152-8〔澤田訳、一五八—一六二頁〕.

(9) *Utopia*, p. 112〔澤田訳、一二一頁〕.

(10) *Utopia*, p. 178〔澤田訳、一八二頁〕.

(11) *Utopia*, p. 250〔澤田訳、二四九頁〕.

(12) *Utopia*, pp. 40, 42〔澤田訳、四六—五三頁〕.

(13) *Utopia*, pp. 98, 100〔澤田訳、一〇六—七頁〕.

(14) *Utopia*, p. 90〔澤田訳、九八—九頁〕.

(15) *Utopia*, p. 110〔澤田訳、一二〇頁〕.

(16) *Utopia*, p. 114〔澤田訳、一二三頁〕.

(17) *Utopia*, p. 120〔澤田、一二七頁〕.

(18) *Utopia*, p. 234〔澤田訳、二三五—六頁〕.

(19) *Utopia*, p. 228〔澤田訳、二三〇頁〕.

(20) *Utopia*, p. 70〔澤田訳、七九—八〇頁〕.

(21) *Utopia*, p. 84〔澤田訳、九二—四頁〕.

(22) *Utopia*, p. 206〔澤田訳、二〇九頁〕.

(23) *Utopia*, p. 218〔澤田訳、二二〇—一頁〕.

(24) *Utopia*, p. 122〔澤田訳、一三一頁〕.

(25) *Utopia*, p. 194〔澤田訳、一九七—八頁〕.

(26) *Utopia*, pp. 120, 130〔澤田訳、一三七—八頁〕.

(27) *Utopia*, p. 204〔澤田訳、二〇七頁〕.

(28) *Utopia* pp. 166-72〔澤田訳、一七〇—六頁〕.

(29) *Utopia*, pp. 172-6〔澤田訳、一七六—九頁〕.

(30) *Utopia*, p. 66〔澤田訳、七四—五頁〕.

(31) *Utopia*, pp. 158-62〔澤田訳、一六二—五頁〕.

(32) *Utopia*, p. 196〔澤田訳、一九九—二二〇頁〕.

(33) *Utopia*, p. 244〔澤田訳、二四五頁〕.

(34) *Utopia*, pp. 124, 126〔澤田訳、一三三—四頁〕.

(35) *Utopia*, p. 130〔澤田訳、一三七—八頁〕.

(36) *Utopia*, pp. 120, 122〔澤田訳、一二七—九頁〕.

(37) *Utopia*, pp. 180-4〔澤田訳、一八三―七頁〕.

(38) *Utopia*, pp. 188, 190〔澤田訳、一九二―四頁〕.

(39) *Utopia*, p. 194〔澤田訳、一九七―八頁〕.

(40) *Utopia*, pp. 222, 224〔澤田訳、二二四―六頁〕.

(41) *Utopia*, p. 222〔澤田訳、二二五頁〕.

(42) *Utopia*, pp. 216-22〔澤田訳、二一八―二四頁〕.

(43) *Utopia*, p. 160〔澤田訳、一六三頁〕.

(44) *Utopia*, Utopia, pp. 226-34〔澤田訳、二二八―三六頁〕.

(45) *Utopia*, pp. 232-6〔澤田訳、二三三―七頁〕.

(46) *Utopia*, Utopia, p. 224〔澤田訳、二二六頁〕.

(47) *Utopia*, pp. 140-4〔澤田訳、一四六―五〇頁〕.

(48) Reynolds, *More and Erasmus*, p. 118. 因みに、レノルズの例示にサーツとの重複が見られないのは、彼がサーツを意識していたためだと考えられる。

(49) *Utopia*, p. 184〔澤田訳、一八八―九頁〕.

(50) *Utopia*, p. 136〔澤田訳、一四二―三頁〕.

(51) *Utopia*, pp. 206, 208〔澤田訳、二〇九―一一頁〕.

(52) *Utopia*, p. 136〔澤田訳、一四三頁〕.

(53) *Utopia*, p. 186〔澤田訳、一八九―九〇頁〕.

(54) *Utopia*, pp. 188, 190〔澤田訳、一九二―四頁〕.

(55) *Utopia*, p. 114〔澤田訳、一二三頁〕. 但し、「ユートピア」では雛鳥までが合理的にできているという冗談」（澤田「訳注」、一二三・1、二七八頁）と解することも不可能ではない。

(56) 例えば、サーツが例示しているモアのヒレス宛第二書簡中の四語は、次のような意味を持つ。①ユートピア（*Utopia*）:「存在しない所」と「不条理な所」の両義（Surtz, "Commentary", in *Utopia*, p. 274; pp. 385-6. 澤田「訳注」、扉・3、二五五頁及び二一八・注3、二五七頁）。②アマウロートゥム（Amaurotum）:「幽霊都市」または「もうろうとした都市」ないし「薄暗い都市」（*Utopia*, p. 388. 澤田「訳注」、一二五・1、二七八頁）。③アーニュドルス（Anydrus）河：「水無し河」（*Utopia*, p. 392. 澤田「訳注」、一二五・2、二七八頁）。④アーデームス（Ademus）：ルーキアーノスによれば、「民なきもの」を意味する。アーデーモン（土地のものでない）、アーデーマ（独断）、アーデーモス（形のない）というギリシア語にも関係があると思われる（澤田「訳注」、一三九・1、二八〇頁）。

(57) 伊達『源流』、二四―二五頁並びに「戯作」（一）、一五―一六頁。

(58) Surtz, "Introduction", p. cl.

(59) E. g.,*Utopia*, pp.106, 108〔澤田訳、一一五、一八三―四頁〕.

(60) *Utopia*, pp. 182, 184〔澤田訳、一八五―七頁〕.

(61) *Utopia*, pp. 182, 184〔澤田訳、一八五―七頁〕.

(62) 澤田「訳注」、一六三・1、2、二八二―三頁。

(63) *Utopia*, pp. 166-72〔澤田訳、一七〇―六頁〕.

(64) *Utopia*, pp. 206, 208〔澤田訳、二〇九―一一頁〕.

(65) Surtz, "Introduction", p. cxlix.

(66) Surtz, "Introduction", p. ckii.

(67) *Utopia*, pp. 160, 162〔澤田訳、一六四―六頁〕.

(68) 伊達「戯作」、（三）、八八頁と比較せよ。

(69) 伊達「戯作」、（三）、八四頁。

(70) *Utopia*, pp. 134, 136〔澤田訳、一四二―三頁〕.

(71) *Utopia*, p. 164〔澤田訳、一六四頁〕. なお、ユートピア全体が、単一の家族のようなものと考えられているのである（*Utopia*, pp. 146, 148〔澤田訳、一五三頁〕）。

(72) *Utopia*, p. 164〔澤田訳、一六八―九頁〕.

(73) *Utopia*, p. 194〔澤田訳、一九七―八頁〕.

(74) *Utopia*, pp. 186, 188〔澤田訳、一九二頁〕.

(75) *Utopia*, pp. 188, 190〔澤田訳、一九一―二頁〕.

(76) Surtz, "Introduction", p. cl.

(77) 澤田「訳注」、九一・1、二八八頁。

(78) プラトン『法律』、771E-772A, 三六八頁。

(79) Ames, *More*, p. 164.

(80) *Utopia*, p. 136〔澤田訳、一四二―三頁〕.

(81) *Utopia*, p. 202〔澤田訳、二〇六頁〕.

(82) 異端的な諸事項を検討した論文としては、「一試論」、三〇―五八頁並びに本書の第九章参照。

(83) *Utopia*, p. 228〔澤田訳、二三〇頁〕.

(84) サーツがユートピアを人間の理性だけに基づく異教徒と解する重要な根拠の一つ、「天からくだされた宗教が人間をもっと聖なるものによって照らすというものでもないかぎり、これ以上真実なる意見を見いだすということは人間の理性では不可能だと彼らは信じています。」（*Utopia*, p. 178〔澤田訳、一八一頁〕）という記述である（Surtz, *Praize of Wisdom*, p. 7）。しかし、ユートピアの支配的宗教が一定の信仰箇条を持つ超理性的な啓示宗教であり、理性そのものがこれによって裏打ちされていることを見逃がしてはならないであろう。しかも、同じ引用箇所でも、「天からくだされた宗教」として、そこには、既に神の啓示が存在することが前提にされているのである。それだからこそ、その直後でヒュトロダエウスが、「これより優秀な人々、これより幸福な社会はどこにもない」（*Utopia*, p. 178〔澤田訳、一八三頁〕）と述べているのである。

(85) 安楽死については、伊達「戯作」（二）、一二二頁並びに澤田「訳注」、一九〇・1・二八七頁と比較せよ。

(86) 鈴木「一試論」、五〇頁参照。

(87) 宗教論を中心とするこの問題の解明については、鈴木「一試論」、四九―五一頁参照。

(88) 人間の徳（virtus）を、その自然本性すなわち理性に従って生きることと定義するユートピア人は、人間らしさ（humanum）を人間に固有且つ独特の徳とし、他者の困窮や悲哀を軽減し、その人に快楽に満ちた人生を回復してやることを人間らしさの極致と考えている（*Utopia*, pp. 162, 164〔澤田訳、一六六―八頁〕）。それ故彼らは、隣人愛の行為を徳の極致と判断している訳である。

(89) モアの個性と生涯については、「エラスムスの一五一九年七月二三日付フッテン宛書簡」（澤田昭夫「エラスムスの『モア』伝について（一）――ヒューマニストの人間像――」、『アカデミア』第七〇集：人文科学編（一九）、南山大学、一九六九年、二五一―五三頁）並びに、R. Marius, *Thomas More: A Biographhy*, London Merboulen, 1984; Chambers, *More* 参照。

(90) モアの宗教的寛容の一貫性については、例えば鈴木「一試論」、四六―五二、五七頁参照。

（91）Cf. W. E. Cambell, *More's Utopia and His Social Teachings*, London, 1930, pp. 46-50.

（92）第一巻に見られる哲人政治と第二巻に現われた外見的共和制との相違に着目して、後者をモアの戯作的部分と捉える見解もある（例えば伊達『源流』、七九―八〇頁）が、私見によれば、いずれも哲人政治である（例えば鈴木「一試論」、三八頁参照）。ただ、前者では単数の哲人君主政治が、後者では複数の哲人政治が説かれているのは、主として、第一巻はヨーロッパの現実政治を前提にした議論であり、第二巻は模範的な社会における政治形態の叙述であるという相違による。事実モアは、哲人政治には、王が哲学の研究に従事する場合と哲学者が統治する場合の二つの形態があることを認めている（*Utopia*, p. 86〔澤田訳、九四―五頁〕）。

（93）第一巻において、書中のモアがヒュトロダエウスに対して部分的に賛意を示している点（*Utopia*, pp. 90, 96〔澤田訳、九九、一〇四―五頁〕）並びに第二巻の最後の書中モアの発言（*Utopia*, pp. 244, 246〔澤田訳、二四五―六頁〕）の仕方に注意せよ。なお、澤田の伊達『源流』の「書評」、『史学雑誌』、第八〇編第九号、一九七一年、八九頁参照。

（94）*Utopia*, p. 146〔澤田訳、一五二頁〕.

（95）「つつしみが足りないとはいえ、用心が足りぬとはいえない」*Utopia*, pp. 186, 188〔澤田訳、一九一頁〕.

（96）*Utopia*, p. 108〔澤田訳、一一五頁〕.

（97）*Utopia*, pp. 182, 184〔澤田訳、一八六頁〕.

（98）*Utopia*, p. 158〔澤田訳、一六三頁〕.

（99）キリスト教的ヒューマニストについては、例えばP. O. Kristeller, *Renaissance Thought: The Classic Scholastic, and Humanist Strains*, NewnYork, 1961, pp. 86-7.

（100）J・ブロノフスキー、マズリッシュ著、三田博雄・宮崎義三・吉村啓訳『ヨーロッパの知的伝統』、みすず書房、一九七二年、四五頁。

（101）澤田「書評」、八八頁。

（102）Surtz, "Introduction", in *Utopia*, pp. cx-xvi; H. Sussmuth, *Studien zur Utooia des Thomas Morus*, Munster, Westfaalen, 1967, SS. 84, 168, etc.

（103）例えば、澤田「歴史と文学と社会――文学作品としての『ユートピア』の歴史的解釈について――」、監修澤田『『ユートピア』』、八〇頁。

（104）*Utopia*, 扉〔澤田訳〕。

（105）Cf. Surtz, *Praise of Pleasure*, pp. 9-10.

(106) エラスムスのヨーハン・フローベン宛の書簡（*Utopia*, p. 2〔澤田訳、一一—一二頁〕）。
(107) *Utopia*, p. 230〔澤田訳、二三二頁〕.
(108) *Utopia*, p. 234〔澤田訳、二三六頁〕.
(109) *Utopia*, p. 222〔澤田訳、二二四—二二五頁〕.
(110) *Utopia*, p. 158〔澤田訳、一六三頁〕.
(111) *Utopia*, pp. 180, 182〔澤田訳、一八四—五頁〕.
(112) *Utopia*, pp. 182, 184〔澤田訳、一八六頁〕.
(113) *Utopia*, pp. 196, 198〔澤田訳、二二〇—一頁〕.
(114) *Utopia*, p. 198〔澤田訳、二〇一—二頁〕.
(115) *Utopia*, pp. 234, 236〔澤田訳、二三六—七頁〕.
(116) *Utopia*, pp. 106, 108〔澤田訳、一一五頁〕.
(117) *Utopia*, pp. 208, 210〔澤田訳、二一二頁〕.
(118) *Utopia*, p. 146〔澤田訳、一五二頁〕.
(119) *Utopia*, p. 156〔澤田訳、一六一頁〕.
(120) *Utopia*, p. 160〔澤田訳、一六三頁〕.
(121) *Utopia*, p.160〔澤田訳、一六五頁〕.
(122) *Utopia*, p. 230〔澤田訳、二三一頁〕.
(123) *Utopia*, p. 230〔澤田訳、二三一頁〕.
(124) *Utopia*, p. 232〔澤田訳、二三四頁〕.
(125) *Utopia*, pp. 26, 28〔澤田訳、三三—六頁〕.
(126) *Utopia*, p. 30〔澤田訳、三九頁〕.
(127) *Utopia*, p. 12〔澤田訳、二〇—二一頁〕.
(128) ③で、希望に満ちて死んで行く者が火葬に、逆に臨終の際に苦悶する者は土葬に付されると述べられているのは、当時のヨーロッパ人に対する諷刺の意味を持つ。なお、②を書いたモアの脳裏には、直感的にはイスラム教徒の姿が浮かんだもの推定される。

(129) *Utopia*, p. 180〔澤田訳、一八四頁〕.

(130) ビュデも、『ユートピア』に収録された書簡の中で、主として市民法と教会法に関してではあるが、同様な立場からヨーロッパを批判し、ユートピアの法制を称讃している〔*Utopia*, pp. 4-10〔澤田訳、一三―九頁〕〕。

(131) *Utopia*, pp. 216, 218〔澤田訳、二一九―二二〇頁〕.

(132) *Utopia*, p. 216〔澤田訳、二一八頁〕.

(133) *Utopia*, p. 218〔澤田訳、二二〇頁〕.

(134) *Utopia*, p. 220〔澤田訳、二二二頁〕.

(135) *Utopia*, p. 232〔澤田訳、二三三頁〕.

(136) 鈴木「Utopia とトマス・モア」、『紀要』、第二巻、一九七六年、三〇頁。

第四章　『ユートピア』の解釈

第一節　同時代人の諸解釈

『ユートピア』に収録された詩や書簡は、『ユートピア』を解釈する際に、同時代人の解釈として重要であるが、モアがエラスムスに、もし可能なら幾人かの有識者と高名な政治家からの推薦状によって同書を立派に引き立たせて欲しいと依頼した[1]、『ユートピア』に掲載された知識人や政治家の詩や書簡のほとんどが、ヨーロッパの社会を批判し、ユートピアの優越性を賞讃している。しかも、その幾つかは、ユートピアのキリスト教性さえ指摘しているのである。

第一に、ギヨーム・ビュデが、イングランド人トマス・ラプセット宛の書簡の中で「ユートピアは多くの都市に分かたれてはいますが、ハグノポリス Hagnopolis（「聖なる都」を意味する）[2]というひとつの都市にまとまり、結束しています。この都市は与えられた生活風習と財産で満足し、清浄さで祝福されており、天よりは低いがわれわれの知るこの世のけがらわしさよりは高いレベルの、一種の天上的生活を送っております。[3]」と解釈し、ユートピアを準天上国家、政治的な言葉に置き換えれば、当為の国家と彼は見ている。

第二に、ヒエロニムス・ブスライデンはモア宛書簡の中で、モアを「この美妙な制度についてのたいそう結構な叙述を見ますと、最大の学識という面でも、また人間世界のことがらについての完全な見識という面でも、これ以上なにも注文しうるものはありません。[4]」と絶讃し、「ご自分をたんに自分のためだけでなく、全世界のために生まれたものとお考えになり、あなたのこのすばらしい奉仕のわざで全世界にまで恩義を施すのはきわめて有意義なことだとお思いになりました。[5]」「この決意を実現なさるべくあなたがお選びになった方法は最も正しく、最もよい方法です。つまり、あなたは、制度の健全さ、完全さ、望ましさにおいて世界中どこにもみられぬようなあの社会の理想と生活風習のパターンと完全なモデルとを、道理のわかる人間の目の前に呈示するという方法をおとりになりました。この理想、パターン、モデルは、非常に有名でもあり、かつ誉め歌われもしてきたスパルタ人やアテナイ人、そしてローマ人たちの社会よりはるかに優れ、先んじています。[6]」と述べ、「あなたがかくも賞讃なさるあの社会は明らかに（これらの諸徳を）すばらしい仕方で総合したものであります。それゆえにこれが、多くの民族にとっておそるべきものとして映るだけでなく、みなの尊崇の対象、また同時に全世紀を通じて人々の讃辞の対象となるとしてもふしぎではありません。[7]」と高く評価している。

それに加えて、「今はひとまず、お元気で。社会貢献策を絶えず考え、実行し、改良を続けながら、ご繁栄を。さような貢献は社会に永世を、あなたに不死をもたらします。お元気で。最も学あり、最も洗練されたモアよ。あなたのブリタニアとわれらの世界の誉れよ。[8]」と、ブスライデンは、モアに不断の社会改革を期待して筆を措いているのである。

第三に、エラスムスも、フローベン宛の書簡の中で、「あなたのほうでよろしければ、あなたの印刷所で印刷され、そのおかげで彼の著作が現代の世人に、そして後世にまでひろめられますようにと思ってお送りしたのです。[9]」と述べ、『ユートピア』の永続性を確信しているのである。

第四に、ヒレスはブスライデン宛の書簡の中で、「モアの叙述のなかでは、非常に多くの驚くべきことがらがあらわれてきて、どれを第一に賞讃すべきか、またはもっとも多く賞讃すべきかに私は迷います。賞讃すべきは、単に耳で聞いた多くのことがらを、ほとんど一言一句そのままに繰り返すことができるような、幸いなる記憶力の忠実さでしょうか。それとも、普通の人にはわからないこと、つまり、社会のすべての悪が由来する、または善が生まれうる、その根源がなにかということを見抜いた賢明さでしょうか。⑩」と述べて、ヒレスは、モアが社会諸悪の根源と様々な社会善を認識していたことに気づいている。

第五に、「ユートピア島についての六行詩」の中で、アネモーリウス（モア自身の作か）が、プラトンが「言の葉のみにて示せるを、あらわにせるはわれ一人、人材、浄財、良法の形にあらわにせしものは、このわれひとりなればなり。さればこそわれ楽園の名もて呼ばるるべかりけり。」と謳い、ユートピアを楽園と解釈している。⑪

第六に、ジャン・デ・マレはヒレス宛書簡の中で、『ユートピア』の「なかでは、社会をよく組織するためになるようなことは何であれ、鏡をのぞくように見ることができます。ちょうど彼ら（ユートピア人）がわれわれの宗教を受け入れ始めたように、われわれも彼らから社会統治方法を借りてくるようになったらばと存じます。」と述べて、制度の相互受容を提案している。⑫

第七に、ジャン・デ・マレは詩の中で、「さまざまの徳のかがみを求むれば、世のそれぞれの民にあり。ひとつの民の欠くところ、別の民にはありあまれり。徳なる徳をひとときに、かつまたすべてを地の子らに、あたえし島がユートピア。」と述べて、ユートピアが万徳を実現していることを謳っているのである。⑬

第八に、ベアートゥス・レナーヌスが、ヴィリヴァルト・ピルクハイマー宛の書簡の中で、「『ユートピア』には、プラトンにも、アリストテレスにも、あなたのユスティニアヌス『法令集』にさえも見いだされないようなたぐいの原則が記されてあります。その原則の示し方は、古代の哲人たちほど哲学的ではないかもしれませんが、もっとキリスト教的であります。」と述べて、ユートピアのキリスト教性を強調しているのである。⑭

第九に、ナイメーゲンのヘーラルトは「ユートピアについて」という詩の中で、「正邪の生まるるみなもとを、この文により示したり。」と謳い、ユートピアが正義や不正について記述していることを示している。[15]
最後に、コルネーリス・デ・シュライファーが読者に宛てた詩の中で、「万徳の泉、万悪の起源を知らばやと、世の万象のうつろのほどを知らばやと申さるや。」と謳い、万徳の起源、万悪の起源、現世の虚しさを知りたい者に『ユートピア』を読むことを勧めている。[16]
これらの詩や書簡が示していることは、ユートピアの正義、公正さ、理想性、高潔さ、キリスト教性、並びに虚構性である。

第二節 『ユートピア』の解釈

まずここで、上述した諸論者（筆者も含む）が指摘しなかった、一見非キリスト教的、非ヨーロッパ的な事項で、モアの真意かどうかが問題だと考えられる事項に関して検討する。具体的には、ここでは『ユートピア』第二巻の結尾で、書中のモアが直接その不条理性を指摘しているもの（「戦争のやり方、礼拝や宗教、彼らのそのほかの制度においてだけでなく、なによりも、彼らの全社会制度の土台になっているものにおいて、すなわち、共同生活制と貨幣流通皆無の生活物資共有制」[17]）の中で、本格的には取り上げなかったが、ユートピア人が現世において最も重要視していて、彼らの幸福論を最終的に支えている、宗教の問題を主として取り上げる。なお、モアの政治に関しては第六章で、また経済については第八章で、戦争に関しては第十一章で検討する。

これを論じる際に一つの手掛かりになるのが、そこに滞在して来たとされている、ヒュトロダエウスら四人による五年以上[18]に及ぶキリスト教の伝道後[19]のユートピアの変化である。ヒュトロダエウスは語る。

われわれの口からキリストの名、彼の教え、奇跡……について聞き知って以来、彼らは、……到底信じられないほど積極的にそれ（キリスト教の教え）に帰依するようになりました。これは、彼らに神のひそかな照らしがあったためか、それともキリストの教えが彼らのあいだで最も支配的な教えに一番近いと、彼らの目に映ったためでしょうか。それに劣らず重要な契機だったと私が信じたいのは、キリストは弟子たちの共有生活をよしとしたもうた、そういう生活は今日までも最もほんもののキリスト教徒たちの集団のなかで実行されているそうだ、こういう話を彼らが聞いたことです。どういうことが契機であったにせよ、相当の数にのぼる者がわれわれの宗教にはいり聖水で清められました。[20]

また、諸秘蹟を施しうる司祭の候補を選出しそうになっていたが、ヒュトロダエウスらの出国時までにはまだ選ばれていなかったと言う[21]。更に、ユートピア人の宗教に関する変化について、ヒュトロダエウスが述べている箇所が、もう一箇所ある。

しかし、ユートピア人たちは、あのいろいろの迷信的考えから段々に脱却し、理性的に見てほかの宗教にまさっていると思われるあの唯一の宗教に合一しつつあります。人間は宗教をかえようかなどと考えているようなときにたまたま不幸な目にあうと、それをすべて恐怖心から解釈し、これは単なる偶然ではない、天から下されたのだと、まるでこちらからは拝むのをやめてやろうと思っていた神が、そのような不謹慎な決意にたいして報復したかのように考えるのですが、もしこうした傾向さえなかったら、ほかの宗教はとっくの昔に消失していたであろうことに疑問の余地はありません。[22]

このヒュトロダエウスが述べている「理性的に見てほかの宗教にまさっていると思われるあの唯一の宗教」は、文脈的にも論理的にも、その直前に述べられている「あらゆるものの起源、成長、進歩、変化、究極目標」がそれに帰される、「能動力によってこの全世界に遍く充満している」、「父」と呼ばれる「唯一の、知られざる、永遠無量で、説明不可能な、ある神的存在」[23]を信仰の対象としている宗教であると解される。この宗教は、基本的に当時のキリスト教と同質的な宗教である。更に言えば、モアの真意はユートピア人達が名実共にキリスト教徒化することにあったと考えられる[24]。

それでは、モア自身は、ユートピアの政治・経済・社会体制を実現可能なものと考えていたのであろうか。『ユートピア』の末尾で、歴史的モアの理想主義的側面を代弁していると解されるヒュトロダエウスが[25]、社会悪の元凶である「高慢」(superbia)は、「ひとびと(の心)」のなかにあまりにも強く入り込んでしまったので、容易には追い出せません。」と告白し[26]、モアの現実的な側面を代弁していると解される書中のモアも[27]、その「全社会制度の主要な土台」である「共同共有制と貨幣流通皆無の生活物資共有制」や戦争論を不条理と見、「ユートピアの社会には、諸都市に対して、よりただしくいうならば、実現の希望を寄せるというよりも、願望したいものがたくさんある」と結論を述べている時[28]、これらをモアが少なくとも近い将来実現可能だとは考えていなかったことを示している[29]。

また、ユートピア建国の方法として、ユートプス王による征服と原住民の教化しか述べられていないことは[30]、この解釈を補強する。なおそもそもギリシア語からのモアの新造語である「ユートピア」というラテン語は、「何処にも無い所」(Nusquama)を意味しているのである[31]。しかも、現実的には、第九章「モアにおける正統と異端」で取り上げる『反ルター論』の中で、私有財産制が現実的だとモアは考えていたことが分かる。

ここで、第二章(「モアの社会諸観念」)で論じられた諸事項で『ユートピア』のそれらと共通していることについて検討しておきたい。これらの多くが『ユートピア』における同様な批判・諷刺とほぼ一致しているのである。

すなわち例えば、同書第二巻のユートピアでは、派手な服装や化粧、宝石の収集や金の蓄積、賽子遊びや狩猟が、反自然的ないし反理性的な偽の快楽として批判され[32]、種々の占い術は迷信として退けられている[33]。またそこでは、狡猾な弁護士や吝嗇・無学・無教養の聖職者、言行不一致の説教師が批判されている[34]。次に空虚な名声の追求である[35]。更に国王や貴族の権力欲が批判されている[36]。最後に、暴君に典型的に見られる人間の高慢が批判されている[37]。これらの諸事項は『ユートピア』に見られる諸事項と一致し、モア自身がこれらを真剣に考えていたことを意味する。

既に第一章で述べたように（それ故、ここではいちいち注を付けることはしない。）、ユートピアでは、幸福のために創られた魂の不滅と、この世における行状の道徳的性格如何に依って、あの世における賞罰を原理とする一神論という、合理性的でもある宗教を主柱とし、人々は将来的な完成を希望しながら隣人愛に満ち、勤勉、寡欲且つ謙虚に、しかも徳の実践を最高の目的としつつも、合理性的な物質的、肉体的快楽を軽視せず、全体の調和を図るという中庸を守り、結婚前後においてはそれぞれ純潔と貞節を貫く。礼拝の最後に彼らは祈る。『その時が早いかおそいかは自分で決めようなどとは思いませんが、安楽な死のあとで私を御許に引き取ってください。けれども、神の威光を傷つけることがないかぎりは、どんなに運のよい生涯であろうとも神から長いあいだ遠ざけられているよりは、たとえ苦しい死を味わっても神の御許に参れるほうが私にとってはずっと本懐です。』と。この喜びが、善行に対する報いとして神によって与えられる無限無量且つ永遠の「歓喜」であることは、明らかであろう。この精神を具現したものが、ユートピアにおける合理性的な、徳さえも包摂する快楽主義と幸福であり、これを支えているのが、共同生活制と無貨幣の共有制を中心とするその社会諸制度なのである。この意味でユートピアは、人間による運命の合理性的支配もしくは救済の諸条件の人為的組織化と言える。その際ユートピアには、知的、道徳的に卓越した学者と聖職者による一般民衆の教導、並びに年長者の年少者に対する優越性が認められている。

また、ここで、問題とされることがあった書名について検討しておきたい。現実の社会を批判し、国王への仕官をヒュトロダエウスが辞退した『ユートピア』第一巻の標題並びにキリスト教が伝道されていなかったにも拘わらず理想に近い社会を形成しているユートピアを描いた第二巻の標題と、本書全体の書名との違いに注目することには意味がある。前二者では、ヒュトロダエウスの話をモアが報告する形式を採っているのに対して、後者では、モア自身が著者になっているのである。『ユートピア』の正確な書名が、『最善の国家の状態とユートピア新島について、そしてユートピア新島についての楽しさに劣らず、有益な黄金の小著、著名、雄弁なトマス・モア、有名なロンドン市の市民、司政長官著』*De optimo reipublicae statu deque noua insula Vtopia libellus uere aureus nec minus salutaris quam festiuus clarissimi disertissimique uiri Thomae Mori inclytae ciuita Londinensis ciuis & Vicecomitis* であることは、*deque* の前後の二国が必ずしも異なるものであることを意味するとは限らない。なぜならば、両者を綿密に考察した結果、それらが同じものになることまでも否定した書名ではないからである[38]。

この場合、書名を重視するべきで、『ユートピア』は、外でもないモア自身の思想を論文の形式ではなく、親しみ易く、楽しく読めるデクラマーティオの形で著したものと考えられる。

しかも、『ユートピア』の末尾のところで、ヒュトロダエウスが、「こういう事態（社会における諸悪の横行。筆者）は、もしも、あらゆる災禍の首領であり親であるあの一匹の恐ろしい野獣、すなわち、高慢心[39]が反抗してさえいなかったら実際起こりえたでしょう。この高慢心は、自分の利益ではなく、他人の不利をもって繁栄の尺度としています。」、と指摘していることは、モアが、社会諸悪の源泉が、制度的には私有財産制や貨幣制度にあるとしても[40]、究極的には人間には克服至難な高慢（superbia）が社会諸悪の根源であると認識していたことが分かる。これを示すことも『ユートピア』の目的の一つであったと考えられる。すなわちこの高慢をどのようにして規制するかが、モアにとって社会改革のための重要な課題の一つだったのである。その目的は正義の実現である。ここで正義とは、『ユートピア』

が小冊子であるためいちいち引用箇所を示すことはしないが、例えば人間の徳や犯罪に対する相応の刑罰を科すること、公平な法律の遵守、正規の機関による諸決定、貪欲や偏見によって影響を受けない諸決定・諸為政者、全市民の福利が諸都市政府によって平等に保障されること、自衛戦争、他国で利用していない土地に植民した場合に、当該国で抵抗する人々に対する戦争などを意味する。これは、内容は異なれプラトンの『国家』が正義について論じているのと同様である。

更に、ユートピアの国家ないし社会形態の説明の直後にモアはヒュトロダエウスをして、「これで、最善であると私が確信している社会、またそれだけでなく、私の判断では公共社会という名称をみずからに対し正当に主張請求することができる唯一の社会の形態を、できるかぎり真実どおりにみなさまにご説明申しあげたわけです。(41)」と語らせている。この記述から、ユートピア社会の持つ公共性がその最善性と同等以上の価値を有することが分かる。ここで公共性とは、他の社会のように社会の構成員が私利を図るのではなく、同胞全体の福利を考慮に入れて生活している状態を意味している。(42)

そうであれば、モアにおいてユートピアの最善性は他の現存する社会との関係で相対的に理解されており、しかも社会の公共性の方が重視されていることになる。つまり社会の相対的な優越性である最善性は、絶対的な卓越性である公共性に裏付けられることによって初めて重要な意味を持ってくるのである。ユートピア人がキリスト教に改宗した理由の説明の仕方(43)はこのことを示唆している。

しかしながら、このような公共性を具現している最善の社会ないし国家も、決して完全無欠の理想国家ではない。というのは、確かにユートピアの社会は野心や内紛の禍根となる原因はじめあらゆる悪風を根絶しているが故に、（人間が予測し得る範囲内では）永続性を持つものとされている。(44)しかしそこには、その社全体制の崩壊を防止するための様々な規制や罰則、教育制度が存在するからである。つまりユートピアは、その限りにおいて、最終的には公的な強制を条件として存立し得る社会なのである。

この意味でユートピアは、キリスト教的な天上の国（civitas caelestis）ないし楽園（paradisus）そのものでは明らかにない。また、それは地上に実現できるものでもない。天上的な意味での理想社会でも地上における理想的な社会でもないとすれば、一体ユートピアとは何なのであろうか。この難問を解くためには、ユートピアの社会を支配している根本的な価値体系に注目しなければならない。

ユートピア人は一般に高慢や貪欲、怠惰から解放され、隣人愛に基づく共同生活を営むことによって保障される豊かさを基盤にして、自然本性に適ったあらゆる快楽を万人が享受し得る幸福な人生を送り、中でも精神的快楽とりわけ徳の実行と善良な生活から生じる快楽を重視している。その際、こうしたユートピア人の生活を内面から支えているものが、来世への希望すなわち神学的希望なのである[45]。

ここにユートピアの国家としての位置付けを決定する鍵がある。確かにそれは、この世のどこにも存在しないし、かつて存在しなかったし、これからも存在し得ない社会、すなわち時間的にも空間的にも存在しない社会である。また全人類を全体的に統合する完成した状態でも、それはない。しかしユートピアは、その神学的希望の原理によって、地上の人間とその社会に高慢の克服を促すという形で働きかけ、天上の世界を仰ぎ見させるという役割を果たしている。換言すれば、地の国（civitas terrena）と神の国（civitas Dei）の媒介項がユートピアの位置なのである。従って、ユートピアを準楽園（quasi-paradisus）ないし前楽園（prae-paradisus）と呼ぶことも可能である[46]。この場合、その究極の目標が終末の「神の国」における人間とその社会の救済であることは、言うまでもない[47]。

それではなぜモアは、このように厳密な意味で天上的でも地上的でもない社会ないし国家状態を描いたのであろうか。具体的に言えば、なぜキリスト教的な神の国でも、この世に実現可能な最善国家でもなく、その中間に位置する社会像ないし国家像をモアは提示したのか。もし彼が「神の国」を描写したとすれば、それはアウグスティヌス初めキリスト教世界の多くの識者によって既に伝えられ、何よりも聖書によって告知されたことの二番せんじに過ぎないものになっていたであろう。これに対して、最善国家を構想したとすれば、それは現状改革的ではあっても根本的な解決にはならない、それ故に暫定的で魅力に乏しいものになっていたであろう。なぜなら、そこでは私有財産制が前提となり、その法的、道徳的な規制が基本的な問題であるが故に[48]、それは依然として公共性に欠け、非永続的なものに留まるからである[49]。

これに対して、基本的に問題が解決されているが天上的ではない、しかし実現不可能な社会像ないし国家像を描いた場合はどうか。そうすることによって第一に、現実社会を腐敗させている悪の根源を示すことができる[50]。言い換えれば、徹底した現実批判を行うことが可能である[51]。第二に、それが現実を超えながらも現実[52]を考慮に入れているが故に、それを実現するために努力することが期待できる。第三に、それは永遠の価値を有する。すなわち、モア自身がユートピア社会の永続性を謳っているのと同様に、それは恐らく人類の歴史が続く限り、現実を改革する際に自らの姿をそこに映すべき鏡たり続けることであろう[53]。と言うのは、それが人間とその社会を改革する場合に鍵となる、最も本質的なこと――高慢――についての洞察の上に成り立っているからである。

第四に、それは終末論的な希望を意識させることができる。なぜならば、ユートピアでは、その体制を維持するための規制こそ存在すれ、人々は基本的に貪欲や怠惰や高慢の罪から解放され、協調一致の精神のもとに天上界における無限の歓喜と快楽を信じつつ、自然本性に適合的な快楽を享受する幸福な生活を営んでいるからである。

最後に、それは人類史上初めての試みとなるはずである。モアは正に以上のようなことを意識して、否、敢えて言うならばそれらを目的にして、『ユートピア』を書いたのである。

以上の考察から、次のことが明らかになった。第一に、『ユートピア』には極めて複雑且つ難解な修辞的手法が採用されていることである。第二に、『ユートピア』は諷刺的な社会批評書である。第三に、ユートピアが基本的にキリスト教と同質性を持つ社会であること。それを疑わせるような諸要素はほとんどが枝葉末節の事柄だけであり、その歴史的実在を印象付けるための手段に過ぎないこと。最後に、ユートピア人ないしユートピアの社会がヨーロッパ人ないしヨーロッパ社会に比して宗教的、道徳的、従って人間的に優れていることである。

要するに、『ユートピア』がデクラマーティオ形式のキリスト教ヒューマニストの社会批評書であり、ユートピアはキリスト教と共通性を持つ社会ないし準キリスト教的な社会であるということである。

ここで『ユートピア』の理解を困難にしている様々な文学的手法について、簡単に言及しておきたい。まず、ユートピアに見られる非ヨーロッパ的、非キリスト教的な諸事項は、それが新発見の世界に実在する社会であることを読者に納得させるための手段である。また、著者自身の大陸旅行やアメリーゴ・ヴェスプッチの航海などの歴史的事実に便乗したことも同様な意図から出たものである。更に極めて複雑且つ巧妙な修辞法は、エラスムスを代表とするヒューマニストに少なからず見られる手法なのであるが、ユーモアやウィット、諷刺を通して楽しみの内に現実を批判し、真意を示唆するための手段なのである。要は、個々の具体的な記述内容ではなく、著者モアが読者に全体として何を伝えたかったかである。

筆者は、ユートピアを基本的にキリスト教と同質性を持つ当為の国家ないし社会であると解釈する。その代表的な例が、唯一神の存在と霊魂の不滅や啓示、死後の賞罰、性的関係の厳格さである。又、『ユートピア』とほぼ同じ頃に書かれた「何が最善の国家形態か」というモアの警句詩が君主政に批判的で、民衆によって選出される代表者の合議体である長老会議（senatus）の優越性を主張していることに照らして[54]、ユートピア人の現世における生活を保障する機能を有するユートピア人の諸思想は、基本的にモア自身の考えであると判断できる。

なお、本文中に使われている、「アマウロートゥム」（暗部、無都）や「アーニュドルス河」（水無し河）、「アーデームス」（民なきもの）[55]は、ユートピアと共にそれが存在しないものであることを示唆している。

結語

以上のことを総合して、モアの『ユートピア』は、同時代ひいては後世のヨーロッパ及びそれ以外の社会の批判と教化・改革を目的とし、真実を伝えると同時に楽しみを読者に味わってもらうためにアイロニーやパラドックスを含む修辞法[56]を駆使して著された諷刺文学書であり[57]、その対象は直接的にはラテン語（できればギリシア語）の分かる学識と見識のある当時のヨーロッパの知識人や統治者である。彼らを通じてそれが一般民衆にも普及することも、モアは期待していたように思われる。ユートピアでは、彼らの大部分が信仰している宗教と同質的なキリスト教を、大部分のユートピア人が受容することにより、最善の国家[58]が完成されるという意味におけるモア自身の当為の国家である[59]、と結論付けることができるのである。換言すれば、ユートピア人の社会生活の中で一見不条理に見える諸事項（司祭の妻帯や稀な高齢の寡婦の聖職者など以外ほとんどない。）は、婚前のモアの修道院における体験に鑑みて、慎重に検討する必要があるが、当時のラテン語ができるキリスト教徒の知識人が読めば分かることであった。後に著された諸宗教論争書において、モアはこれらを明確に否定しているのである[60]。ユートピア人がキリスト教に改宗すること（実は、ヨーロッパ人の大部分が基本的な信仰箇条と布教活動において統一され、ユートピア人同様の知的、道徳的性格を志向すること。）によって、彼らの欠点が克服されることを期待して、モアは、『ユートピア』を執筆したものと考えられる[61]。

この意味でユートピアは、プラトンが統治者階級を共有制にする理想主義的な『国家』の中で論じた「最善国家」が至難であることを認め、「とくに国家が万人に均等な機会を提供するため」に所有する財産の多寡に応じて階級を区別する、より現実的な『法律』[62]の中で述べられた国家と同様に、モアの「次善国家」であると解釈できる。実際プラトンは「熟慮と経験とをつめば、国家の建設というものは最善というわけにはゆかず、次善にならざるをえない」と述べているのである。[63] また、ソクラテスが『国家』や『ミノス』の中で果たしている役割を、『ユートピア』ではヒュトロダエウスが果たしているものと考えられる。彼らは国制と同時に正義についても論じているからである。

【注】

（1）"More's Leter to Erasmus on c. 20 September 1516", in *Correspondence*, II, No. 467, p. 346. See "What is the Best Form of Government", in *Latin Poems*, Vol. 3, pt. II, pp. 228-30. 例えば、G. B. Wegemer, *Thomas More on Statesmanship*, p. 124. 鈴木「一試論」、三八頁：「構造」、一五〇頁：「『ユートピア』」、一三〇―一頁参照。

（2）*Utopia*, p. 12〔澤田訳、二〇頁〕. 澤田「訳注」、二五八頁。

（3）*Utopia*, p. 12〔澤田訳、二〇頁〕.

（4）*Utopia*, p. 32〔澤田訳、四〇―一頁〕.

（5）*Utopia*, p. 32〔澤田訳、四〇頁〕.

（6）*Utopia*, p. 32〔澤田訳、四二頁〕.

（7）*Utopia*, p. 34〔澤田訳、四三頁〕.

（8）*Utopia*, p. 36〔澤田訳、四五頁〕.

（9）*Utopia*, p. 2〔澤田訳、一二頁〕.

（10）*Utopia*, p. 22〔澤田訳、二九頁〕.

（11）*Utopia*, p. 20〔澤田訳、二七頁〕.

（12）*Utopia*, pp. 26, 28〔澤田訳、三四―五頁〕.

（13）*Utopia*, p. 28〔澤田訳、三七頁〕.

（14）*Utopia*, p. 252〔澤田訳、二五二頁〕.

(15) *Utopia*, p. 30〔澤田訳、三八頁〕.
(16) *Utopia*, p. 30〔澤田訳、三九頁〕.
(17) *Utopia*, p. 244〔澤田訳、二四五頁〕.
(18) *Utopia*, p. 106〔澤田訳、一一四頁〕.
(19) *Utopia*, pp. 216, 218〔澤田訳、二一九—二〇頁〕.
(20) *Utopia*, pp. 216, 218〔澤田訳、二一九—二〇頁〕.
(21) *Utopia*, p. 216〔澤田訳、二一九頁〕.
(22) *Utopia*, p. 216〔澤田訳、二一八頁〕.
(23) 例えば、鈴木「構造」、一六八—九頁.
(24) 例えば、「ギヨーム・ビュデのトマス・ラプセット宛の書簡では、「ウデポティア（Vdepotia）」「いつもないところ」、〔澤田「訳注」一八・3、二五七頁〕とも呼ばれ、「すばらしい幸運のおかげで［もし私たちが人の話を信じるといたしますと］、公私いずれの生活領域にもキリスト的生活風習と真にキリスト的な英知をとりいれそれを今日までも保ちつづけてきたということです。」（*Utopia*, p. 10〔澤田訳、一八頁〕）。また、「ルーヴァン大学の修辞官、ジャン・デマレによるユートピア新島についての詩」では、ユートピア人が、万徳を体得していること（*Utopia*, p. 28〔澤田訳、三七頁〕）。「ヒエロニムス・ブスライデンのモア宛書簡においては、「完全な社会ではなによりも司政者たちの賢慮、軍人たちの勇気、個人のあいだでの節度、すべてにおける正義、これら全部がそろって存在していなければなりません。」（*Utopia*, p. 34〔澤田訳、四三頁〕）参照。
(25) 例えば、鈴木、「構造」、一六八頁。
(26) *Utopia*, p. 244〔澤田訳、二四四頁〕.
(27) *Utopia*, p. 12〔澤田訳、二〇頁〕.
(28) *Utopia*, p. 244〔澤田訳、二四五—六頁〕.
(29) *Utopia*, p. 32〔澤田訳、四一頁〕.
(30) *Utopia*, p. 112〔澤田訳、一二一頁〕.
(31) 例えば、澤田「訳注」、二五五頁「扉」・3。
(32) *Epigrams*, Nos. 202, 185, 73, 40, 213. *Correspondence*, No. 2, p. 4.

（33）*Lucian*, pp. 2-5.
（34）*Epigrams*, Nos. 98, 99, 533, 160, 186, 188, 153, 187, 244: “More’s Leter to J. Colet of 23 Oct. 1504”, in *Correspondence*, No. 3, p. 7.
（35）*Epigrams*, Nos. 72, 206, 78, 230.
（36）*Epigrams*, No. 227; History, p. 12.
（37）*Epigrams*, Nos. 62, 96; ; Lucian, p. 101; “Pagent Verses”, in *English Poems*, p. 118.
（38）例えば、R・J・シェック、「対話としての『ユートピア』の読みかた　洗練されていると同時に有益な諸制度をはぐくむ育成所」、監修澤田『『ユートピア』』、二二六—七頁や澤田「モアの執筆意図」、一一六頁；R. S. Sylvester, “Si Hythlodaeusu credimus: Vision & Revision in Thomas More’s *Utopia*”, *Soundings*、51、Fall 1968, pp. 72-89と比較せよ。
（39）「すべての罪の根源は高慢心である」（集会書一〇・一五）。「富や権力、徳などあらゆる手段で自分を他人と神の上におこうとする高慢心（superbia）がすべての社会悪の究極の原因であることについては、モアの『四終論』や『リチャード三世王史』（イエール大学版一二ページ）などを参照。」澤田「訳注」、二四三・2、二九四頁。更に*English Poems*, pp, 153-4; *History*, p.12. *Utopia*, p. 342〔澤田訳、二四三—四頁〕なども参照。
（40）*Utopia*, pp. 104, 242〔澤田訳、一一二、二四二—三頁〕.
（41）*Utopia*, pp. 236, 238〔澤田訳、二三八頁〕.
（42）例えば、鈴木「一試論」、三八頁；「構造」、一五〇頁；「ユートピア」、一三〇—一頁参照。
（43）*Utopia*, pp. 216, 218〔澤田訳、二一九—二〇頁〕.
（44）*Utopia*, p. 244〔澤田訳、二四四頁〕.
（45）*Utopia*, p. 236〔澤田訳、二三八頁〕.
（46）*Utopia*, p. 12〔澤田訳、二〇頁〕.
（47）*Utopia*, p. 236〔澤田訳、二三七—八頁〕.
（48）*Utopia*, pp. 104, 106〔澤田訳、一一二—三頁〕.
（49）E. g., *Utopia*, pp. 2, 14〔澤田訳、一二、二三頁〕.
（50）E. g., *Utopia*, pp. 242, 244〔澤田訳、二四三—四頁〕.
（51）*Utopia*, p. 162〔澤田訳、一六六—七頁〕.

(52) モアの現実感覚については、例えば、Francis & Barbara "An Essay on Utopian Possibility", in *Utopia: The Potential and Human Condition*, ed. by George Kateb, New Brunswick, NJ, 2008, p. 31 参照。

(53) *Utopia*, p. 20〔澤田訳、四五頁〕.

(54) See "What is the Best Form of Government", in *Latin Poems*, Vol. 3, Pt II, pp. 228-30. 例えば、G. B. Wegemer, *Thomas More on Statesmanship*, p. 124. 鈴木「一試論」、三八頁：「構造」、一五〇頁：「『ユートピア』」、一三〇―一頁参照。*Utopia*, p. 36〔澤田訳、四五頁〕.

(55) *Utopia*, pp. 250, 112, 116, 132〔澤田訳、二四九、一二二、一二五、一三九頁〕. 澤田「訳注」、二七八、二八〇頁。

(56) 例えば、菊池『ユートピアの政治学』、一三六―七頁。

(57) *Utopia*, p. 250〔澤田訳、二四九頁〕.

(58) H・C・クーンは、ユートピアを一つの最善国家として解釈している（Heinrich C. Kuhn, "Ideal Constitutions in the Renaissance: Sizes, Structures, Dynamics, Continuities and Discontinuities", in *Ideal Constitutions in the Renaissance*, Heinrich C. Kuhn, Diana Stanciu (eds.), Frankfurt am MainBerlin・Bern・Bruxelle・New York・Oxford・Wien, 2006, p. 12）。また、G・ピアイアは、ユートピアを一つの理想的な政体と解釈している（"Nauigauot quidem non ut Palalinus, sed ut Ylysses: Imo uelut Plato", in *Ibid.*, pp. 83-4, 89）。

(59) E. g., Cf. D. Baker-Smith, *More's Utopia*, London and Worcester, 1991, p. 154.

(60) E. g., *Confutation*, p. 699.

(61) 鈴木宜則「トマス・モア『ウートピア』の再解釈」、『研究論文集――教育・文系九州地区国立大学間連携論文集』、第2巻第1号、二〇〇八年、一九頁。（本論文は、『鹿児島大学教育学部研究紀要　人文・社会科学編』第五〇巻、二〇〇八年に、同じ論題で掲載されたものを査読を受けた後、一字修正してリポジトリ論文として掲載されたものである。）

(62) プラトン『法律』、744B-C, 三二四―五頁参照。なお、モアにおける正義の観念の詳細については、鈴木「構造」、「ユートピア」参照。

(63) 同書、三一六頁。

第五章　ルネサンス三つのユートピア

――『ユートピア』・『太陽の国』・『新アトランティス』――

第一節　三つのユートピアの比較

1　形式

本章においては三著とも大部の著作ではなく、良い翻訳もあり確かめることが容易であることに鑑み、原則としていちいち三著の引用箇所を示すことはしない。また、右記の順に三著を*U*、*S*、*A*、そこに描かれたユートピアについてはU、S、B（「ベンサレム島」と呼ばれている。）と記す。

まず、三者の著作としての形式上の共通点について論じたい。これは少なくとも五点ある。第一に、程度の違いはあるが三著とも文学的、修辞的作品（虚構）であり、旅行談の形式を採用していることである。しかし、構成や構想に関しては最も単純でよく整理されていない*S*、[1] 未完の作品であるが基本的な特徴が示されており、演劇的である*A*、[2] 極めて複雑で修辞法に豊み、初版がエラスムスとピーター・ヒレスによって編集され（四版有るが、版により編者が異なる）、彼らと彼らの友人・知人の手に成る多くの詩や書簡が構成要素になっている*U*という相違がある。

第二に、質的、量的な差はあるが、三者とも対話法を用いている点で共通している。但し、ソクラテス的な問答法が採用されているのは*U*の第一巻だけであり、*S*と*A*の場合、質問と回答（説明）の繰り返しに過ぎず、話題を掘り下げていくという展開ではない。対話者の数は、*U*、*S*、*A*の順に、それぞれヨーロッパ人三人、二人、場面により一人、六人、約十人対に対してB人一人である。主役は、*U*と*S*においてはヨーロッパ人各一人であり、具体的には、ポルトガル人とジェノヴァ人の船乗りであるが、*A*では、場面によって異なる多くはBの要人である。対談の際に使われた言語は、U、S、Aの順にそれぞれラテン語、イタリア語、スペイン語であるが、*A*だけは対談の言葉以外英語（その分量は少ない）で著されている。また、*U*の場合、対話の相手・時期・場所ともモアのフランダース滞在という歴史的事実と結びつけられている。

第三に、各国の訪問者がU、S、Bの順にそれぞれ四人（当初六人、二人死亡）、恐らく一人、五一人であるが、報告者はいずれも一人であり、*U*の場合、架空の人物の話を実在の人物であるモアとヒレスが聞き、*S*の場合は、聞き手であるマルタ騎士団の修道士も、カムパネッラ自身を想像させるとしても、報告者同様実在する人物ではなく、*A*では訪問者兼語り手である「私」が特定されていない。ここに見られるのは、それぞれ作者が報告者から聞いた話の内容とこれを聞くまでに至る経緯を作者が再現する手法（聞き手による直接報告）、語り手と聞き手の遣り取りを聞き手から聞き知ったであろう作者がそれを再現する手法（聞き手による間接報告）、並びに、恐らく見聞した者がその内容を報告する手法（作者による直接報告）、という相異なった手法である。

しかも、*U*の場合、報告者ラファエル・ヒュトロダエウスが、「天使・専制君主には恐ろしい物知りないし馬鹿話の大家」の意味を持ち、「ユートピア」もどこにもない所を意味しているのに対し、「太陽の国」がこの国を太陽が象徴しているところから、また、『新アトランティス』は、古くから大西洋上にあると想像され、プラトンの『ティマイオス』と『クリティアス』にも登場するアトランティス島に因んで名付けられたものである。但し、Aの場合だけ書名とは異なるベンサレムと言う国名が付けられている。こうした文学的手法は、作者がUの場合は存在しない国であることを暗示し、SとBの場合は太陽の国並びにベンサレムが実在する国であることを訴えたかったことを示している。

第四に、それぞれ赤道付近、赤道直下、太平洋上の違いはあるが、三国とも新発見の地域に位置する、言い換えれば、場面設定されている未知の国であるという点で共通している。そこを訪れる機会も、Bの場合はペルーから太平洋経由で中国と日本へ行く途中で嵐に遭って漂着したとだけ説明されているが、Sの場合、コロンブスに同行した時のことかどうかは明言されていないが、彼の航海長を勤めたジェノヴァ人が、世界を一周して、ヒュトロダエウスも通過したとされているタプロバーナ島に上陸し、S人に出会ったという筋書きで史実が利用されている。この点はUも同様で、アメリーゴ・ヴェスプッチの初回を除く三回の航海に参加し、最後の航海の際城塞に取り残された二四人の一人で、仲間五人と共に旅行してUに至ったとされ、巧みに史実が利用されている。

最後に、モアとベイコンの場合、それぞれプラトンの『ポリテイア』、モアの『ユートピア』を本文中で引き合いに出し、カムパネッラはそうしていないが、随所にモアとの関連が指摘できる。従って、三者とも先人のユートピアを読み、これを参考にして、否、乗り越えようとして自作を書いた点[3]でも共通している。最後に、Aの場合は必ずしも全面的とは言えないが、現実社会批判と対になっていることも三者の共通点である。

2 内容

次に、思想内容について、地理、政治、法制、経済、社会、教育、学問、宗教、その他の事項、根本思想並びに建国の順に取り上げたい。

(1) 地理

三国とも大きさや形が異なり、Sの場合外に四つの王国があるという違いはあるが、島状の国ないし島の一部であり、海に面している。但し、Uは大陸とつながる半島部分の土地を開削することによってできた、人工の島である。国の形状は、Uが新月形、Sがほぼ円形であるが、Bについては記述がなく不明である。大きさは、U、S、Bの順にそれぞれ周囲五百マイル、七マイル、五千六百マイルであり、Sは都市国家、Bは広大な国と言える。但し、Uの場合、島で一番幅の広い中央部が二百マイル、新月形の両先端の間隔が十一マイルとされ、これは物理的に不可能である。(4)

Uは、ほぼ同形の五十四の都市から成る。首都アマウロートゥムは、なだらかな丘の傾斜面に位置するほぼ四角形の都市で、市民生活と防備のために、都市計画に基づき快適で合理的に構成されている。Sも、広い平原の中にそびえる丘の上に建物の大部分が立てられ、同様の趣旨で七つの環状地帯によって構成され、その往来のため東西南北四本の道路と四つの城門が作られている。丘の頂上は広々とした平地になっており、そこに大きな神殿が建っている。Bについては、それが平坦な沃土で、市に城壁があることぐらいは示されているが、それ以外は不明である。また、Sは都市国家であるから他の都市について言及されてないのは当然であるが、UとBの場合も、それぞれ首都アマウロートゥムとレンヒューザという市の一つだけが固有名詞で示され、三者とも一行政単位名しか特定できない点で共通している。

(2) 政治

政治に関しても *A* の場合ほとんど記述がなく、厳密なことは言えないが、共通点として第一に、政治体制として三国とも一種の混合政体を採用しているものと解される。すなわち、建国者であるユートプス王以降国王についての言及がなく、Uは連邦制的な都市連合体であり、都市が政治の日常的単位である。その主要な役職は、家族を基礎に選ばれる二百名の部族長と二十名の部族長頭領がおり、民衆が指名した候補者四名の中から部族長達が選出する都市統領である。都市の公共問題は、後二者と毎回別の部族長二名が参加する市議会という機関によって検討される。都市統領は終身職、部族長頭領も、部族長同様任期は一年であるが、簡単に更迭されない仕組になっている。

Sの場合、全市民の精神的、政治的指導者である聖職者君主「太陽」を頂点にして、その補佐役的高官が三職置かれ（「権力」、「知恵」、「愛」）、それぞれが公共の職務を機能的に分担する。この三高官には各三名の配下がおり、更に、その三名にも三名ずつの部下が配され、四十名全員が八日目毎に会合を開き、各自専門の仕事を司る。これらの下に特別な技術専門家もいる。その外、男女別に組に分かれており、組頭、十人組頭、百人組頭が置かれ、四十名の聖職者も公職として位置付けられている。

四高官以外は市民によって改選されるが、四職の場合、協議の上で知識・才能がより優れた者に譲る譲位制を採っている。しかし、実際はこうしたことは滅多に起こらないとされている。この四者は毎日協議し、あらゆる必要事項を処理するが、決定には「太陽」の同意を要する。更に、二十歳以上の全市民の会合である大評議会が設けられており、これは新月と満月の日に召集され、そこで不足物資の検討や役人の勤務評定が行われる。四高官と学芸の教師が推薦した役人候補の適否についても、各市民が発言できる仕組になっており、戦争の承認もここで求められる。なお、参政の単位が恐らく家族であるU、個人であることがSの基本的な相違点の一つである。

これに対してBの場合、現在の国家体制を築いた立法者であるソラモナ王という国王がいたことが分かるが、現在のことについては、国王が存在すること以外ほとんど何も述べられていない。ただ、市や町に行政長官が置かれ、家長にかなり強大な権限が委ねられ、(5)家族の秩序を守る役割を果たしているのがターサンである。司祭を勤める異人館長には他国人を待遇する権限が与えられていること、並びに、国民の福利に資するため自然現象に関する研究や実験に組織的に従事し、定期的に諸外国の政治・科学・芸術・技術の調査、研究を行う「サロモンの家」に大きな権限と自治権、及びその会員に特権が認められていることに照らして、政治機構の骨格は不明であるが、恐らく世襲的君主制と共に、国家権力の分散、分担があると言えよう(6)。

第二に、政策の形成において知性ないし学問が重視されている点でも三者が共通している。すなわち、Uの政治機構の中枢を構成する部族長頭領と都市統領、外交官が学問研究に専従する学者集団から選ばれ、Sの場合、諸学芸と諸国民の歴史や政治、占星術に通暁し、形而上学者とも呼ばれる「太陽」始め、その補佐役である三高官が自分の職務に関する最高度の知識と才能を有し、両国とも法律が少ないこと、Bの中でサロモンの家が占める大きな地位や、立法者であるソラモナ王の存在は、三国において一種のプラトン的な哲人政治が行われていることを示している。ただしSの場合、指導的な四十人の為政者は良心の浄化を任務とする聖職者が兼ね、神政政治でもある。

第三に、政治の目的が国民の幸福にあり、権力的な政治はなされない点でも三者が共通している。但し、UとSが平等主義的であるのに対し、Bの場合身分制的であるという違いが見られる。しかしながら第四に、特にUとSの場合、権力集中的である。というのは、Uの場合確かに重要事項について市議会の前に事前協議する機関として部族長会議があるが、市議会に司法を含む都市のあらゆる公共問題に関する決定権が委ねられ、Sの場合も、「太陽」を中心とする四高官から成る政府首脳部会議にほぼ全権が与えられているからである。

しかも第五に、三者とも統制的であり、Sの場合それが最も著しい。すなわちUとSには労働監督制があるほか、Uの場合、市外への旅行が許可制で、男女関係に厳しい制約が加えられ、Sの場合は不相応な物は一切所有しないよう役人が監視し、徳目毎に役人がいることに加えて、あらゆることを国に報告する通報者の制度すら存在するほど徹底している。しかし、第六に、三国とも為政者や行政官は廉潔である。

次に、対外的関係についてであるが、第七に、三国とも友好的であるが、他国民の移住制限をしている。Uの場合、自国にいる他国民のほとんどが死刑囚や志願労働者、戦争責任者であり、外交使節と彼ら以外の他国民は、数が少なく居ても稀であり、Sの場合、外交使節と商人、戦争捕虜が居るほか、他国民は大歓迎され、二箇月に亘る試験の後、その市民になることもでき、より開かれた休制になっている。但し、これ迄帰国した者は少数であり、そもそも来訪者並びに入国許可者が稀である。

これに対して自国民の出国の場合、Uでは唯一挙げられている外交使節の外、人口過剰による植民と他国の統治者として役人を派遣することが、Bでは他国の情勢や学術を調査するための使節の派遣が認められているだけであり、出国者には守秘義務が課せられている。最後に、Bの場合詳しいことは不明であるが、三国とも軍備を有する点で共通している。戦争に関しては、UとSとの間に共通点が少なくない。すなわち、国民皆兵制が採用されており、定期的に軍事教練が行われ、女性も従軍し、戦闘には合目的的な戦術と武器が使われ、正当な理由がある場合に限り戦争に訴えることがそれである。両者に共通する正当戦争は自衛戦争のほかに掠奪や侮辱などの名誉毀損、友邦の迫害及び被抑圧国民からの解放の懇請である。

戦争目的はUとSで異なり、それぞれ要求事項の貫徹、これが不可能な場合は責任者の厳罰による再発の防止並びに人々の矯正ないし善良化であり、Sの場合敗者の同化まで行うが、戦後処理は両者とも寛大である。また、Uが同盟を結ばないのに対し、Sは相手国の情勢を知ることを目的にして多くの国々と同盟を結んでいる。更にSの場合、二箇月毎に閲兵式が、軍事教練や講義は毎日行われ、Uでは自然な喜びをもたらさない贋の快楽として排斥されている狩猟も軍事目的で利用され、祭日には騎馬と徒歩での競技も行われており、Uよりはるかに軍事力を重視している。

(3) 法制

Bの法制については、立法者ソラモナ王の手になる他国人に関する法律や婚姻に関する法律が示されている程度でその概要も不明なので、ここではUとSの比較に限定する。

両国とも法律の数が少なく、誰にでも分かる単純自明なものである。特にSの場合、いつでも読めるように、青銅板に書かれて神殿の扉や円柱に掲示されている。法律として示されているのはUでは公共問題の協議機関に関する法律、生活必需品の分配に関する法律、婚姻法並びに宗教活動に関する法律であり、これら以外の犯罪については、市議会がその都度量刑を決定する仕組になっており、裁判は一審制である。但し、犯罪が非常に重大で、道徳的に見て公に罰することが望ましい場合を除き、夫が妻を、親が子を懲戒する。通常、重罪の最もひどいものは「奴隷」刑（現在の無期懲役刑的なもの）で処罰され、受刑者中の内反抗的な者は死刑に処せられる。悔悛の情を示す者には、都市統領の大権か民衆の投票によって減刑や釈放がなされ、一般市民に復帰することも可能である。

これに対してSにおいては、非道な犯罪は「権力」の部下である裁判官によって裁かれ、殺人と計画的犯罪に、Uの場合と異なり「目には目を」の原則により犯した罪と同じ罰が加えられる。但し、喧嘩などの計画的でない犯罪には軽い罰が加えられ、組頭が法律に照らして犯人を直ちに処罰する。また、ここではUとは異なり、人々は全て自分の仕事の長によって評定される。彼らは裁判官でもあり、追放刑、鞭刑、譴責、共同食堂での食事の禁止、神殿への立入禁止、婦女との交際禁止などの処罰を下す。更に不親切や意地悪、嘘などの道徳的な理由によっても告発され、これらも犯罪として共同食堂で食事をする権利ないし婦人と交わる権利の剥奪によって罰せられる。高慢は大罪であり、これも犯したと同じ方法で罰せられる。化粧やかかとの高い靴をはくこと、それを隠すために裾の長い着物を着たりすることは、死刑に値する罪とされているが、長い着物を着る方法がないとされている。

Sでは、通常の裁判は裁判官と「権力」の前で審理され、裁判官によって即決されるが、その際記録は取られない。ここではUとは異なり三審制が採用され、控訴審は翌日「権力」により、最終審はその翌日「太陽」によって審理され判決が下される。判決については犯罪者が納得するまで話し合われるが、自由や神や最高位の為政者達に背いた者は容赦なく処刑される。反逆者を閉じ込める塔以外に牢獄はなく、死刑が市民の手で執行されることもU

とは異なる点である。死刑の方法は石打ちか、苦痛を軽減するため火薬を用いた火刑と、具体的に述べられている。恩赦は長期間経過後に市民の同意を得て行われる。

⑷ 経済

Uの場合に限り鉄・金・銀だけ輸入に頼っているが、三国ともほぼ自給自足経済を営んでいる点で共通している。Bについては、商業や研究職などの職業の分化や研究・実験職の合理的な分業[7]、身分制や貨幣制度の存在[8]、家具調度類や衣類の豪華さなどから[9]、私有財産制と一職専従制が採用され、技術革新による生産量の増大が目指されていることが分かるが[10]、それ以上のことは不明なので、ここではUとSの比較を中心にする。経済に関して両国は、その具体的内容は異なるが、制度の上ではよく似ている。第一に、生産手段や住居は共有であり、無為徒食を否定し[11]、性別や適性によって軽重、差異のある公共の仕事に全員が従事する国民皆労制を両者とも採用している。この場合、為政者や聖職者、学者は自分の職務に専念するが、一般民衆は全員農業と手工業の二つに従事し、Sにおいては思索的な仕事にも携わる。手工業の選択に関しては、Uの場合、男は自然の性向から父親の仕事を基本とするのに対して、Sでは各人の適性による。この点は家族制度の有無とも関わっている。

第二に、両国ともBのように富の増大は求めず、それぞれ一日六時間と四時間迄という超短時間労働制を採用し、十分な睡眠時間を確保しており、余暇は学問や健全な娯楽に費やされるが、Sの場合毎日軍事教練・講義があるほか武術にも充てられるのに対して、Uでは学問研究が重視されている点が対照的である。また、Uにおいては骨の折れる仕事や不浄な仕事のために「奴隷」が置かれているのに対し、Sではどんな仕事でも卑しいとは考えられておらず、むしろ誇りを持って引き受けられ、十分な労力があるので「奴隷など持っていません」[12]と述べられており、暗にUが批判されているように思われる。

第三に、両国とも労働監督制度を採用している。Uの場合これが怠慢と働き過ぎを避けるために部族長によって行われるのに対して、Sにおいては仕事の長や年配者によって監督され、市外では常時兵士が領土だけでなくそこで働く人々をも監視しているのである。

第四に、両国とも貨幣を使わない共有制を採用し、[13] 食住衣が国家によって管理されている。すなわち、食事は食堂における共同食事（Uの場合農村地帯は除く）であり、修道院式に片方に男子、反対側に女子が並んで坐り、未成年者が給仕をする。病人には医師の指示に従って病人食が準備される。共同食事の際、両国とも指導者達に対して特別な配慮をするが、Sの場合各人の仕事に応じて食物が分け与えられ、その日の献立と共に老人向きの料理を医師が学問的に指示する、当時としては珍しい木目の細かさである。[14] そこでは健康管理上年齢に応じて食事の回数も考慮され七年毎に若返りの秘法も行われる。

第五に、住居は両国において定期的に交換される。Uが十年毎に抽選によるのに対して、Sでは六箇月毎に教師達によって決められ、特に期間の長さが大きく違っているのは家族制度の有無と関係があると解される。衣服も同様である。Uにおいては各家庭で作られる性別と既婚未婚の別が分かる皮製で同型の機能的で質素な衣服を二年に一度取り替え、Sでは体型と身長に応じて医師が衣服係と相談の上作らせる亜麻や木綿製の白色で同型の衣服を年に四回取り換えるのであるが、後者では全員に必要なだけ配給される。またSにおいては、人々は夜間や街の中では絹や毛の赤い着物を着、男女で異なる髪型や帽子にも気を配るなどUとは違い衣服の楽しみも認められている。その他の必要物資は、Uの場合家長が所定の倉庫から無償で、Sでは役人を通じて全て入手することが可能である。

第六に、金銀は、両国において余り価値が認められていないが、その用途には違いある。Uでは、それが戦時のために蓄えられるほか、不浄な用途に充てる容器や「奴隷」を繋ぐ鎖、犯罪者の首輪などに使われ、金銀を恥ずべきものとするあらゆる手段を講じているのに対して、Sにおいては全国民の共有物である容器や飾り物の材料にされている。

最後に、出産に関しては、Sが婦人の共有制を採用し、極めて計画的・統制的であるが、都市の設計や食糧の生産・備蓄、成年人口の調整（家族間、都市間並びに国と植民地間における）については、Uの方がはるかに計画的である。

(5) 社会

まず第一に、三国とも広義における社会階層制を採用している点で共通している。Bの場合世襲的な階級・身分制が存在すると共に、「サロモンの家」と呼ばれる教会ないし学会があり、その会員は諸研究や外国の事情の収集を司る。ターサンの祝宴に同家の一員がいれば、他のいかなる階級身分の者をも差し置いて彼と同席する特権が与えられていることに照らして、その研究員や会員の任免については不明であるが、かなりの特権と特典を享受する階層が存在するように思われる。これに比してUとSの場合市民は基本的に平等であり、知的、道徳的に優秀な者や聖職者、為政者がいかに尊敬されようとも、本人の能力と適性に基づく機能分担に過ぎず、特典と言っても、肉体労働が免除され、共同食事の際に優遇される程度のものである。これは言わば哲学的階層制である。[15] そしてこのことは、Sにおいて家族制が不要且つ有害なものとして批判されていることと表裏一体を成している。また、Uに見られる「奴隷」階層も、犯罪に伴う社会的地位であり、一般市民の立場に復帰する道が開かれており、一身専属的なものである。以上要するに、U、S、B三国において、知的、道徳的に優れた者、特に知的エリートが社会の指導層を成している訳である。

第二に、年長者が年少者に優位する点でも共通しており、年長者優位の原則が三国における二番目の秩序原理である。それが最も弱いと解されるSにおいて、若者が「兄弟」と呼び合い、自分より十五歳以上年上の人を「父」、十四歳以下の者を「息子」と呼び、若者が四十歳以上の年長者の身の回りの世話と食事の際の給仕をする。それが最も強いと思われるBでは、自然の長幼の序に従わない者がいる場合には、市や町の行政長官が家長を公的な権威をもって服従させる。つまり、年長者の権威が公権力によって支えられている訳である。

第三に、男性優位の秩序原理が三国に共通する点である。すなわち、同じく一夫一婦制の家族制、しかも大家族制を採用しているUとBにおいて、家長である最年長の男性の権威に家族が従い、家族制を採らず、男女の平等化が最も進んでいるSでも、生殖のために限ってではあるが、婦人が共有とされ、刑罰の一種として婦女との交際禁止があり、軍事を始め社会生活全般に亘って女性が男性と完全に平等であるとは解されない書き方がされていることに鑑みて、このことが言える。また、同じく大家族制と言っても、UとBの具体的な形態は異なり、Uにおいて成人男子が同一家族内に留まる、言わば父系の複合拡大家族の形態が、Bでは息子の一人だけが家長の意志によってそこに残される父系の直系家族の形態が採用されている。

第四に、このように家族制度の具体的内容は異なるが、UとBのいずれにおいても一夫一婦制を採用し、結婚以外の性的関係が禁止され、売春婦も存在せず[16]、身体の隠れた欠陥の有無を知るために、本人が行うか友人が行うかの違いはあるが、結婚前に相手の裸体を見せ合う点[17]で共通している。これに対してSでは、古代スパルタ人のように全裸で運動をするので、生殖を管理する男女の教師達がその適否や組み合わせを決める際にそうする必要がない。

第五に、三国とも結婚や生殖の際に肉体を軽視しないという共通点をここに見て取ることができる。但し、UとBが人間性の現状を考えているのに対して、Sの場合は優生学的な観点によるものであるという違いがある。また、Sでは他の二国と異なり性の欲求には寛大であり、生殖を目的としない例外が認められている。

最後に、どの社会においても功績のあった国民には栄誉が与えられ、これを称えると共に促している。Uにおいて偉大な人々や社会のために優れた業績を残した人々の像が広場に立てられる。これは彼らの業績を記念すると同時に、子孫の徳行を励ますためでもある。Sでは食事の席や公的な祝祭の折に、名誉の標として偉人に花環や飾りの付いた美しい衣服が贈られる。Bの場合は主要な発明家の功績に対して名誉ある報酬を与え、その像を建てると共に、三歳以上の子供が三十人になるまで生きた家長（ターサン）には公費によって祝宴を催させてやるのである。

(6) 教育・学問

Bの場合ターサンによる家族の祝宴や「サロモンの家」に関する記述から、そこに一定の組織的な研究教育があることが推測できるが、これらについては全く言及されていないので、ここではUとSにおける教育の比較に限定せざるを得ない。

第一に、力点の置き方は異なるが両者とも知育・徳育・体育の全人的教育と職業教育を組織的に行っている点で共通している。Sの場合早期教育が施され、しかも年齢を追って具体的な教育課程が示されている。またUでは子供と青少年の教育は聖職者によって行われ、子供の時期に学問の手解きを受ける。徳育は家庭でも共同食事の際にも行われる。職業教育に関しては、手工業はまず父親のそれを習得し、農業の場合理論を学校で学ぶと同時に農村地帯で体力錬成を兼ねて実習することによって学ぶ。これ以外に特に体育については説明されていない。学科として音楽・論理学・数学・星学・自然学・倫理学・医学が挙げられている。道徳哲学についての最大の関心は幸福論にあり、それが合理性的な自然的快楽に求められているが、その際この議論は、霊魂の不滅とそれが神の仁愛によって幸福のために創られていること、並びにこの世の行状に対する来世における賞罰を内容とする宗教的原理と結び付けられている。

これに対してSにおいては三歳から教育が開始され、言葉と壁に書かれたアルファベットの学習、遊戯や走ることが七歳まで老人の指導によって行われる。八歳から九歳まで全員専門の教師による博物の授業[18]と体育を受けると共に、公共への奉仕も行う。十歳になると全員が数学や医学その他の学問を学び始め、互いに絶えず議論し合って競争すると同時に、田園に畑仕事や牧畜を習いにも出かける。そこでは学習の便を考えて、第一から第六の城壁の内外壁と砦の上や神殿の壁に、あらゆる学問が絵で描かれている。更に、十二歳以上の青少年には、中老の運動選手によって軍事教練が施される。それ以前に、初級の教師によってレスリングや競争、投石などの訓練を受けているが、今度は武術や乗馬術、隊形の組み方などを学ぶのであり、女子も武芸を習得する。青少年に対する軍事教練はUにはなく、この点Sとは対照的である。

第二に、Uおいては子供の時分から優れた素質・学問愛好心が認められて学問に専従する学者達だけでなく、一般市民も余暇を利用して早朝講義に参加し、興味のある講義を聴講する、言わば生涯学習の体制が整い、市民の教養が重視されている。これに対してSでは、各人が最も得意な学問や技術、美徳の役人になる仕組になっており、具体的な知識が重視されると共に、[19] 学芸の専門分化が進み、しかもそれが公職と結びつけられている。但し、Uの場合でも、学者集団（三百人未満）の中から上級の為政者や聖職者が選ばれ、両者が一部共通点も有している。

またSにおいても、「太陽」は最も優れた形而上学者、神学者であり、あらゆる学芸と万物の本質、占星術、予言に通暁した三十五歳以上の者であり、「権力」、「知恵」、「愛」という次位の高官も、その職務に属する学問や技術に通じているが、それにも増して哲学者であり、歴史家、博物学者、人文学者でなければならず、取り分け統治の中枢を占める四職に諸学への精通が求められており、この点でもUと類似している。

第三に、両国とも知育に優るとも劣らず徳育を重視している。Uではまだ柔軟で指導し易い子供の魂に初めから良い考え、国家の保全に役立つ考えを教え込むことに最大の努力が払われ、社会の安定を図っている。Sにおいても国家に必要な技術をよく身につけて、そのために尽力する者が最も高貴な者と考えられており、子供の時から公共への奉仕に従事すると共に、徳目毎にいる役人には、子供の時から学校に通っている間にそれぞれの徳に向いていると認められた人々が選出されるのである。またそこでは教育と共に子供の素質にも注意が払われ、両親の選択と同時に生殖の時と場所が慎重に選ばれる。

第四に、学問特に科学技術がU、S、Bのいずれにおいても重視されている。[20] Uでは、医学や星学などの諸学問によって訓練された人々の才能は、よく快適な生活に役立つ技術の開発を行い、森全体の移植や運河の開削工事ができるほど技術水準が高度化している。Sにおいても医学や栄養学、航海術、天体観測器械・武器が高度に発達し、戦勝をそれらは類例のない長命や占星術をもたらしている。Bの場合は、事物の原因や秘密の運動に関する知識を獲得し、人間の領域の境界を拡大することによってあらゆることを可能にし、以て人間の幸福を増進することを目的として、あらゆる自然に関する研究・実験を組織的に行うサロモンの家の存在がある。そこでは三十六人の正会員を中心にして研究が進められ、例えば健康と長命のための液体、素晴らしい織物や染色剤、速い運動と大きな力、強力な武器、空中飛行、一種の潜水艦などの点でヨーロッパの水準を超えている。

しかし、Bでは原則として他国から情報を一方的に得るばかりで、研究の成果を他国民に提供することはなされない。これは科学が人類の財産ではなく特定の国家のそれであることを意味し、ルネサンス人文主義の伝統との断絶であり[21]、UとSには見られないBの特徴となっている。但し、今回の訪問者に対しては他の国々の利益になるように発表の許可が与えられた。

第五に、アリストテレスに対して三者とも批判的であるように思われる。Sでは言及されているのでほぼ明白であるが、Bの場合、事実と観察を重視するサロモンの家に関する記述によって、それが推定可能である[22]。なお、占星術はUにおいて排斥されているが、Sでは重視され、惑星の位置が人間の生活に大きな影響を与えるものと信じられ、Bでも彗星の影響が認められている。

最後に、ヨーロッパに関する知識や情報を有し、芸術についてはどの国においても音楽などに若干触れられてはいるが、余り重視されていないように見えることも、三国の共通点である。

(7) 宗教

三国全てにキリスト教が知られており、Bには神の奇跡によってそれが伝えられて人々がこれに帰依し、同国民は名実共にキリスト教徒である。UとSの国民は特定の宗教の信者とは名のっていないが、両国とも基本的にキリスト教と同質的な宗教が支配的である点で一致している。すなわち、三者のいずれにおいても世界の創造者であり支配者である唯一の最高存在、人間本性の尊厳と霊魂の不滅、並びに現世の行状に対する死後の賞罰が信じられているのであり、Uでは奇跡も存在する。Uではこの最高存在のことがミトラス（Mythras）と呼ばれ、それがペルシア人の尊崇した太陽神を意味することは、太陽が崇められ、神への奉仕が太陽という象徴を通じてのみ行われるSと相通じるものがある。[23] けれどもUとは異なりSにおいては占星術が重視される反面、天の啓示を受けなかったので、ヨーロッパ人のように特定の位格こそ知らないが、神は最高の力であり、ここから最高の知恵が生じ、その両者から愛が生じるのだとして、神を三位一体のものと見ている。[24]

こうしたS人について、聞き手の修道士が次のような感想を述べていることは興味深い。「自然の法則だけに従っているこれらの人々が、自然の法則にただ秘蹟を付け加えただけのキリスト教と非常に近いということは、真の法とはキリスト教であり、濫用が改められれば、それが世界の女王となるであろう。[25]」と。ここで濫用されていることは何か。それは例えばSの中で批判されている諸事項、すなわち貴族の称号や富が重んじられ、生まれつきの性質や能力が重視されず、しかも社会悪の原因をアダムの罪に帰して満足し、生殖の際に優生学的な配慮がなされていないこと、並びに不労生活者や高慢、食欲、怠惰な者が多いこと、並びに感覚に左右された異端が少なくないことなどのヨーロッパ社会に見られる悪弊であろう。なおここには熱烈な宗教改革への意欲が現われている。[26]

無論これらの諸点はSの社会で克服されており、Sの末尾で報告者が「理性的な人々は、常に称えられるべき第一の理性の持主たる神の真の聖なる戒律へと導かれる[27]」と言明する時、S人の実質的キリスト教性は明らかである。唯一つ欠けているのは形式的なキリスト教の受容宣言である。これに比してUでは、ヒュトロダエウスらによって初めてもたらされたキリストの教えにかなり多数の者が帰依し、その具体的な数は不明であるが、既に多くの者が名実共にキリスト教徒になっている。ただ、司祭だけが施しうる秘蹟――U人はこれを理解し、これに与ることを熱望しているのだが――は未だ受けておらず、どうすれば良いか論じ合っていたとされている。

主として宗教生活の内容について少しく眺めてみると、まず三国とも役割や程度の違いはあっても聖職者を重視している。Uでは、礼拝祭儀を司り宗教生活の世話を行うだけでなく、子供や青少年に全人的教育を施し、そこから為政者が選出される学者集団への推薦権をも有する聖職者が、最も名誉ある役職とされている。Sの場合、聖職者が為政者を兼ね、彼らがS人の社会生活全般を指導・監督する。その際、一般民衆↓聖職者↓三高官↓「太陽」の順に過ちの告白がなされ、最後に「太陽」によってそれが許される。これに対してBにおいては、一人の聖職者が異人館長を兼ね、サロモンの家において毎日一定の礼拝式が行われ、そもそもキリスト教の奇跡的な福音を受け取った、つまり奇跡と判断したのは、その賢者の一人であることが示されているだけで、詳しいことは不明である。しかし、ここからBではSの場合と同様に、学問ないし科学と宗教とが結合していることが分かる。

次に宗教的寛容に関してであるが、Sにおいては異端の処遇について何も述べられていない。しかし、異端が反理性的な感覚的行為であり、星が感覚的な人々を異端へと導くこと、異端の入っていないスペインとイタリアに汚れのないキリスト教の法があると述べられていることに照らして、Sでは異端が容認されないものと推定される。これに対してUでは、上述のような信仰内容に加えて、布教活動が理性的、平和的に行われる非攻撃的な宗教・宗派であれば、寛容が認められる。この点はBも同様であるように思われる。このことに関して詳述されてはいないが、そこではキリスト教に好意的で尊敬の念を抱いているユダヤ人に、自分達の宗教を守る自由が保障されているからである。

また、死者の埋葬についてBには記述がなく不明であるが、UとSでは共に火葬が普通である。Uにおいては朗らかな死が火葬に、苦痛に満ちた死は土葬に付され、Sでは全員が火葬である。前者に関して理由が説明されていないが、後者では悪疫や偶像崇拝の防止がその理由としてあげられている。

更に、安楽死についてSとBでは何も述べられていないが、これは両国民が医学と栄養学の発展により健康で長命であることに依るのであろう。これに対して、Uでは不治の病で大きな苦痛を伴う者の場合に、聖職者と役人の勧告を受け入れた患者に限り認められる。これは、疫病や伝染病の抑制のためでもある。もっとも、ベイコンは『学問の発達』（一六〇五年）の中で安楽死を擁護している。[28]

(8) その他

以下に、上記の諸点以外で注目するべき事項を幾つか取り上げる。まず第一に人口は、Uの成人数以外不明である。第二に各国民の身体的特徴を見ると、一般にU人が大柄でなく均整が取れ、敏捷で体力もあり、S人は男女とも壮健且つ頑強ではつらつとしているのに対して、Bの場合ソロモンの家の長老一人の特徴しか描かれていない。彼は、頭髪が茶色、顎髭は、やや薄い茶色をしていると描かれているのである。[29]

第三に各国の固有名詞であるが、人名についてUではユートプス一人しか示されていないのに対して、Sの場合外見上の特徴や職業に応じて「太陽」によって姓が授けられているが、名前については記述がない。Bでは、二人の国王とユダヤ人商人ジョアビンの三人だけである。また地名に関しては人名の場合とは対照的に、Sでは全く示されていないのに対して、Uにおいては首都とそこにあるアーニュドルス河の外、Uと関係のある幾つかの国名が挙げられている。Bでは国名とレンヒューザ市の二つだけである。[30] また、UとBの地名に一定の意味が盛り込まれている点で、両者は共通性を持つ。第四に、公職や公的な立場に名称の外に別称や古称が付けられている点において、三者が共通している。Uのバルザンやアーデームス（都市統領の古称と最近の称）、Sのボン、シン、モル、Bのターサンやタラタン（式部官）などがその例であり、いずれも象徴的ないし隠された意味を有する言葉であるように思われる。[31]

第五に各国で通常使用されている言語であるが、U語がペルシア語にギリシア語が少し混ざったもの、S語が恐らくヒンディー語的なものであるのに対して、B語は、公用ラテン語、古代ヘブライ語、ギリシア語的なものも残っているとされるが、はっきりとしない。

最後に各国の祖先について見ると、Uが恐らくギリシア人、Sがインド人であるのに対して、Bの場合住民の外にヘブライ人、ペルシア人、インド人がいたことが分かるが、原住民自身については述べられておらず、不明である。けれども、当然のことであるが、各国の言語との間には一貫性がある。最後に、暦法について触れておきたい。Uが太陰暦、Sが太陽暦と太陰暦の併用であるが、Bのそれは記述がなく不明である。

(9) 根本思想

以上比較してきたような諸要素を有するU・S・B三国民の社会を貫く根本的な思想について次に検討しておきたい。まず第一に理性中心主義という点で三者が共通している。すなわちUおいて、人間の幸福が合理性的な快楽に求められ、快適な生活のために各人が自分の能力と適性に応じた労働に勤勉に従事すると同時に、隣人を助け知的な為政者に従い、家族間や都市間の成人人口の調整にも快く応じるほどである。SではUの場合と同様に、国民が自分の適性と能力に応じて働くと共に、友愛に富み、知的な為政者に従うが、家族制度がなく、出産の国家管理の下で生活している。また、両者とも受益と機会の点においてほとんど平等であるが、個性と長年の経験の権威を重視し、道徳的に厳しく、取り分け悪徳として高慢を警戒し、特にSは全体主義的で、独裁的でもある。これに対してBにおいては、社会秩序においては現状維持的であるが、政治と慈愛を結び付けており、科学技術に関しては革新的である。更に、自分自身を各人が尊重しているという点で共通性を持っている。

第二に具体的な内容は異なるが、三国とも正義の観念を重視し、そのことが明示されている点でも共通している。

第三に三者とも一定の宗教的原理を基礎に置き、しかも明確に人々の善行をこれによって確実なものにしようとしている点で共通している。また、自然の科学的探究をその創造者である神の仕事を讃美する行為と見る点においいて、UとBとは一致している。

最後にU人の場合と他の二者との間には差があるけれども、三者とも現世を重視している。すなわちU人の場合、健康と現世の楽しみを軽視しないが、神の威光を傷つけない限りどんなに幸運な生涯であっても神から長い間遠ざけられているよりは、たとえ苦しい死を味わっても神の許に行くことを望むのに対して、S人とB人は健康と共に長命を求めているのである。特にS人は長命で、人々の多くは百七十歳まで生きるとされている。

⑽建国

本節の終わりに、三国の現体制の成立について見ておきたい。まずその主体であるが、Uがユートプス王、Bがソラモナ王というように一人の君主が中心であるのに対して、Sの場合その多くが亡命した賢者達である。次に、その際用いられた社会技術であるが、Uが征服とその後の原住民の教化、立法及び都市計画の実現であり、Bがそれ迄続いてきた自国民への立法であり、両者共、強力な指導者の力に依っている。これに比してSの場合、恐らく移住者達の合意ないし社会契約によって成立したもののように思われる。

またその時期に関してであるが、Sについては述べられておらず、Uが一七六〇年（紀元前二四五年）前、Bが約千九百年前（Aの執筆時期を基準にすれば、紀元前二九〇～二七六年頃）と年代が明示されており、UとBには共通する点が少なくない。

以上のように、三者三様にそれぞれの実在を印象づけようとしていることが分かる。しかしそれらは論理的証明ではなく、事実の論理ないし論より証拠（実際に見てきた）によっている点で三者が共通している。次に、このような三つのユートピアの特徴を明らかにしたい。

第二節　特　徴

1　関係者の評価

三著の中の対話者を中心とする各書に直接関係のある人々は、それぞれの国をどのように評価しているのであろうか。三つのユートピアの全体としての特徴を明らかにする前に、まずこの点について言及しておきたい。U：「最も幸福な社会[32]」・「最善」且つ「唯一の」「公共社会[33]」、「願望したいものがたくさんある[34]」、「社会の最善状態[35]」、「ユートピア人たちの幸福[36]」、「幸福な生活」・「ハグノポリス」（聖都）・「正義の女神」の残留[37]、「国家の理想」・「完全なモデル[38]」等。S：「哲学的な共同生活[39]」、「幸福な[40]」。B：「幸福な状態」・サロモンの家は世界最初の「最も高貴な制度[41]」、「世界の処女[42]」、「幸福な島」・「天使の国」・「世界の鏡[43]」、「社会の最善の様態ないしは型[44]」。

ここに明らかなように、三国とも幸福な社会であると関係者によって評価されている。また、Sにおける「哲学的」という言葉は理性に照らして「最善の」という意味であるから、三者とも最善の社会と考えられているという点において共通している。また三国の市民もそれぞれ「これより優秀な人々……はどこにもない[45]」、「理性的[46]」ないし「知恵のある[47]」、「友情に厚く」、「純潔な[48]」人々として各国同様高く評価されている。

2　特　徴

まずU・S・B三国の社会全体ないし国家としての特徴、言い換えれば各国の政治経済体制の特徴を挙げると、それぞれ共有制の連邦制（都市連合）的哲人政治、共有制の全体主義的哲人神政政治、私有財産制の君主制的科学王国と言うことができる。各々個性はあるが、三者とも当為の社会像ないし理想的な社会像、または国家像である点では一致している。

これらの体制を担うそれぞれの平均的な人間像を見ると、U人が知的、道徳的で、朗らかな、言わばアポロン的な人間像[49]、S人が合理的、道徳的で謹厳な人間像であるのに対して、B人の場合必ずしも明確ではないが、理性的、道徳的で慈愛心に富む人間像であるように思われる。ここでも道徳的で理性的な人間像という点で三者に共通性が見られる。

次に著者自身は、自らが描いた当為の社会像を実現可能なものと考えていたのであろうか。SとBについてはそうであるように思われる。すなわちSでは、アダムの堕罪に安住し、キリスト教の法が濫用されている現状が批判され、自然の法則と占星術が強調されていること、並びに占星術に基づくカラブリアにおけるカムパネッラの革命計画などに照らして、Sに見られる幾つかの非正統的な諸事項にも拘らず、Sが基本的に現実性を帯びた彼の在るべき社会像であろう[50]。Bの場合、他書にも見られるベイコンの自然科学の革新に対する関心に鑑みて、彼が少なくともBのサロモンの家の実現可能性を信じていたことは疑いないであろう[51]。これに対して書中のモアやヒュトロダエウスの懐疑的な発言や、ギリシア語からの諸造語の意味などに照らして、モア自身はUの非現実性を認めていたものと解される。

最後にこうした著者の基本的な立場について述べると、モアが終末における人類の将来的な完成を希望しつつ実際には現実の諸条件の下で可能な改革の実践を行う、終末論的な希望の実践の立場[52]を、カムパネッラが占星術に基づく進化決定論の立場、そしてベイコンが人間の力によって自然を解明、利用しうるとする人間中心主義の立場である。

3 作者

本章の結論を述べる前に、こうした著作を書いた作者について一言触れておきたい。まず、三作品の執筆時の年齢を見ると、モアとカムパネッラが三十歳台の壮年期であるのに対し、ベイコンは老年期である。次に執筆時期と場所についてであるが、Uがフランダース滞在中の暇な時、Sがナポリの獄中、Aが公職引退後のゴランベリであり、三著とも非日常的な環境で書かれている。最後に、モアとベイコンが学者兼大法官も務めた政治家・法律家、カムパネッラは哲人革命家であり、三人とも活動的な人間であった点でも共通している。

結語

以上見てきたように、ルネサンス期に現われた三つのユートピアは、それぞれの個性と同時に、幾つかの共通点も有している。まず著作の形式に一定の共通性がある。すなわち三者共広義における文学的、修辞的作品であり、対話法が採用されていると共に、一定の現実社会批判が理想的な状態に対置されている。これは三人の作者が読んでいたであろうプラトンの『ポリテイア』(『国家』)とも共通する点である。

著作の内容について見ると、三者とも例えば次の諸点で共通している。第一に、空間的に隔離された、新世界に位置する自給自足の島国ないし島の一部の話であること。第二に、知的、道徳的で、年長者優位・男性優位の規制的な社会であること。第三に、全体の幸福を目的とする混合政体による哲人政治であり、善隣友好を旨とするが、軍備を保有していること。第四に、キリスト教的な有神論を精神的基盤とする現世重視の理性的人間像を有していること。第五に、その内容は三者三様であるが、正義の観念を重視してしていること。最後に、人間の幸福を物質的充足とともに、道徳的な諸原理にも求めていること。[53]

男女のさほど徹底していない平等とキリスト教的な信仰を除き、これらの点はプラトンの理想的な国家ないし最善国家とかなり似ていること。[54] プラトンの『国家』でも宗教が重視され、霊魂の不滅と死後の賞罰が考えられていることに照らして、宗教的原理の重視というように大きく捉えれば、ほとんどプラトンの場合と同様のように考えられる。

また各ユートピアをプラトンのそれ（以下Pと略記）と比較してみると、興味深いより具体的な関係が明らかになる。第一に、四国とも島国ないし島の一部である。第二に、UとSがプラトンとは異なり全国民的な共有制を採用している。しかし第三に、Sが家族制を廃し、国家による出産管理を行っている点でPの守護者階級と共通している。第四に、哲人王が存在する点でSがPと、法をより重視し一種の代表制を持ち、市議会が政治的決定の中枢である点においてUと、「夜明け前の会議」を持つプラトンの次善国家を示した『法律』とが類似している。UとBが立法者王の定めた法律を前提にしている点も同様である。第五に、UとSが教育、特に為政者のそれを重視している点もPとの共通点である。第六に、四者とも正義の観念を重視していることである。最後に、主に支配者階級に関心を寄せるベイコンの『新アトランティス』は、プラトンのアトランティス島を念頭に置いて名付けられたものであり、Sにはダンテの『神曲』にも見られる環状地帯が存在している。

更に、三ユートピアの相互比較は、それぞれの正しい理解のために参考になる。というのは、各ユートピアが先行するユートピアを意識し、批判的に検討した結果だからである。すなわち*U*が*P*に、*A*が*U*に書中で言及していることに加え、SはUをも意識していたことがその内容から推定できるし、*A*が、ベイコンが筆を措く前に*S*も読んでいた可能性がある。[55] 具体的には第一に、UとSに火葬が見られることは、Uの場合、主としてキリスト教を知らない新発見の地域に場面設定されたためであるが、Sの中でその理由に上げられているように、伝染病の予防とも無関係ではなく、最終的なモアの確信ではないとしても、真剣に検討されたものであろう。

第二に、Uに見られる条件付きの自発的な死は、Sの場合高度の医学と長命によってこれを克服し、ベイコンも別の著作においてではあるがこれを擁護していることに鑑みて、モアとベイコンがこれを同様に真剣に考えていたものであろう。第三に、Sがキリスト教を知っており、神意がBに奇跡的に啓示されたことになっている点は、Uを批判的に摂取した結果であろう。なお*A*は未完とされているが、実際はほとんど完成した作品であると推定される。[56]「サロモンの家」の長老からその様子の発表の許可と贈り物を受けているのだから、残るのは帰国に関する説明程度だからである。

最後に、Pを規準にして、Pの形式的・内容的に最もユートピアに近いのはUであると判断される。

【注】

(1) 報告者がかなり学識があるのに時間の余裕がなく、心配事を持っている上に、記憶力が良くないとされ(*S*, pp. 116-7)、事実、「まだ学問と役人について話をしていない」(*S*, pp. 92-3)と催促され、また、船に乗り遅れるからと暇を請うたのに、一度は引き止められ、もう一度は自分から話の追加をした揚句質問にも答え、三度目に振り切っている。これは、実際にあった話であることを読者に信じさせようとする文学的手法であると同時に、報告者の人物設定(船員)にも依るものと思われる。

(2) J. C. Davis, *Utopia and the Ideal Society: A Study of English Utopian Writnag 1516, 1700*, Cambridge, 1981, p. 107.

(3)『ユートピア』に収録されたアネモーリウスという架空の人物の詩(モアの自作か)は、このことをはっきりと主張している。

(4) B. R. Goody, "Mapping "Utopia": *A Comment on the Geography of Sir Thomas More, The Geographical Review*, 60, 1970, pp. 20-1.

(5) A. L. Morton, *The English Utopia*, London, 1952 (repr. 1978), p. 83.

(6) H. B. White, *Peace among the Willows: The Political Philosophy of Francis Bacon*, The Hague, 1968, p. 145. 菊池『ユートピアの政治学』、二一一頁。

（7）A. Quinton, *Francis Bacon*, Past Masters: Oxford, 1980, pp. 67-8.
（8）G・ラプージュ著・中村弓子訳『ユートピアと文明』、紀伊國屋書店、一九八八年、一九一頁。
（9）同書、一九五頁。
（10）花田圭介『ベイコン』、勁草書房、一九八二年、一〇一頁。
（11）J・セルヴィエ著・朝倉剛外訳『ユートピア』、文庫クセジュ、白水社、一九八三年、六一頁。
（12）*Sole*, pp. 62-3〔坂本訳、三二頁〕.
（13）但しSの場合、他国の外交使節の食糧を購入するため、貨幣が鋳造されている。
（14）Donno, 'Introduction,' in *Sole*, p. 18.
（15）高柳俊一『ユートピア学事始め』、福武書店、一九八三年、五〇頁。
（16）A. F. Wallace, *The Social Concept of Innovation: Burocreaucrats, Families, and Heroes in the Early Industorial Revilution, as Foreseen in Bacon's New Atlantis*, Princeton, 1982, p. 15. Cf. R. K. Faulkner, "Visions & Powers: Bacon's" Two-fold Politics of Progress", *Polity*, 21, 1988, p. 121.
（17）BでUのやり方が批判されている（*Atlantis*, p. 154）。
（18）年齢についての記述は正確でない（*Citta*, pp. 42-3と58-9を比較せよ）。
（19）E・ガレン著・近藤恒一訳『ヨーロッパの教育』、サイマル出版会、一九七四年、二四三頁。
（20）Doeuff, "*Utopia*", p. 457.
（21）M・L・ベルネリ著・手塚宏一外訳『ユートピアの思想史』、太平出版社、一九七二年、二二八頁。
（22）セルヴィエ著・近藤剛外訳『ユートピアの歴史』、筑摩書房、一九七二年、一三〇頁：芳賀守『イギリス革命期の社会・経済思想』、第三出版、一九八〇年、六頁。
（23）*Utopia*, pp. 514-5.
（24）澤井繁男『ユートピアの憂鬱――カンパネッラ『太陽の都市』の成立――』、海鳴社、一九八五年、六四頁。
（25）*Sole*, pp. 120-1.
（26）E・ガレン著・清水純一外訳『イタリア・ルネサンスにおける市民生活と科学・魔術』、岩波書店、一九七五年、七三頁。
（27）*Sole*, pp. 126-7〔坂本訳、七六頁〕.

(28) *The Advancement of Learning*, in *WB*, III, pp. 375-6.
(29) ベーコン著・川西進訳『ニュー・アトランティス』、岩波文庫、二〇〇三年、四八頁。
(30) 両者の意味については、Ex. J. Weinberger, "Science and Rule in Bacon's Utopia: An Introduction to the *New Atlantis*", *American Political Science Revview*, 70, 1976, pp. 875-6 参照。
(31)『新アトランティス』における象徴や比喩の分析を試みた著作として、E. g., White, *Peace among the Willous* がある。
(32) *Utopia*, pp. 178, 236〔澤田訳、一七九―八〇、二三七頁〕.
(33) *Utopia*, p. 236〔澤田訳、二三八頁〕.（以上ヒュトロダエウス）
(34) *Utopia*, p. 246〔澤田訳、二四六頁〕.（書中モア）
(35) *Utopia*, p. 110〔澤田訳、一一九頁〕.（ヒュトロダエウス）
(36) *Utopia*, p. 178〔澤田訳、一八二頁〕.（ヒレス）
(37) *Utopia*, pp. 10, 12〔澤田訳、二〇頁〕.（ビュデ）
(38) *Utopia*, pp. 32, 34〔澤田訳、四二頁〕.（ブスライデン）
(39) *Sole*, pp. 36-7.（ジェノヴァ人）
(40) *Sole*, p. 68-9.（修道士）
(41) *Atlantis*, pp. 144-5.（異人館長）
(42) *Atlantis*, p. 152.（ジョアビン）
(43) *Atlantis*, pp. 139, 136, 147.（我々）
(44) *Atlantis*, p. 127.（秘書のW・ローレー）
(45) *Utopia*, p. 176〔澤田訳、一八二頁〕.
(46) *Sole*, pp. 126-7.
(47) *Sole*, pp. 116-7.
(48) *Atlantis*, p. 536.
(49) 南原繁『政治理論史』、東京大学出版会、一九六二年、一五七頁。
(50) 坂本『太陽の都』の「解説」、一八一―二頁。Cf. F. E. Manuel, *Utopian Thought in the Western World*, Cambridge, 1980, pp.

287-8.

（51）J. Spedding, "Preface", in *New Atlantis*, p. 122. P・ロッシ著／前田達郎訳『魔術から科学へ』、サイマル出版会、一九七〇年、一二一頁。坂本健三『ベーコン』、「人類の知的遺産」三〇、講談社、一九八一年、三二四―五頁。

（52）澤田昭夫「ユートピアの定義のために」、同監修『『ユートピア』――歴史・文学・社会 思想――』、一五八―九頁；澤田監修・日本トマス・モア協会編『ユ ートピアと権力と死』、荒竹出版、一九八七年の同氏による「はしがき」、vii頁。

（53）ベルネリ『ユートピアの思想史』、一一一頁。

（54）プラトンの政治思想については、例えば佐々木毅『プラトンと政治』、東京大学出版会、一九八四年参照。

（55）Manuel, *Utopian Thought*, p. 272.

（56）J. Weinberger, *Science, Faith, and Politics: Francis Bacon and the Utopian Roots of the Modern Age*, Ithaka, 1985, p. 33; *Of the Dignity and Advancement of Learning*, in *BW*, V, 1963, p. 79; Faukner, "Vision & Powers", p. 114.

第六章　モアの政治思想

第一節　現実の政治

『ユートピア』以外の著作の中で現実政治に関するモアの透徹した洞察力を最も良く示しているのが、『リチャード三世王史』（一五一三年頃執筆、死後出版。英語版とラテン語版がある。）である。その英語版とラテン語版は、同時かラテン語版が若干遅れて執筆され、内容的には英語版がラテン語版より豊富で、前者は、後者に付けられている「終わり」が付けられていない未完の著作である。(1)

ここで描かれているのは、エドワード四世の死後、摂政の地位に飽き足りず、手段を選ばずありとあらゆる策を弄して、リチャードの甥である二人の若い王子――エドワード五世とその弟――をロンドン塔に幽閉して自ら王位に就き、彼らを殺害するまでに至る、王位簒奪の過程である。ラテン語版は即位式までを描写し、英語版では二人の王子の暗殺とその後のリチャードの煩悶、彼の陰謀に加担したバッキンガム公に対するモートン司教による謀反の使嗾まで書き進められている。(2)

『リチャード三世王史』は、史実に忠実な伝記というよりは個人の人生の一時期に焦点を絞った言わば伝記小説であり、これは一五一三年に未だ継嗣のいなかったヘンリー八世が、エドワード四世の甥エドマンド・ドゥ・ラ・

ポウル Edmund de la Pole を専横にも処刑し、暴君化の兆しを見せ始めて間もなく構想されたものと解される。[3] こうした歴史的背景に照らして、この生前未刊の作品は、英語版とラテン語版とでは訴えたかった読者層にイングランドとヨーロッパ全体の違いはあれ、暴君（tyrant）の遣り口と危険性、及び運命を知識人や民衆に示すことを目的として書かれたものと推定される。[4]

しかし、暴君に対するこうした嫌悪感と警戒心は、エラスムスの指摘を待つまでもなく、モアが常に抱いていたものであった。[5] すなわち彼自身、既に早く一五〇四年に、下院議員としてヘンリー七世の不当な要求を議会において修正へと導いた際、暴君の危険性を体験しているが、[6] これを反映してか、モアは多くの著作の中で暴君を論じているのである。

一五〇六年にモアは、エラスムスと共にルーキアーノスの作品の一部をラテン語に翻訳し、これを *Lucian, Translation of Lucian* という書名の下に出版している（一五一〇六年）。これは「キニクス」Cynicus、「メニップス」Menippus、「フィロプソイデス」Philopseudes、「ティラニキーダ」Tyrannicida いう四編の対話を翻訳するとともに、ティラニキーダに応える自作のデクラマーティオを収録したものである。これらの四編の作品を取り上げたのは、モアが翻訳の序文として掲げた、その献呈者であるラットホール（Thomas Ruthall）宛の書簡の中で指摘しているように、これらが、楽しみを有用性と結びつけるという点で際立って優れている点にあった。[7]

これに対して「ティラニキーダ」（僭主誅殺）は、僭主を殺す目的で出かけた男が僭主を見出せず、その息子を殺害しその体内に剣を残してきたところ、帰宅して我が子の死体を見た僭主が息子を愛する余り同じ剣で自害を遂げたことを理由に、僭主の息子を殺害した者が僭主殺しの賞金を法廷に申請するという話である。これに対するモア自身のデクラマーティオは、僭主殺害の賞金申請者自身が僭主を殺した訳ではなく、それは神々によってもたらされたのであるから、彼に市が賞金を支払う義務はない、この男を赦免し神々に感謝しよう、という反対討論である。[8]

これらの作品を編集したトムプソンに依れば、モアがルーキアーノスの作品の中で「ティラニキーダ」を選んだのは、確かに彼の演劇愛好心や法律家としての職業的関心に基づくことも否定できない。[9]モアの論述の仕方と出版された時期に照らして、それは何よりも、暴君に対する批判と天恵によるその終幕へのモアの願望の現われだったと解される。

例えばモアは、ルーキアーノスの作品に対して回答する彼自身のデクラマーティオの中で、僭主を「誇りで胸をふくらませ、権力欲によって駆り立てられ、金銭欲によって促され、名誉欲によって動かされ」、自分の子供に対してすら激しい怒りを示す者として描いているのである。[10]モアの意図をこのように理解すれば、彼が序文の書簡で「僭主誅殺」には一言も言及せず、デクラマーティオの形で答えていることは、国王を意識した慎重な配慮だった（模擬論述に過ぎないとして責任を逃れることが可能）とさえ考えられるのである。

事実モアは、およそ三年後の一五〇九年に、ヘンリー八世と王妃キャサリン即位記念奉献詩（ラテン語）の冒頭で、「この日は、我々の隷従の終わり、自由の始まり、悲しみの終わり、喜びの源」と謳っているのである。[11]この詩は新王の即位と結婚を祝福し、十八歳の若い王によってもたらされるであろう未来を美化したものであるが、その真意は、常に存在する彼の暴君化の可能性[12]を見越した君主教育――賞讃することによって導こうとする――にあったものと解される。

こうした現実政治に対する強い関心、特に悪政批判の立場は、その『警句集』*Epigrammata*（一四九七―一五一七年頃執筆、一五一八年刊。ラテン語）においても見られる。これは二五〇編余りの詩（ヘンリー八世への奉献詩を含む。数編を例外として各編の成立時期不祥）を収録したものであり、その内三割足らずがギリシア語からの翻訳、他は基本的にモア自身の手になるものである。その題材は、女性・動物・一般民衆・占星術師・医師・聖職者・君主といった具体的なものから人生や死という抽象的なものまで、その内容もたわいのない冗談から人生の空しさを観じたものまで多岐に亘っているが、その多くは、人間の不合理や非合理、弱点や高慢の諷刺に当てられており、その刊行の意図がうかがわれる。

ここで興味深いのは、『警句集』全体の一割に及ぶ二十数編が君主や暴君など政治に関するものだということである。これは、短詩の題材としては当時類例のないモアの特徴を成しており[13]、彼の善政への関心がいかに強いものであったかを示してなお余りある。その中で暴君を直接取り上げたものは五編（全て自作）であり、それぞれ①死の前では暴君（tyrannus）といえどもいかに無力であるか。②無法な暴君はその臣下を奴隷と考えること。③暴君は絶えず不安に苛まれること。④暴君は多数の者の生殺与奪の権を持つ無益な存在であり、護衛が付いていなければ睡眠中は常人と全く変わらないこと。⑤悪王は狼であること。これらのことが指摘されている。更に、他の一編（ギリシア語からラテンに翻訳したもの）では、世界を破壊する君主の財産欲批判が行われている[14]。

ところで、モアのこの定義と説明とに従えば、リチャード三世はタイラント tyrant なのであろうか。『警句集』においてモアは、主として合法的に即位した君主のタイラント化を念頭に置いていたように思われる。これに対して、『リチャード三世王史』の主人公は、同じくタイラントと規定されてはいるが[15]、非合法的な王権の簒奪者である。政治思想史的に見ると、タイラントという言葉は、古代ギリシアにおいて僭主として政治権力の簒奪者の意味に使われていたが、後世では合法的に王位に就き暴君化した者と非合法的に政権を簒奪した者という二つの意味で用いられている。それ故、論文の形では政治を論じることのなかったモアは明確に両者の区別をしていないが、リチャード三世をタイラント（暴君）と規定することは妥当であり、『警句集』における定義とも矛盾しない[16]。思うに両者の区別は第二義的なものであり、法を無視し民衆の生命・自由・財産を危うくする、要するに極度の不正を働く意図と行為を示す者こそが問題だったのである[17]。

この場合、暴君に対して強い嫌悪感を抱いていたモアの態度は、単なる感情的な反発に留まるものではなく、現実政治に対する深い洞察力を伴うものであったことを見逃してはならない。『リチャード三世王史』の中で彼は、社会に混乱をもたらす傾向のある政治の主体を次のように描いている。「自然と法によって誰よりも互いに一致しなければならない人々の間ほど甚だしい争いが見られる所はない。かくも危険な蛇は野心であり、虚栄心・支配欲であり、それが貴族達の間にかくも深く忍び込んでしまったために、分裂と不和によって全てを害悪に変えてしまう。――初めは次善を求め、その次には最善と同等を、そして遂には最高位、最善よりも上位に成りたがるのだ。[18]」

しかもこうした王侯・貴族達の中には、リチャード三世のように目的のためには手段を選ばず、流動的な政治状況に対して臨機応変に対応しうる恐るべき心性の持主も存在するのである。モアは言う。「彼は、打ち解けず、心開かぬ、陰険な偽善者だった。表情はへり下っていても、心は傲慢で、内心では憎んでいても上辺は親しげで、殺そうと思う者に接吻することもためらわない。いつも悪意からではないがよりしばしば野心故に、また、安全かそれとも財産故に、彼は、意地悪く残酷だった。友も敵も構わず、自分の利益になる時には、彼は目的のためには誰を殺すこともいとわなかった。[19]」

このような主体によって動かされる現実政治の世界は、文字通り命をかけた危険極まりない世界となるはずである。モアは、一般の言説として政治の世界を次のように描写している。「それで、人々は言ったものだ。こうしたことは王様達のお遊び、言わば舞台劇で、多くは断頭台で演じられる。そこでは、身分の卑しい者はただの見物人に過ぎない。だから、賢い者は手出しはせぬものだ。なぜならば、時には近寄り共演するする者は、芝居を混乱させ、しかも、自分自身のためにもならないからだ。[20]」ここにはモアの現実政治に対する一片の幻想もない。

これらの著作に対して、『ユートピア』は周知のように複雑極まりない一種の国家小説であるが、これは初版の編者であるエラスムスとヒレスも証言しているように、社会悪並びに善の根源を示すために書かれている。[21]また、専制への言及は国家の次善状態を描いた『ユートピア』第二巻にすら数箇所見られ[22]、専制に対するモアの警戒心の深さがうかがえる。

この宮廷という政治の世界では、臣下は失脚の恐ればかりでなく、常に生命の危険にすら晒されるのである[23]。モアはヒュトロダエウスに言わしめている。「悪い提案をしぶしぶ誉めるような人間は、スパイかまたは謀反人に近いものだとみなされてしまいます[24]。」、と。

第一巻で論じられている社会批判に次ぐもう一つの問題すなわち仕官の是非に関する論点は、腐敗した現状であるが故に政治に関わり合わない「観想的生活」(vita conptemplativa) か、それにも拘らず政治に関与しようという「活動的生活」(vita activa) かの選択の問題である。これは政治の現実を知り尽した上でなされる実存的な厳しい二者択一の問題だということができる。

以上のように、モアの著作には現実政治への強い関心と悪政に対する批判的見地が一貫して見られ[25]、なかんずく『リチャード三世王史』と『ユートピア』には、彼の透徹した政治についての洞察力——例えば君主制自体が持つ悪政化傾向の認識——が現われているのである。それでは悪政を批判する基準は何なのか。次にモアの当為の政治像が検討されなければならない。

第二節　当為の政治

モアが当為の政治像を描いているのは、『警句集』と『ユートピア』においてである。まず両著作から彼の「最善の国家状態」を知ることができる。前者の中でそれについて論じているのは、「何が最善の国家状態か」と題する詩においてである[26]。その要旨は次の通りである。

君主（rex）と長老会議（senatus）とでいずれがより良く治めるかの問題であるが、もし（しばしばそうなのだが）両者とも悪ければ、どちらも良く治めることはない。しかし、もし両方とも良ければ、長老会議の方が良い。理由は二つある。一つは、その数故にである。より優れた善は多数の良い人々の中にあると考えられるからである。恐らく良い人々の集まりを見出すことは難しいけれども、君主が悪くなる方がより頻繁に起こり易い。長老会議は善でも悪でもないだろうが、そういう君主は得られそうもない。長老会議の場合、悪い長老会議議員は、自分より優れた者からの助言によって影響を受けるが、君主の場合は一方的に影響を及ぼすだけである。もう一つは、その地位に就く手続である。長老会議議員が民衆によって統治するべく選ばれるのに対して、君主は出生によってである。一方では合理的な同意が、他方では盲目の偶然が支配する。一方が、民衆によって議員にされたという気持があるのに対し、他方は民衆こそが支配されるべく君主のために造られたのだという気がある。しかも、君主は治政の初めは常に極めて穏健であるが、長年の間に欲深い君主は民衆を疲弊させてしまうであろう。君主には反対する者がいないのに対して、重大な不一致が長老会議の決定を妨げるという反論があるが、前者の悪弊の方がより大きい。

ここに見られるのは、民衆によって選出された代表者から成る合議体の方が、長期的に見て、世襲の君主に比して腐敗することがより少ないという見解である。これは政治思想史上特に新しいものではない[27]。しかし、それが抽象的な道徳的立場からではなく、公共の福利という観点から相対的な比較の問題として把握されていることが重要である。

これに対して、その書名が示すように、「最善の国家状態」（*Optimus Reipublica Status*）を主題とする『ユートピア』において、ユートピアの政治形態が説明されているのは、「役職について」（De Magistrativus）という一章においてである。[28]

この章によると、ユートピアでは民衆の意志を基盤とする一種の連邦制が採用され、政治の日常的単位は都市（civitas）であり、[29]その運営に参加する基礎単位は家族（familia）である。主要な役職は、内政に関しては部族長（pylarchus）・部族長頭領（protophylarchus）・都市統領または市長[30]（princeps）の三種類であり、対外関係については外交使節（legatus）がある。これらの役職は、部族長を除き、司祭の推薦と部族長の秘密投票によって学問研究専従者に指名された学者（literator）の中から選出される。[31]部族長は三十家族毎に選ばれる任期一年の役職であり、その主な任務は民衆の働き過ぎを防ぐ為の労働監督であり、[32]また農村部の部族長には市部の為政者との連絡任務、[33]並びに市部の部族長の場合は、上述の学者集団の選出に加えて、都市統領の選挙と市政への参加の任務がある。部族長頭領は、十部族長、従って三百家族に一名の割合で選出されるが、その手続の詳細は不明である。その任期は一年と定められているが、実際には再選されることが普通である。

上記のように学者達の推薦権を有し、そこから選ばれて政治に従事する都市頭領並びに部族長頭領、外交使節の選挙に重要な役割を果たす司祭は、宗教や教育だけでなく、政治的にも重要である。[34]

部族長の任務は、都市統領の選出過程への関与と市政への参与である。都市統領は、市部の各区（pars）の民衆が推薦した四名の候補者を長老会議（senatus）すなわち部族長頭領団が承認した上で、宣誓済の部族長二百人によって選出される。[35]都市統領の任務は市政への従事であり、この役職は原則として終身職である。ほかに任期一年の役職が幾つか存在するが、その実体は明記されていない。なお、ユートピアの創設者はユートプス（Vtopus）であるが、[36]彼はプラトンやルソー的な意味における立法者的な存在だと解される。[37]

市政（公共の諸問題）の決定機関は、上記主要三役職の合同会議（市議会）である。すなわち都市統領・部族長頭領、毎回異なる部族長二名の市議会が少なくとも三日目毎に開かれ、そこで公共の問題が検討される。この市議会は、立法機能のほかに民刑事に関する司法機能をも有する。[38] 犯罪が重大でない場合には、夫の妻に対する、また親の子に対する懲戒権が認められている。[39] 都市統領は大権を有し、改悛の情を示した犯罪者に対し、恩赦を施すことが可能であるが、民衆の投票に依っても恩赦を施すことができる。[40] 市議会では一種の二読会制が採用され、慎重審議が期されている。更に民意反映の方法が制度的に確立している。すなわち重要事項は全て部族長会議(Syphograntorum comitia)に持ち込まれ、部族長が各家族構成員と協議の上自ら検討し、その結論を市議会に報告するのである。

市議会と部族長会議の権限関係は不分明であるが、ここに見られるのは、一種の二議会制である。この制度は、専制に対する予防措置でもある。すなわち、公共の問題について市議会並びに民会(comitia publica)以外の場所で協議することは厳禁され、違反者は極刑に値する。専制を目論む都市統領が任期半ばで失格することは言うまでもない。また、官職獲得の野望を持つ者は、官職に就けない。[41]

ユートピア全体に関わる共通の問題は、全島会議(consilium insulae)で検討される。これは、各都市から三名ずつ派遣される経験ある長老によって構成され、毎年首都アマウロートゥムで開かれ、[42] そこでは各都市に生じた生産物の過不足の調整措置など全国的な問題が検討される。[43]

こうした政治制度を運用する為政者(magistratus)は、権威主義的、特権的でないばかりでなく、公共のために尽力する奉仕の精神によって規律されている。彼らは、「父」(pater)と呼ばれていることに認められるように、父親のような存在であり、[44] 享受する特権も主要な役職に労役が免除され、[45] 都市統領・部族長頭領・外交使節、司祭長(pontifex)外国人達に、食事の際特別の配慮がなされる程度に過ぎず、[46] 部族長は模範を示しほかの人々の労働意欲をかきたてるため、労働免除の特権を実際には行使しない。[47] 為政者が狭い自尊心に囚われて公共の福利(salus pubica)を犠牲にするようなことはない。[48] それ故、例えば仕事の需要がなければ、労働時間が短縮される。[49] その理由はユートピア人の幸福観に求められる。すなわちユートピアの社会制度が追求している唯一の目標は、「全市民に対して、公共の必要（publica necessitas. 筆者）という点から許されるかぎり最大限の時間を、肉体労役から解放し、精神の自由と教養のために確保することです。そこ（精神の自由と教養）にこそ人生の幸福（felicitas. 筆者）があると彼らは考えているのです[50]」。ここに見られるのは、精神の自由と教養を内容とする各人の幸福のためになされる、奉仕としての政治である。

このようなユートピアの政治形態は、その制度的側面に関する限り、民衆の意志に基礎を置き、各都市に広範な自治権を認める共和制的な連邦制であるように見える[51]。しかし、これだけではその本質を把捉したことにはならない。というのは、これまでの考察には、政治形体に規定されながらも、これを合目的的に機能させる人的要素が欠落しているからである。次に、政府を構成する為政者の側とこれを作り出す一般民衆の側双方の人間的特質を検討する。

前述のように、各都市政府の中枢を成しているのは、部族長頭領と都市統領であり、その数は合計二十一名である。各都市人口の内人数が算出できる市部とこの近郊地帯の成人数は、六万人から九万六千人の間であるから[52]、彼らの成人数に対する比率は、〇・〇〇〇五％から〇・〇〇〇二一％（これ、四五七一から二八五七人に一人）に過ぎない。しかも彼らは、幼少時から優れた素質・才能・学芸愛好心が認められて学問研究に専従する[53]、三百人（成人数に対する比率は、〇・〇〇五％から〇・〇〇三一％である。）足らずの学者集団[54]の中から選出され、長期間その職務に従事するのである。従って、彼らは、知的、道徳的精鋭中の精鋭と言える[55]。政治の目的は正義（この定義は、伝統的な「各人に彼（その人）のものを保障すること」を意味する。）の実現である。その内容は、徳や犯罪に対して相応の刑罰を科することから、市議会や都市統領が市民に福利を保障することまで様々な種類がある[56]。

これに対して、自ら為政者であると同時に都市統領の選挙人でもある部族長、並びに為政者の選出者である一般民衆も、等しく幼少の時分に学問の手解きを受け、通常、余暇を利用して学問を続ける学問愛好者達である[57]。しかも教育は司祭によって行われ、その際知性の涵養と同様に、徳性の陶冶についても深い配慮が払われており、彼らも学者ほどではないにせよ全人的な人間であることに注意しなければならない。[58]

けれども、為政者を選出し自己の見解を表明するこうした一般民衆は、近代の民主政治とは違い、共同体的規制から自由な自律的個人とは異なる。というのは、既に見たように、ユートピアにおける政治の基礎単位は家族であり、ここでは年少者は年長者に、妻は夫に服従し、男子の最年長者である家族長が指導的な役割を果たしているからである。[59]そこでは家族長が、経験的知恵と年齢から来る権威によって、家族の意志を統合することが期待されているように思われる。[60]

なお、ユートピアに存在する三種類の階層に着目して、その政治を階級支配と直ちに解釈してはならない。「奴隷」(servus)という用語が使われているにせよ、その多くは囚人であり、これは犯罪に基づく地位に過ぎず[61]解放の道も開かれている。[62]同様に、学者と職人(opifex)の間でも、学問の進捗如何により相互移動が行われる。[63]ここに見られるのは、個人中心の機能主義的、合理的思考であり、固定的な階級や身分の存在しない、基本的に平等な市民(civis)から成る社会である。[64]

以上の考察から、ユートピアの政治の特質が何よりも、部族長と家族長の経験的知恵[65]と部族長頭領と都市統領の学問的叡智と識見に基づく少数の知徳兼備の学者主導の政治、すなわち哲人政治にあることは明らかであろう。それ故、『ユートピア』の第一巻と第二巻の政治理想(哲人政治)に矛盾がある訳ではない。両者に相違があるとすれば、それは第一巻において哲人王ないし哲人君主政が考えられているのに対して[66]、第二巻では言わば哲人共和政が提起されている点にある。これは前者が既存の政治形体である君主制を前提にした議論であるのに比して、後者は現実的可能性をそれほど重視しない理論的な議論を展開しているためであろう、ここで改めてユートピアの政治体制の性格規定を行えば、それは共和制的、連邦制的哲人政治ということになろう。

とすれば、ユートピアの政治体制と『警句集』に見られる「最善の国家状態」との関係は、どのように解すればよいのであろうか。後者が君主制との比較において民衆――その内実は不明であるが――によって選出される議会（senatus）政を最善とするのに対し、前者は、やはり民衆――長老が中心――を基礎とする議会（senatus）による哲人政治であり、いずれも民衆を代表する議会政治という基本的な点で共通性を有している。その相違は両者の持つ著作としての性格の違いに依るところが大きいものと解される。すなわち、『警句集』の作品が短詩の形式を採った政治形体の優劣の比較であるのに対して、『ユートピア』はユートピアの政治形体を含む社会全体の説明なのである。換言すれば、前者では現実との鋭い緊張意識の下になされる価値選択そのものが問題になり、後者においては選択された価値の説明に力点が置かれているのであり、後者の方がより詳細且つ理想的になったものと考えられる。従って、ユートピアの説明の直後にヒュトロダエウスが評価している[67]ように、モア自身、少なくとも政治に関しては共和制的、連邦制的哲人政治の社会を最善に次ぐ次善の形体として考えていた、と言うことができる。

ここで興味深いのは、モアと同時代人マキアヴェッリとの共通性である。すなわち、等しく現実政治に対する強い関心と透徹した洞察力を持ち、それぞれの主要な目的に民衆の福利と国家の栄光の違いはあれ、同じく共和制的な政治形体を目標としながらも、その実現主体を超人的な立法者的存在に求めざるを得なかった点において、両者は共通している。

ところで、私有財産制の廃止が民衆の幸福な生活の第一要件[68]だとすれば、その結果である共同・共有制、政治的には哲人政治の社会の実現は可能なのであろうか。その手掛りは、『ユートピア』第二巻の末尾におけるヒュトロダエウスの次の発言にある。

> 自分自身の利益にたいする各自の配慮、あるいは〔みずからの偉大な英知によってなにが最善のものかを知り

たまわぬはずはなく、またその慈悲によって、最善なりとみずから知りたもうことを知らせたまわぬはずはない〔ユートピア〕救世主キリストの権威、そのどちらかのおかげで、全世界はとっくの昔にこの〔ユートピア〕社会の法を採用していたにちがいない……こういう事態は、もしも、あらゆる災禍の首領であり母親であるあのただ一匹の恐ろしい怪獣、すなわち高慢心が反抗してさえいなかったら実際起こりえたでしょう。この高慢心は、自分の利益ではなく、他人の不利をもって繁栄の尺度としています。……高慢心は自分の富を見せつけて惨めな人たちを苦しめ、その貧苦をあおりたててやろうとしている……。[69]

ここから、ユートピアの実現を妨げて来た究極の原因が高慢すなわち富や権力や地位などありとあらゆる手段を用いて他者と神に優越しようとする衝動にあることが分かる。[70]なお、この件の直前で社会の上層部——直接的には貴族や富者、間接的には為政者——の不正な手段による一般民衆の搾取が痛烈に批判されていることに[71]照らして、ここで指摘されている高慢は、誰よりも社会上層部のそれと解される。

それでは将来この社会悪の根源である高慢の克服は可能なのか。引き続きヒュトロダエウスは言う。「それ〔高慢心〕はひとびと〔の心〕のなかにあまりにも強くはいりこんでしまったので、容易には追い出せません。[72]」。確かにモアは、一方で制度や慣習が高慢を助長あるいは抑制することを認めている。しかし彼は他方、制度が高慢を完全には規制できず逆に、後者が制度を濫用または改変する側面を重視している。換言すれば、モアにとって高慢は、制度に左右される側面を持つけれども、根本的には人間本性に根差すものだったのである。そうだとすれば、ユートピアの実現は極めて困難だということになる。モアは、書中のモアに次のように告白させて『ユートピア』の幕を降ろす。「今私が容易に認めるのは、ユートピアの社会には、諸都市に対して、よりただしくいうならば、実現の希望を寄せるというよりも、願望したいようなものがたくさんあるということです。[73]」では、モアはなぜほとんど実現可能性のない社会ないし国家像を提示したのか。ヒュトロダエウスは告白する。「それだからこそ私は、少なくともユートピア人のあいだで、すべてのことに対してわれわれが願望するような社会形態が現実に成功したことを、私はことさら喜んでいるのです。彼らはあの生活制度に従うことによって、最もめでたいしかたでというだけでなく、（人間の予測がみきわめられる限り）永続するような社会の基を据えたのです。」[74]。ここにうかがわれるのは、範型（paradigm）としての社会ないし国家形態という思考様式とその永続性の主張である。『ユートピア』所収のブスライデンとビュデの書簡[75]がこれを裏付けている。

以上要するに、モアの描いたユートピアは、根本的且つ徹底的な社会批判の継続のための、従ってまた永続的社会改革のための範型としての社会ないし国家像であった。そして、先に見た『警句集』所収の短詩「最善の国家状態とは何か」の末尾でモアが、実現可能性に優先する問題が理論的選択であると指摘していること[76]は、範型としての価値選択という思惟様式が、モアの精神の深部に根差すものであったことを示している。

第三節　現実の政治と当為の政治の架橋

このように、モアにおいてユートピアは、次善国家の範型ないしプラトン的なイデアとして考えられていた。従ってまたそれは、実現が強く望まれるけれどもその保証はない、否、むしろその可能性が極めて少ない国家像でもあった。とすれば、社会の在り方を決定する政治の望ましく且つ達成可能な状態、言い換えれば次善の政治ないし社会像が問われなければならない。それは消極的には悪政の防止であり、これについてはモアの諸著作の多くが取り挙げていた。他方また、それは積極的には君主制を前提にした善政の推進であり、『リチャード三世王史』、『警句集』、並びに『ユートピア』がこれについて論じている。モアは『リチャード三世王史』において、エドワード四世を理想化して次のように描いている。「彼は、立派な人物で、極めて君主らしく、心勇敢にして思慮分別あり、逆境において心乱さず、順境にあって誇るというよりは嬉しげであり、平時は公正で慈悲深く、戦時には抜け目なく荒荒しく、戦場では大胆にして強壮、分別の許す範囲で向こう見ずですらあった。[77]」と。

またこの直後に、民衆の君主に対する自発的な服従と両者の相互愛が語られている。[78] ここに見られるのは、エラスムス[79]らのいわゆる「君主の鑑」の著者達が強調した、知恵・勇気・節制・正義・公共の福祉に対する熱意といった君主の諸徳である。[80]

『警句集』では、四編の詩が善王について論じている。その要旨は次の通りである。①君主は、法を尊重し[81]、臣下を自分の子供と考える。[82] ②自分の義務を立派に果たす君主は子供に事欠かず、全王国の父である。[83] ③王国はその全部分において人間に似ており、自然の愛情によって一つに保たれる。君主が頭で、民衆が他の部分を構成している。君主は各市民を自分自身の身体の一部と考える。だから君主はそのただの一部分を失っても深く悲しむ。臣下は君主のために努力し、自分達が身体を提供する君主を頭と見なす。[84] ④良い君主は番犬、群の守護者であり、吠えることによって羊に狼を近づけない。[85] ここに表されているのは、君主と民衆の関係を父と子、頭と身体の他の部分、番犬と羊のそれにたとえる立場であり、君主の義務を遵法と民衆の保護に求める見地である。

これに対して、ヨーロッパ社会の批判と知識人の役割を論じている『ユートピア』第一巻においては、君主と民衆は羊飼いと羊との関係になぞらえられ、君主の任務が自分のではなく民衆の生活の改善と平和の実現にあることが説かれている。[86] しかも現実の政治・経済・社会諸問題の具体的解決策として、農場・農村の復興・再建、富者による市場支配の禁止、農業・織物業の再建による失業者・浮浪者の就業[87]、刑法の改正等[88]が提案されている。

これらのモアの三著作に共通しているのは、国家における君主の中心性の認識、政治が一方的な権力的支配であってはならず、君主が民衆に福利と平和を保障すること、並びに、そうすることによって民衆が君主に自発的に服従するような両者の関係の要請、要するに政治を奉仕（administratio）と考える立場である。(89) その際興味深いのは、人間と制度との関係についてのモアの見方である。

モアは、制度は人間が一定の目的を実現するために作り出し運用するものであるが、この人間によって生み出された制度が人間を規制することに着目して、私有財産制と貨幣経済が廃止されて、万人に等しく各人の幸福を保障する社会が実現するものではないとしても、人間としての最低の生活条件については政治権力が人為的に介入することによって強者の欲望を強制的に制約し、弱者の生活を保障することが可能であり、またそうするべきであると考えていた。更に、社会に混乱をもたらすもう一つの問題――宗教界の腐敗・対立――も、解決されなければならない。その方法を示唆しているのが、ユートピアのミトラス Mythras 信仰（最少信仰箇条）なのである。ここに私有財産の法的規制、王権の法と議会による制限、(90) 宗教界の漸進的改革などがモアの当面の課題になって来る。改革の鍵は「不死の泉」(91) である君主である。

しかしながら君主は何故に悪政を行い暴君化する傾向があるのか。モアによれば、その原因は君主側近の虚栄心・追従、(92) 行政担当者の貪欲・偏愛であり、(93) 王子の悪環境、(94) 君主の無為・高慢、(95) 何よりも高慢である。(96) 要するに、人間（君主）の内なる秩序を乱す高慢が社会に混乱をもたらす、という訳である。(97) しかも、これに拍車をかけているのが、貴族達の心に巣くう分裂と不和の元凶である野心・虚栄心・支配欲なのである。(98) 人間を何よりも道徳の主体として捉え、徳の実現を組織原理とするユートピアに特権階級が存在しないのは、(99) 不労生活者としての貴族とその臣下に対する批判であると共に、(100) 貴族による社会秩序の破壊という点にも関わっているのである。

それでは、社会を混乱に陥れる悪政を行う者が現実に登場した場合、それに対して民衆はいかに対処すればよいのであろうか。この問題を解く手掛りを与えているのが、『リチャード三世王史』なのである。モアはリチャードの出現を次のように説明している。「（リチャードが二人の甥にしたことを）どの点からとくと考えても、この世の状態がいかにはかないものであるか、どんな過ちを傲慢な心の高慢な企てがもたらすものか、そして最後に、いかに悲惨な結末をかくも悪意に満ちた残酷な行為が引き起こしたかを示す、これほど顕著な例を神はこれまでこの世にお与えになったことがない。」[101]と。その理由として、王子殺害に関与した四人の男の悲惨な末路とリチャードの遣り場のない不安、並びにバッキンガム公らの謀反の開始が語られている。[102]ここにうかがえるのは、神が極悪非道の簒奪者にして暴君であるリチャードを、恐らくは民衆に対する教訓としてこの世に遣わし、そして滅ぼしたという見解である。その際、リチャードを滅亡に追いやる火付役になったのが、イーリーの司教ジョン・モートンであった。長年にわたる幾多の経験によって政治と社会の動向について深い識見を身に付けた彼は、失意のバッキンガム公に対して、神の名において、リチャードの王位継承権の問題としてではなく、「この王国の福利のために」、巧妙に反乱を使嗾する。[103]

ここから読み取れるのは、一種の革命権の思想である。すなわちそこでは、神意の解釈者である見識ある第一級の聖職者の判断に基づき、公共の福利のためになされる、社会の指導者による暴君の廃位権が説かれているように思われる。この点で興味深いのはユートピアにおける専制排除の問題である。そこでは都市統領と部族長統領の専制化防止の手段として、市議会と民会以外の場所で公共の問題を論ずることが禁止され、重要な問題は全て部族長会議と一般民衆に諮られることになっている。これは、言わば抵抗権の制度化であるが、少なくともその第一次的主体は部族長であると推定される。これは、ジョン・ノックス的な一種の下級の統治者の抵抗権理論に類似している。

更に、モアにおけるこうした抵抗権論を支えているのが、一種の信託の思想である。モアは、「民衆の同意が統治権を与え、取り上げる」と題する短詩において、「支配権を持つ者は誰でも、このことを臣下に負っている。すなわち、彼は、臣下が望むより一瞬たりとも長く支配権を持ってはならない、ということを。」[104]と明確に主張しているのである。[105]

しかしながら抵抗権の行使は双方に大きな犠牲を強い、社会を混乱に陥れる。とすればこれは、極限状況において訴えられるべき最後の手段でなければならない。ここに、君主の暴君化を日常的に予防する方途が問題になって来る。十六世紀の初頭において、これに答える最善の方法は、著述によって間接的に君主の教育を試みるだけに留まらず、君主との日常的な接触を通して直接君主を教導することのいずれかである。その可能性と是非を論じているのが、『ユートピア』第一巻の仕官論争である。ヒュトロダエウスの主張は、君主が自ら哲学に関心を向け、自分の思想を生かす可能性があれば仕官してもよい、という点にある。これに対して書中のモアは、社会を変革できないとしても、哲学を単なる理論として留めておくのではなく、所与の条件の中でそれを可能な限り社会の諸改革、社会の悪化防止の為に生かすべきだと主張する。これは、エラスムスのいわゆるキリストの哲学（真のキリスト者は形式にではなく、実質――心情と実践――にあると見る）の立場である[106]。

この対話の結論は書中では明示的には出されず、モアの私淑していたピコ[107]とは反対の行動（仕官）によって示された訳である[108]。否、実はその答は第一巻の中で既に示唆されているとも言える。それはヘンリー七世の大法官ジョン・モートンに関する記述であり、また、これこそが第一の対話中の登場人物「ジョン・モートン」の劇中の役割とさえ言える。モアはヒュトロダエウスに指摘させている。「〔私がいた当時〕彼の助言に王は信頼をよせること多く、社会はそれに依存すること大であったようでした[109]」と。ここに、王に対する助言の有効性が告白されている。それ故モアは、政治の世界を断頭台上の演劇にたとえ、民衆は見物人に留まるべきだという一般民衆の常識とは異なる意見を有していた訳である。

けれども、このように現実社会に対する深く強い関心があったにも拘らず、モアには、常に現世に否定的な陰影が色濃く付きまとっている。まず一五〇四―五年に英訳された『ピコ・デッラ・ミランドラ伝』（一五〇九ないし一〇年刊[110]）がこれを示している。これは、あるイギリスの婦人に新年を祝して捧げられたものであるが、その内容は、知性・徳性に秀で、この世の栄達や富を求めず、清貧な在俗の一学者に終わったピコの人となりや生涯、霊的な処生訓であり、モアが、単に一女性に留まらず広く一般に向けて自分が模範としているピコの人物と教訓を伝える目的でこれを出版したことは[111]、その序文として掲げられた彼女宛の書簡からも明らかであろう。この中でモアは、ピコと共に神への愛やこの世の空しさを強調しているのである[112]。

また『警句集』には人間の死や運命、この世の空虚さを主題にした詩が二十編弱あり、モアの関心の所在を示して余りある。そこでは例えば人生そのものが死への旅であること[113]、死の万人に対する平等性[114]、運命の変わり易さ[115]、人事に真の重みを持つものは何もないことが[116]、様々な形で吐露されている。人生が死への旅であり、死の前では誰しも平等であること、天上界が最終的な目的の地であることを最もよく示しているのが、ユートピア人の礼拝式の際に唱えられる最後の祈りの文句である。すなわち、『その時が早いかおそいかは自分で決めようなどとは思いませんが、安楽な死のあとで私を御許に引き取ってください。けれども、神の威光を傷つけることがないかぎりは、どんなに運のよい生涯であろうとも神から長いあいだ遠ざけられているよりは、たとえ苦しい死を味わっても神の御許に参れるほうが私にとってはずっと本懐です[117]。』と。

モアにおけるこうした現世否定的な側面は、彼の現実政治に対する強い関心と一見矛盾するように見える。しかし実は両者はモアの世界においては統一されていたものと解される。というのは、モアにとって来世が究極の目的であり、この世がいかに虚しくはかないものであるとしても、此岸には通常少なくとも何十年かは留まるとすれば、これを可能な限り幸福且つ有意義に過ごすことは自然であり、合理的だったからである。その際モアは、この世において万人が等しく幸福な生活を送ることは諸悪の元凶である高慢を抑制することにつながり、各人の魂の救済による天上界への到達の可能性を高めるものとして考えていたように思われる。ここに見られるのは、キリスト教的希望の原理に導かれた終末論的実践という見地である。

結語

以上三節から成る論述から、本章の問題であった三点に関して次のことが明らかになったと考えられる。まず第一に、『ユートピア』に示された政治思想が、例えば理性と哲学にだけ依拠するものではなく、基本的に紛れもないキリスト者モア自身の思想であることである。確かに『ユートピア』以外の諸著作に見られる政治的諸観念は極めて断片的、部分的であり、不十分、不明確なところが少なくない。また、『ユートピア』も一種の国家小説であるが故に、そこに記述されたことも全てを包摂してはいない。しかし、両者からモアの政治思想の基本的な枠組を知ることは可能であり、また、両者には基本的に同質性がある。現実政治の曇りない認識とそれへの強い関心、悪政、なかんずく専制に対する批判的立場と目標としての一種の権力分散的な議会制、要するに民衆の福利と平和への強い願望という見地がその共通性である。

第二に、モアの政治思想の特質は、直接的には、次善の国家ないし社会――全市民に等しく物質的基礎が保障され、各人が自由に自己の個性を発展させうる哲人政治の社会――の実現がほとんど不可能であるにも拘らず、常に理想（イデア）への接近を意識しながら、同時に現実の諸問額に対しては具体的な状況に即して対処し、少なくともその悪化防止に尽力しつつ、民衆の福利と平和の実現を目指すべきことを説いた点にある。又間接的には、こうした政治の営みが、モアにおいて天上界に至る過程として位置付けられていることにある。すなわち一方で、この世にいる間は天性の理性に反しない楽しみすなわち幸福を各人が等しく享受し、他方、同様に魂の救済が得られて目的の地である「神の国」（Civitas Dei）において、共に神との交わりの内に無上の幸福に浴するという構図の中で、奉仕としての政治が、言わば救済のための手段として考えられている。これを中世的と見るか近代的と解するかという議論は暫く措くとしても、少なくともモアの政治思想は、政治を平等な各人の文化価値を実現するための公的な営為として捉えられている点において、恐らく先行者には見られなかった独自性を有するものと解される。個別的な点では、一種の政治権力に関する信託思想とこれに基づく抵抗権思想、広義における宗教寛容思想、政治の一手段としての合理的戦争観などに新しさが見出される。

最後に、モアが考える政治家像は、モートン卿に見られるような、諸学問に精通した学識と諸経験に基づく知恵のある人物であった。しかも、こうした人物＝知者こそが政治に携わるべきであるとモアは考えていたのである。これは、同時代人であるマキアヴェッリとは逆に、プラトン同様、求められてこそ政治に携わるべきである、という立場である。[118]

【注】

（1）両版で用いられた言語の相違は、モアが想定した読者の違いを示唆している。

（2）R. S. Sylvester, "Introduction", in *History*, pp. xvii-cvi. 但し一五六五年のルーヴァン版によれば、ラテン語版は、形式的（*History*, p. 82）にも内容的（T. G. Heath, "Another Look at Thomas More's Richard", *Moreana; Bulletin Thomas More*, Nos. 19-20, 1968, p. 9. 18）にも完結した著作と見ることができる。これに対し英語版の方は、モア自身本文中でヘンリイ七世時代のパーキン・ウォーベック（Perkin Warbeck）の経歴も書く用意がある事をほのめかしている（*History*, pp. 82-3）ことからうかがえるように、名実ともに未完成の著書である。

（3）両版の内容的相違は、モアが想定した読者の違いを示唆している（Sylvester, "Introduction"., pp. i-iv）。

（4）Sylvester, "Introduction", pp. lxix, cl.

（5）R. J. Scheck, *The Achievement of Thomas More: Aspects of His Life and Works*, Univ. of Victoria, 1976' pp. 46-7. Cf. R. E. Reiter, "On the Genre of Thomas More's Richard III", *Moreana*' Vol. VII, No. 25, 1970, pp. 5-16.

（6）一五一九年七月二十三日付エラスムスのフッテン宛書簡。*Correcepondence*, Vol. IV, No. 999, p. 15.

（7）*Lucian*, p. 3; E. E. Reinolds, *The Field Is Won:Life and Death of Saint Thomas More*, London, 1968, p. 53; R. W. Chambers, *Thomas More* ,London, 1935, p. 81.

（8）*Lucian*, pt. 1, pp. 122-6.

（9）C. R. Tompson, "Introduction", in *Lucian*, pp. xxxiv-v.

（10）*Lucian*, pt. 1, p. 100.

（11）*Epigrams*, No. 1, pp. 16, 138.

（12）モアは『リチャード三世王史』と「国家の最善状態とは何か」という詩の中で、君主制の悪政化傾向を指摘している（*History*, p.12; *Epigrams*, No. 182, pp. 83, 204）。

（13）L. Bradner and C. A. Lynch, "Introduction", in *Epigrams*, pp. xxv-v.

（14）*Epigrams*, ① No. 62, pp. 39, 161-2; ② No. 91, pp. 41, 171; ③ No. 92, pp. 48-9, 171; ④ No. 96, pp. 49-50, 172-3; No. 97, pp. 50, 173; No.124, pp. 49-50, 172-3; No. 124, pp. 57, 180-1.

（15）*History*, p. 91.

（16）『ユートピア』では、専制の特徴を民衆の抑圧と隷属に求めている（*Utopia*, pp. 124, 200〔澤田訳、一三一、二〇三頁〕）。

（17）Fleisher, *Radical Reform*, p. 13.

（18）*History*, p. 12.

（19）*History*, p. 8.

（20）*History*, p. 81.

（21）*Correspondence*, p. 21. ヒレスのブスライデン宛書簡。*Utopia*, p. 22〔澤田訳、二九頁〕.

（22）*Utopia*, pp. 122, 124, 164, 196〔澤田訳、一三〇、一三一、一六八―九、一九八頁〕.

（23）モアは、「廷臣へ」という詩の中で君主を人になれたライオンにたとえている（*Epigrams*, No. 144, pp. 69-70, 190）。

（24）*Utopia*, p. 102〔澤田訳、一〇九頁〕.

（25）"Introduction", in *Epigrams*, p. xxvii でも、ヘンリー八世への奉献詩と『ユートピア』との間に見られる、暴君に対する態度の不変性が指摘されている。

（26）*Epigrams*, No. 182, pp. 83, 204-5.

(27) "Introduction", in *Epigrams*, pp. xxvii-viii.

(28) *Utopia*, pp. 122, 124〔澤田訳、一三〇―一頁〕. なお、ここで述べられていることについては、いちいち引用箇所を示さない。

(29) *Utopia*, p. 112〔澤田訳、一二一頁〕.

(30) J. H. Lupton, "Introduction", in *The Utopia of Sir Thomas More*, Oxford, 1895, p. xiv.

(31) *Utopia*, pp. 130, 132〔澤田訳、一三八―九頁〕.

(32) *Utopia*, p. 130〔澤田訳、一三八頁〕.

(33) *Utopia*, p. 116〔澤田訳、一二四頁〕.

(34) *Utopia*, pp. 130, 226〔澤田訳、一三八、二二九頁〕.

(35) ここでいう長老会議は部族長団と解する余地が残っている。しかし、次の理由でこれを退けた。すなわちモアは、長老会議と言う言葉を次の四つの意味で用いている。①全島会議（*Utopia*, pp. 112, 122, 124, 146〔澤田訳、一二二、一三〇―一、一五二頁〕）、②部族長頭領だけの会議 *Utopia*, p. 124〔澤田訳、一三一頁〕）、③部族長頭領と都市統領の会議（*Utopia*, p. 150〔澤田訳、一一三頁〕）④部族長頭領・都市統領・二名の部族長の合同会議（*Utopia*, pp. 122, 124, 190〔澤田訳、一二三、一九三―四頁〕）。別に、部族長会議が存在すること（*Utopia*, p. 124〔澤田訳、一三一頁〕）。また、ここでは、長老会議が、部族長頭領団と等値とされているのである。

(36) *Utopia*, pp. 112, 120, 118-220〔澤田訳、一二一、一三〇―一頁〕.

(37) C. Morris, *Political Thought in England: Tyndale to Hooker*, London, 1963, pp. 19, 124. なお、モアは、『ユートピア』の出版を控えた恐らく一五一六年十二月四日付のエラスムス宛の書簡の中で、ユートピアの王に選出された夢を伝えている（*Corresepondence*, Vol. II, No. 499, p. 414）。これは、創設者ユートプスになった夢と考えられる。

(38) 「役職について」の章以外に、*Utopia*, p. 190〔澤田訳、一九三―四頁〕参照。

(39) *Utopia*, p. 190〔澤田訳、一九四頁〕.

(40) *Utopia*, pp. 190〔澤田訳、一九四頁〕.

(41) *Utopia*, pp. 192〔澤田訳、一九六頁〕.

(42) *Utopia*, p. 112〔澤田訳、一二一頁〕.

(43) *Utopia*, p. 146〔澤田訳、一五二―三頁〕.

(44) *Utopia*, p. 194〔澤田訳、一九六頁〕. モアは『リチャード三世王史』においても、君主と民衆の相互愛と民衆の君主に対する喜び愛しながらする服従の理想を示し（*History*, pp. 4-5）、『警句集』でも、「良い君主は、父親であって主人ではない」という詩（自作）の中で、両者を父子関係と見なしている（*Epigrams*, No. 93, pp. 49, 172）。

(45) *Utopia*, pp. 130, 132〔澤田訳、一三八—九頁〕.

(46) *Utopia*, p. 140〔澤田訳、一四六頁〕.

(47) *Utopia*, p. 130〔澤田訳、一三八頁〕.

(48) *Utopia*, pp. 122, 124〔澤田訳、一三〇—二頁〕.

(49) *Utopia*, p. 134〔澤田訳、一四一頁〕.

(50) *Utopia*, p. 134〔澤田訳、一四一頁〕.

(51) エイムズも、ユートピアの政治形態を君主制ではなく共和制・都市連合と解釈している（R. Ames, *Citizen Thomas More and His Utopia*, Princeton, 1949, p. 87）。

(52) *Utopia*, pp. 134-6〔澤田訳、一四二頁〕.

(53) *Utopia*, p. 130〔澤田訳、一三八頁〕.

(54) *Utopia*, p. 130〔澤田訳、一三八頁〕.

(55) モアは、ヘンリー八世への奉詩（*Epigrams*, No. 1, pp. 19, 141）並びに『ユートピア』でも、学識有る者が公職に就くべきだという見解を示している（*Utopia*, p. 56〔澤田訳、六五頁〕）。プラトンも、『国家』の中でソクラテスに同様なことを述べさせている（『国家』（上）、429A, 第五巻、三一九頁）。

(56) 例えば、鈴木「一試論」、三八頁：「構造」一五〇頁：「ユートピア」、一三〇頁参照。

(57) *Uttopia*, pp. 158, 160, 126, 128〔澤田訳、一六二—四、一三五頁〕.

(58) *Utopia*, p. 228〔澤田訳、二二九—三〇頁〕.

(59) *Utopia*, p. 134〔澤田訳、一四二頁〕.

(60) 家族長を初め、年長者の重視は、ユートピアの社会に散見される一般大衆に対する不信の念（*Utopia*, pp. 142, 194, 216 etc.〔澤田訳、一四九、一九八、二二八頁など〕）にも対応している。

(61) *Utopia*, p. 184〔澤田訳、一九三—四頁〕.

(62) *Utopia*, pp. 190, 192〔澤田訳、一九四頁〕.
(63) *Utopia*, pp. 130, 132〔澤田訳、一三八—九頁〕.
(64) J. H. Hexter, *The Vision of Politics on the Eve of the Reformation: More, Machiavlli, and Seyssel*, New York, 1973, p. 196.
(65) モアは、『リチャード三世王史』において経験を知恵の真の母と呼んでいる（*History*, p. 91）。
(66) *Utopia*, p. 86〔澤田訳、九四—五頁〕.
(67) *Utopia*, pp. 236, 238〔澤田訳、二三八—九頁〕.
(68) *Utopia*, p. 104〔澤田訳、一一一—二頁〕.
(69) *Utopia*, p. 242〔澤田訳、二四三—四頁〕.
(70) これと同様な見解は、『ユートピア』に散見される（例えば、*Utopia*, p. 138, 242-4 etc.〔澤田訳、一四四、二四三—四頁など〕）。また、*History*（p. 12）や *Epigrams*（No. 62, pp. 39, 161-2）にも見られる。
(71) *Utopia*, pp. 238-42〔澤田訳、二三八—二四三頁〕.
(72) *Utopia*, p. 244〔澤田訳、二四四頁〕.
(73) *Utopia*, pp. 244-6〔澤田訳、二四五—六頁〕.
(74) *Utopia*, p. 244〔澤田訳、二四四頁〕.
(75)「あなたは、制度の健全さ、完全さ、望ましさにおいて世界中どこにも見られぬようなあの社会の理想と生活風習のパターンと完全な模範とを、道理のわかる人間の目前に呈示するという方法をおとりになりました。……これが、多くの民族にとっておそるべきものとして映るだけでなく、みなの尊崇の対象、また同時に全世紀を通じて人々の 讃辞の対象となるとしても不思議ではありません。」（*Utopia*, pp. 32, 34〔澤田訳、四一—二頁〕）。「われわれの時代もこれに続く時代も、彼のこの記述を、洗練されていると同時に有益な諸制度を育む育成所だと考えることでしょう。」（*Utopia*, p. 14〔澤田訳、二三頁〕）。
(76) *Epigrams*, No. 182. pp. 83, 205.
(77) *History*, p. 4.
(78) *History*, pp. 4-5.
(79) D. Erasmus, *The Education of a Christian Prince*, ed. L. K. Born, New York, 1936, p. 140.
(80) 北方ヒューマニストにおける君主の諸悪の中心性については、例えば、Q. Skinner, *The Foundations of Modern Political*

(81) *Thought*, Vol. One: *The Renaissance*, Cambridge, 1978, pp. 228-36〔門間都喜郎訳『近代政治思想の基礎　ルネッサンス、宗教改革の時代』、春風社、二〇〇九年、二四三—五一頁〕参照。
(82) ヘンリー八世への奉献詩の中でも、君主の遵法義務が説かれている（*Epigrams*, No. 1, pp. 19, 141）。（自作）
(83) *Epigrams*, No. 91, pp. 48, 171.（自作）
(84) *Epigrams*, No. 93, pp. 40, 172.（自作）
(85) *Epigrams*, No. 94, pp. 49, 172.（自作）
(86) *Epigrams*, No. 97, pp. 50, 173.
(87) *Utopia*, pp. 94, 96, 56〔澤田訳、一〇二—四、六五—六頁〕.
(88) *Utopia*, pp. 68, 70〔澤田訳、七七—九頁〕.
(89) *Utopia*, pp. 74-8〔澤田訳、八三—七頁〕.
(90) エラスムスも同様である。See *The "Adages" of Erasmus*, ed. and tr. M. M. Philips Cambride, 1964, p. 51.
(91) *Utopia*, p. 104〔澤田訳、一一一—二頁〕.
(92) *Utopia*, p. 56〔澤田訳、六五頁〕.
(93) *Utopia*, p. 80〔澤田訳、八六—八頁〕.
(94) *Utopia*, p. 196〔澤田訳、一九八—九頁〕.
(95) *History*, p. 11.
(96) *Utopia*, p. 96〔澤田訳、一〇三—四頁〕.
(97) *Epigrams*, No. 62, pp. 39, 162; No. 96, pp. 49, 172.
(98) See J. A. Gueguen," Reading More's Utopia as a Criticism of Plato", in *Quincentennial Essays on Thomas More*, ed. M. J. Moore, Boon, N. C., 1978, p. 51.
(99) *History*, p. 12.
(100) この点に関しては、Skinner, *Foundations*, pp. 255-62〔門間訳、二七〇—七頁〕参照。
(101) *Utopia*, p. 62〔澤田訳、七一—二頁〕.
(102) *HIstory*, p. 86.

（102）*History*, pp. 86-7.

（103）*History*, pp. 90-3.

（104）*Epigrams*, No. 103. pp. 52, 175.

（105）*Epigrams*, No. 103, pp. 52, 175. 徹底性には欠けるが、エラスムスにも、一種の契約思想が認められる（*Institutio; Education* 参照）。

（106）例えば、Erasumus, *Education*, p. 153.

（107）R. S. Sylvester, "A Part on His Own: Thomas More' Literary Personality in His Early Works", *Moreana*, Nos. 15 and 16, 1967, p. 45.

（108）政治家としてのモアについては、Guy, *Public Career of More* 参照。

（109）*Utopia*, pp. 58, 60〔澤田訳、六八―九頁〕.

（110）Schoeck, *Achievement of More*, p. 4.

（111）V. Gabrieli, "Giovanni Pico and Thomas More", *Moreana*, Nos. 15 and 16, 1967, p. 45.

（112）G. F. *Pico della Mirandola, Life*, tr. Thomas More, ed. J. M. Ragg , London, 1890, p. 4.

（113）*Epigrams*, No. 57, pp. 37-8, 160.（自作）

（114）*Epigrams*, No. 22. pp. 28, 150.（翻訳）

（115）*Epigrams*, No. 54. pp. 37, 159-60.（翻訳）

（116）*Epigrams*、No. 51. pp. 36, 158.（自作）

（117）*Utopia*, p. 236〔澤田訳、二三七―八頁〕.

（118）上述のように、ユートピアでは官職を獲得しようという野心の持ち主は官途に就けないことを想起せよ。

第七章　モアの教育思想

第一節　基本的教育方針

　モアが最も重視していたのは、いわゆる徳育である。ユートピアでは躾や教育を家庭や学校だけに任せるのではなく、地域社会がこれを支援している。(1) 五歳以上の結婚適齢期に達していない全ての男女の未成年者達は、食卓に座っている人達の給仕をするか、年が若くてそれが出来ない場合は、食卓の側に絶対沈黙を守って立っている。(2) ユートピア人は食卓に着いている人達から渡されるものを食べるだけで、外に特定の食事の時間はない。(3) 彼らの食事は市部では三十世帯毎の共同食事であり、(4) 食卓の中央の最上席で全体が見渡せるところに部族長とその妻が並んで座り、その隣に最年長者が座るが、もしその部族の領域内に神殿があれば、そこの司祭と彼の妻が部族長と同席して、座長を務める。(5) 彼らの両側には若い人達が、その隣には老人が座るのであるが、ホール全体では、同年齢の者が一緒に座りながらも、年齢の違った人達と混ざり合う。(6) こういう風に定められたのは、年長者の重厚で恭しい態度が、年少者の不謹慎や放縦な言葉や振る舞いを控えさせるからである。(7)

　彼らは、昼食も夕食も、常に良い生活風習の促進に役立つような書物の朗読で始めるが、それは退屈しないように短いものであり、年長者達は、この朗読をもとにして、律儀だが馬鹿真面目ではなく結構愉快な会話も始める。(8)

しかし彼らは食事中ずっと長話を続けず、むしろ若い人達の話も喜んで聞き、しかも若い人達に話をさせるように努力する。[9] そうすることによって彼らは、食事の際の自由な雰囲気の中で現れてくる各人の気質や才能を確認しようとしているのである。[10]

一人の例外もなく課される仕事が農業であり、これは全ての人が子供の頃から教えられ、一部は学校での理論教育、一部は都会周辺の農村地帯に連れ出されて、体力練成の機会として実習をしながら、遊びがてらに教え込まれる。[11]

また、子どもや青少年は司祭によって教育され、「その際、学問への配慮が生活風習や徳への配慮に優先しないように注意されます。司祭たちは、まだ柔軟で、指導しやすい子どもの魂に、初めから善い考え、社会の保全に役にたつ考えを注入すること、これに最大の努力を払うわけです。こういう考えはひとたび子どもの心のなかに根を下ろしてしまえば大人になっても一生付きまとい、社会を安定させる上に大いに貢献します〔社会は、歪んだ考えから生まれる諸悪によらずして崩壊することはありません〕。[12]」

このように、モアは知識・知恵・情操・道徳・体育の全ての能力・技能を体得させる全人教育を考えていたのである。更にユートピアでは、空き時間の利用法は各人に任されているが、第一章でも見たように、大抵の人はこの休み時間を学問研究のために使う。[13] そこでは毎日早暁に公開講義が行われ、義務付けられて参加する学問研究者だけでなく、男女を問わず、あらゆる階層の大勢の人びとが、それぞれが気の向く講義を受講する。[14] これは、男女を問わずに聴講できるという、当時としては画期的な提案であった。但し、この時間でも自分の職業に励みたいという人がいれば、これは禁じられてはおらず、却って社会に有益なものとして推奨される。この制度は現代的な言葉に言い換えれば一種の生涯学習である。これもユートピアを維持するための一方策である。

次に、彼らの学問内容について述べると、以下のことが分かる。すなわち既知の世界で有名な哲学者の学説はユートピア人達に知られていなかったが、彼らは音楽・論理学・数学・幾何学についてはヨーロッパの古人とほとんど同じことを発見しているが、ほとんどあらゆることについてモアらの古代の先哲と等しいにも拘わらず、最近の論理学者の発見には到底比較できない[15]。すなわちモアらの住む国では、子ども達がどこでも『小論理』の中で習う限定、拡大、名辞の意味指示法について、厳密に考え抜かれたいろいろの規則の一つさえも発見していず、また彼らは普遍概念について十分考える所までは未だ至っておらず、いわゆる人間一般という概念については、モアらが教えたにも拘わらず、これを理解できたユートピア人は誰もいなかった[16]、とされている。

しかし彼らは、星の運行や天体の運動については精通しており、太陽や月、視界に映る外の全ての星の運動や位置を極めて正確に確認出来るような、いろいろの形の機械を巧みに考案している[17]。しかし、遊星の吉兆とか悪兆とか占星術のたぶらかしについては、全く夢想さえしていない[18]。風雨やその外の天候の変化は昔から知られている一定の徴候で予知しているが、これらの自然現象、海水の満干や塩辛さなどの原因は、結局、天地の起源や本性に関する限り、彼らの議論は、モアらの昔の先哲達の見解が分かれていたのと同様に、彼ら自身の間でも万事について意見の一致がある訳ではない[19]。

第二節　学問・理性・信仰

道徳哲学の分野では、彼らはモア達が論じ合うのと同様のことについて論じ合っている[20]。すなわち魂の善や肉体の善、並びに外界物の善とは何か、徳と快楽とは何か、また善という名辞はこれらの全てに当てはまるのか、それとも、魂の賜物だけに当てはまるのかを論じている[21]。しかし、全ての論争の中で第一の且つ最大の論争は、それがたとえ一つのものであれ多くのものであれ、どういうものに人間の幸福があるかということであるが、「この問題にかんし彼らは、公正な立場をはなれて快楽を擁護する学派の立場にやや傾きすぎているように見えます。[22]」。「この学派は、快楽を以って人間の幸福の全てを、またはその最も重要な部分を定義する手がかりとしています。[23]」しかも、「こういう感覚的な考えの根拠を宗教［これは厳粛、厳格で、ほとんど陰うつな峻酷とさえいえるものですが］に求めていることです。[24]」すなわち、彼らは、幸福を論じる際に宗教から引き出された一定の原理を、理性的議論に基づく哲学と結合させずに論じることは、決してないのである。[25]

「そういう原理とは、つぎのようなものです。魂は不滅であり、神の仁慈によって幸福のために創られている。この現世の生活のあとで、われわれの徳や善行には褒賞が、悪行には罰が与えられるように定められている。こういう原理は宗教的なものではありますが、彼らはそれでもひとは、理性によってそう信じ、認めるようになると考えています。[26]」又ユートピア人によれば、

もしこれらの宗教的原理をしりぞけてしまったら、快楽は、正邪を問わずどんな手段によってでも、追求すべきだと考えないほどばかな人間はいないはずである。ただし小さい快楽が大きい快楽の妨げになったり、後で苦しみをもたらすような快楽を求めたりすることは避けるように注意さえしておけばよい、と。……しかし彼らは、幸福はどんな快楽にでもあるのではなく、善良で名誉ある快楽にだけあるのであり、彼らとは反対の（ストア）学派が幸福の唯一の原因とみる徳そのものがわれわれの本性を、このような快楽にむかってあたかも最高善にひきつけるように、ひきつけるのだとしています。つまり彼らは徳を、本性に従って生きることと定義し、理性は人間になによりもまず、われわれの存在の根拠である神の威光にたいして愛と尊崇の心を燃えたたせるのだとしています。彼らは、理性が人間につぎのことを勧め、うながしているといっています。できるだけ心配のない、できるだけ喜びに満ちた人生をおくること、そして、われわれは互いに自然の協同体に属して

いるのだからほかのすべてのひとにもそれと同じ人生目標を実現させるよう助けてやることです。[27]

結　語

以上のようにユートピアでは、聖職者という教育者ばかりでなく教育内容そのものが、理性並びにこれを背後から支えている神観念を中核としているのである。なお、「最後の祝日」には、神殿に出掛ける前に自宅で、妻は夫の、子どもは親の足下に身を投げ出して、何か過ちを犯したとか、義務をいい加減に済ませたとかいうように、犯した罪を告白し、犯した過ちに対する赦しを乞い求める。[28] このように、第一章で述べたように共同食事の際だけでなく、各世帯においても道徳教育的な配慮がなされているのである。こうして家庭不和が一掃され、彼らは清く朗らかな心で礼拝に参列することが出来るのである。[29] ここに学問や教育が、理性の背後にある宗教によって支えられているユートピア人の姿がある。

このように男女が平等に教育の機会が保障されるという思想は、当時としては画期的なことであり、モアの教育思想史に対する重要な貢献の一つである。

【注】

（1）*Utopia*, p. 142, 144〔澤田訳、一四九―五〇頁〕.
（2）*Utopia*, p. 142〔澤田訳、一四八頁〕.
（3）*Utopia*, p. 142〔澤田訳、一四八頁〕.
（4）*Utopia*, p. 138〔澤田訳、一四五頁〕.
（5）*Utopia*, p. 142〔澤田訳、一四八―九頁〕.

(6) *Utopia*, p. 142〔澤田訳、一四九頁〕.
(7) *Utopia*, p. 142〔澤田訳、一四八―九頁〕.
(8) *Utopia*, p. 144〔澤田訳、一四九頁〕.
(9) *Utopia*, p. 144〔澤田訳、一四九―五〇頁〕.
(10) *Utopia*, p. 144〔澤田訳、一四四―五〇頁〕.
(11) *Utopia*, pp. 142, 144〔澤田訳、一四九―五〇頁〕.
(12) *Utopia*, p. 124〔澤田訳、一三三頁〕.
(13) *Utopia*, p. 228〔澤田訳、二二九―三〇頁〕.
(14) *Utopia*, p. 128〔澤田訳、一三五頁〕.
(15) *Utopia*, p. 128〔澤田訳、一三五頁〕.
(16) *Utopia*, p. 158〔澤田訳、一六三頁〕.
(17) *Utopia*, p. 158〔澤田訳、一六三頁〕.
(18) *Utopia*, pp. 158-60〔澤田訳、一六三頁〕.
(19) *Utopia*, p. 160〔澤田訳、一六三頁〕.
(20) *Utopia*, p. 160〔澤田訳、一六三―四頁〕.
(21) *Utopia*, p. 160〔澤田訳、一六四頁〕.
(22) *Utopia*, p. 160〔澤田訳、一六四頁〕.
(23) *Utopia*, p. 160〔澤田訳、一六四頁〕.
(24) *Utopia*, p. 160〔澤田訳、一六四―五頁〕.
(25) *Utopia*, p. 160〔澤田訳、一六五頁〕.
(26) *Utopia*, p. 160〔澤田訳、一六五頁〕.
(27) *Utopia*, pp. 160, 162〔澤田訳、一六五頁〕.
(28) *Utopia*, p. 162〔澤田訳、一六五―七頁〕.
(29) *Utopia*, p. 232〔澤田訳、二三四頁〕.

第八章　モアにおける政治と経済

第一節　政治と経済の現実的関係

蓄財に狂奔する人間がいるものである。モアによれば、こうした守銭奴は交換手段であるはずの貨幣を自分では使用せず、また必要とする他者にも使わせようとしない言わばイソップ的な「飼葉桶の中の犬」である。[1][2]しかも、彼らの中には金銭を観賞することさえ放棄してこれを人目に付かない所に隠し、ただその所有感を楽しむ倒錯者すら存在する。[3]守銭奴ほどではないにしても、富を重視する者が少なくないこともまた事実である。このことを示唆しているのが、妻を外見や持参金を基準にして選択することを戒めた「カンディドゥスへ。いかにして妻を選ぶべきか」というモアの警句詩の一節である。[4]更に、富への執着は本来俗事とは無縁であるはずの聖職者にすら見られ、これが時として社会を混乱させる一因となるとされている。[5]

けれども、モアによれば、社会的害悪をもたらす物質的欲望は、社会上層部の広範囲に亘るそれである。これについてモアは、『ユートピア』第一巻において、イングランドのいわゆる第一次囲い込み運動を彼の理想的側面を代弁しているヒュトロダエウスをして次のように批判せしめている。

この王国で特に良質の、したがってより高価な羊毛ができる地方ではどこでも、貴族、ジェントルマン、そしてこれ（怠惰とぜいたく）以外の点では聖人であらせられる何人かの修道院長さえもが、彼らの先代当時の土地収益や年収入だけでは満足せず、また無為、優雅に暮らして公共のためになることをなにひとつせぬだけでなく、かえって（公共の）害になることをするのでなければ飽き足りません。つまり耕作地を一坪も残さずにすべてを牧草地として囲い込み、住家をこわし、町を破壊し、羊小屋にする教会だけしか残しません。さらに、大庭園や猟場をつくるだけではあなたがたの国土がまだ痛み足りなかったかのように、こういう偉い方々は、すべての宅地と耕地を荒地にしてしまいます。(6)

こうしたモアの囲い込み批判には、周知のように、その主体・動機・目的・規模において明らかに誇張がある。(7)しかし、モアの意図は何よりも新たな社会問題を引き起こした社会の指導層の物質的貪欲を道徳的見地から糾弾することにあったものと解される。

この囲い込みの結果は、モアによれば、一方では小作人の離農・離村、そして浮浪者化、彼らの一部の犯罪者化であり、他方では食料品・羊毛の価格高騰である。(8)物価上昇の原因は、少数の富者による市場の寡占的支配にある。(9)囲い込みの原因については、羊毛価格上昇説、労働費用節約説、地味枯渇説などがあるが、(10)ここに明らかなように、モアが直接指摘しているのは、羊毛価格の値上がりだけである。しかし次の記述は、モアが労働費用の節約をも、第二義的なものであるにしても、その原因の一つとして考えていたであろうことを示唆している。と言うのは、「彼らの手なれてきた農耕部門では種蒔きが行なわれないのだから、なにもすることはなく、以前は穀田として耕作するために多くの手を必要としていた土地でも、今はそこで家畜に牧草を喰わせるために一人の羊飼いか牛飼いで足りるからです。(11)」

これに対して、国家の中枢である国王すなわち「そこから善きもの悪しきものすべての水流が人々全体に注ぎかかってくる」「不死の泉」である君主[12]の場合はどうか[13]。彼らは、側近と共に自らの財産を増やす術策を練ることに余念がない。その際、貨幣価値の操作、旧法の復活、王権の濫用、裁判官の抱き込み、虚偽の宣戦布告などありとあらゆる合目的的な手段が検討される[14]。なぜならば、「軍隊を養わなければならない君主にとって、金はいくらあっても足りない」[15]、と彼らが考えているからである。

常備軍の存在理由は戦争であり[16]、戦争の目的は他国の支配、征服[17]、富の獲得である[18]。しかし、他国の征服は政治的、経済的負担、並びに道徳的堕落、法の軽視をもたらし、結局は国家財政の疲弊を招来し、所期の目的を達成できないであろう[19]。ここに侵略戦争の不経済性が見抜かれている。言い換えれば、モアは政治の一手段である戦争と経済との結び付きを認識していたのである。けれどもこうした不経済は、対外的関係についてばかりでなく国内においても見られる。その典型が貴族制度の存在なのである。モアはこれをヒュトロダエウスによって次のように批判させている。

雄蜂のように自分は怠けていて他人の労働で暮らしている多数の貴族がいます。つまり彼らは、収益増加のために自分たちの土地の小作人（の身上）をなま身に達するまで剪りそぐ人たちです。というのも、彼らはこういう節約法だけしか知らずさもなければ自分の身を（ほろぼして）物乞いにいたらしめるほどまでに無駄遣いするような連中なのです。そのうえこういう貴族たちは、生計をたてるための職業をけっして学んだことのない、なにもしない無為のお供の大群をあとにひき連れています。彼らの主人が死ぬか彼ら自身が病気になると、彼らはたちまちほうり出されてしまいます。というのは主人たちは病人よりも怠け者を養いたがりますし、また死んだ主人の後継ぎは先代がもっていただけの召使いの群をすぐには養っていけないという場合が多いからです。[20]

すなわち、貴族達は増収法として小作人を搾取することしか知らず、彼らに依存する従者達は何ら生産的な仕事をせず、また成し得ないが故に、社会にとって不経済な存在だという訳である。

一層悪いことには、農民・炭鉱夫・馬丁・鍛冶屋・日雇労働者など社会に不可欠で勤勉な人々が悲惨な生活を強いられているのに対して、貴族と従者達はジェントルマン、金細工師、高利貸、居候、空虚な快楽提供者などの不労生活者ないし無益な職業従事者と共に、贅沢、華麗な生活を送っているという不合理がある。[21] これは忘恩行為であるだけでなく、富者が貧者の日当の一部を奪い取る詐欺行為でもある。[22] ここに検討の対象とされた社会の生産関係、従ってその具体的な階級構成は異なるが、マルクスのそれと同質的な搾取の観念を認めることができる。（オンケンが、それを「剰余価値」と表現しているのは、その特殊資本主義社会性故に不適切であるが。）しかし、経済的強者と弱者との関係は以上のことに留まらない。モアはヒュトロダエウスをして強者を更に次のように告発させている。

そのうえ、金持が貧乏人の日給を、個人的な詐欺行為だけではなく公の法律によって毎日奪い取っているというにいたっては、なんといったらよいでしょう。かつては不正と見られたようなこと、つまり社会にたいする最大の功績を最悪の不義理で報いるというようなこと、それを彼らはいまやすっかり歪曲して、公に発布された法律の力で正義にしてしまいました。ですから、どこのでもよいのですが、今日繁栄しているような社会をみな心に思い浮かべ、しばらく歩をとどめたところで私がゆき当たるのは、おお神さまお助けくださ い、公共社会という名と権利を利用して私利をむさぼる金持の共謀のようなもの以外のなにものでもありません。彼らはまず、悪らつな手段でかきあつめたものを失う心配なく保持していくために、それから貧乏人たちみんなの労苦と労働力をなるべく安く買ってそれを悪用するために、ありとあらゆる方法、術策を考案、案出します。そしてこれらの術策は、金持たちが公共――それには農民も含まれます――の名においてこれを実施すると決定するやいなや、法律になってしまうのです。[23]

ここに、多数の貧者が不作のために餓死してゆくにも拘らず大量の穀物を供出しようとはしないような、強欲且つ冷酷な富者――貴族・高利貸・金細工師など[24]――が、私的な関係においてばかりでなく、国家構成員全体に一般的に関わる法律によってすら、その大部分を占める貧者を搾取していることが指摘されている。換言すれば、貴族を初め社会の指導層[25]が、公共の法律をも手段として民衆を支配、抑圧しているというのである。無論、こうした法律を制定する機関は各国の身分制議会であり、これを構成しているのが国王・貴族・僧侶、並びに有力な市民達である。しかも、法の執行を担当する公職もまた、野心的ないし貪欲な富者によって占められている。[26] これに対して貧しい民衆は革命を望むことになる。[27]

これらのことは、モートンが指摘したように、モアが少なくとも当時の国家機構及び法律が富者階層による一般民衆の支配の手段として機能している、と捉えていたことを示している。この意味でモアの現実国家観は、三百年余り後のマルクスのそれに類似しているが、それまでのヨーロッパ社会にかなり広範な妥当性を持つこの認識を、モア以前の論者に見出すことはできない。確かに、例えばプラトンは貧富と革命との関係を見抜いていた。[28] しかしプラトンの場合、富者が支配権を掌握している国制を一時的、循環的な国制の一形態に過ぎない寡頭制に限定し、[29]経済と政治との本質的関係を洞察するまでには至らなかった。

ところで、富者による一般市民の支配を可能にしている経済制度とは何か。ヒュトロダエウスは主張する。私有財産が存続する限り「人類の大多数を占める最善の人々のあいだには貧困と辛苦と心配という避けられぬ重荷がいつまでも残るでしょう」[30]。また、「本来生活物資を手に入れるためのすばらしい発明であったあの聖なる貨幣が生活物資に至るわれわれの通路を遮断する唯一の障壁になってさえいなければ、生活物資はきわめて容易に手に入れられるはずです」[31]。ここに物資を平等・公平に分配し人間生活全体を快適且つ幸福にするために、私有財産制と貨幣制度の存在しない「公共社会」が彼によって構想されることになる[32]。

第二節　政治と経済の当為の関係

モアの当為の政治と経済との関係についての見解は、その『ユートピア』から知ることができる。すなわちユートピアでは、経済についてはプラトンの場合とは異なり、全市民の生産手段と住宅は全て共有であり、都市単位の農業的、手工業的無貨幣計画経済が採用されている[33]。極少数の学問専従者がおり、彼らの中から外交使節を含む上級の為政者達と聖職者が選ばれる学者集団、並びに老幼病者を除く全市民が生産活動に従事する。ユートピア人の場合、実際は受刑者に過ぎない「奴隷」――オンケンは、この存在故にユートピアを階級国家と誤解した――は、その原因如何により待遇も異なるが、通常一般民衆より重い労働や不浄な仕事を担当する。こうした市民皆労制を可能にしているのが、完備した保育施設と学校、病院、並びに共同食事である[34]。

農産物は、一部は市部でも栽培されるが[35]、主要な食糧は都市全体の需要を算出した上で、合理的な方法と合目的な農具によって農村部で生産される。農村地帯の不足物資は市部から無償で配布を受け、都市全体の過不足も都市間で同様に調整される。これに対して、収獲期には市部から農村部へ必要な人員が派遣される態勢にあり、市部と農村部とは人的、物的に緊密に結びついている。前述のように手工業と全市民が従事する農業以外に職業はなく、製服職は衣服が自家製のため存在しない。公道修理などの公共事業はその都度一般市民によって行われる。

食事は農村地帯を除き原則として共同制であり、調理には各家庭の婦人が交替で従事する。商業は存在せず、生活必需品は所定の市場から家族長により無償で自由に搬出できる自由分配制によって消費される。他国では通常貨幣の材料になっている貴金属は、一部は便器や刑具に使われ、残りは戦時のために蓄えられる。

労働時間は短い。それにも拘らず、十分な生活必需品、立派な住宅、快適な生活環境及び設備の良く整った広大な公営病院に恵まれているのは、次の五つの理由による。第一に、市民皆労、それ故、不労生活者が存在しないことである[36]。第二に、生活に必要な職業のみ存在し、不要無益な職業が存在しないこと[37]。第三に、家屋の合理的補修や簡素且つ合理的な服装などによる労力の削減[38]。第四に、有益な技術の導入と発明[39]。最後に、組織的、計画的経済並びに人口規制を含む都市計画である。

要するに、生活の基本的条件の組織化・計画化である[40]。換言すれば、以上の諸点を貫いている合理的精神[41]、特に第四の背後にある生活改善意欲[42]、勤勉[43]並びに協力[44]である。無論現在の快適な生活は短期間に達成されたものではなく、長期に亘る絶えざる生活改善の努力によって成就されたものである。このことを示しているのが、住宅の変遷に代表される都市の設備や装飾の発展に関する記述である[45]。これらのことを保障しているのが、ユートピアの哲人政治である。

けれどもユートピアは自給自足経済を営んでいる訳ではなく、他国との貿易も行っている。その具体的な内容については既に第一章において述べている。ユートピアには「奴隷」が存在する。彼らは自国の犯罪者、並びに外国の死刑囚及び外国の志願者から成り、無償か廉価で輸入される外国人「奴隷」が、「奴隷」階層の最大部分を占め、彼らは功利的立場から不断の労働に従事させられる[46]。また、全国的な人口過剰は植民政策によって解決される。各都市を超える全国的な経済的、政治的諸問題を検討するために全島会議が置かれている。

そういう種類の仕事の需要すら全くないときには、労働時間の短縮が公示されることもしばしばあります。というのは、役人は市民たちの意志に反して彼らを不要な労働につかせたりはしないからです。その理由は、あそこの社会制度がなによりもまずつぎのただ一つの目標を追求しているということにあります。すなわち全市民に対して、公共の必要という点から許されるかぎり最大限の時間を、肉体労役分から解放し、精神の自由と教養のために確保することです。そこ（精神の自由教養）にこそ人生の幸福があると彼らは考えているのです。[47]（「そういう種類の仕事」とは、公道修理などの臨時の公共事業を指す。筆者。）

こうした見解の背景にあるのが、第一章でも見たユートピア人の幸福観ないし人生観である。彼らは人間の幸福を合理性的な快楽すなわち「人がそこにたたずむのを楽しむように自然の導きのおかげでしむけられているような、肉体と魂の運動と状態」に求め、この場合健康を基礎とし、肉体的快楽――感覚的快楽――に対して、精神的快楽――知性の活動、真理の観想がもたらす快楽、健全な生活の記憶、並びに未来への疑いない希望――なかんずく徳の実行と健全な生活の自覚から生まれる快楽を最も重視しているのである。[48]ここで「徳」とは本性すなわち理性に従って生きることであり、取り分け人間的な徳は、他者の窮状を軽減する愛他的な行為を意味する。[49]それ故ユートピアにおける共有制は文化問題であり、[50]ユートピアは取りも直さず文化国家である。

以上のように、在るべき国家であるユートピアには抑圧的、権力的な政治・経済は存在しない。そこでは貧富の差を生み出す私有財産制と貨幣制度が廃止され、搾取の主体である君主・貴族・高利貸も、公的な法を悪用する法律家も、はたまた社会を混乱させる一因となる職業軍人も、排除されている。そこにあるのは社会生活全般に亘る基本的に平等な関係であり、これを支えているのが合理的、組織的な政治と経済である。

しかもそこでは政治と経済とが相互に独立して機能している訳ではなく、政治、それ故法律による経済の合理的規制が行われている。具体的には次のような八つの関係である。第一に、為政者による経済活動を行う一般市民の労働監督である。第二に、生活必需品の分配に関する法律の存在とその遵守義務。[51] 第三に、市部と農村部間の物的、人的交流が為政者を通じて行われること。[52] 第四に、為政者による労働条件の改善。第五に、全島会議において都市間の物資の再配分が行われること。[53] 第六に、家族間、都市間、並びに本国と植民地間の、明記はされていないが恐らくは市議会と全国長老会議による人口調整。第七に、これらの会議による通商。最後に、各都市の公共問題がすべて最終的には市議会で、全国的な問題に関しては全国長老会議で決定される。

しかしながら、その後著わされた『ルターへの反論』[54] でも指摘されているように、ユートピアに見られるような、全社会制度の主柱である共同生活制と無貨幣の共有制は、カウツキーらの理解に反して、非現実的であるとモアは考えていた。[55] なぜならば何よりも、社会悪の制度的源泉である私有財産制[56] の背後にある諸悪の根源である高慢――富や権力、地位などあらゆる手段によって他者と神に優越しようとする衝動――が、人間の心を支配しているからである。[57]

更に、自己利得というアリストテレス的な労働誘因がなければ労働意欲が減退し、物資の生産が低下するから[58] である。ここに、達成可能な政治と経済との関係が探求されることになる。

第三節　次善の政治と経済との関係

人間の罪性の抜き難さを重視し、その克服の展望を持ち得なかったモアにとって、経済的には共有制、政治的には共和制的哲人政治が非現実的だとすれば、可能なことは、私有財産制と君主制を主柱とする現実の社会をそれらの精神に沿って可能な限り改革することであった。これについてモアの現実的側面を代弁している『ユートピア』

の書中のモアは、ヒュトロダエウスの立場を「観念的な哲学」と規定して批判し、政治を初め社会に関する事柄は「現実的な哲学」によって処理しなければならないとして、社会問題や政治問題に対して哲学者の取るべき態度を次のように主張している。

まちがった意見を根こそぎにしてしまえなくても、習慣で根をおろしてしまったいろいろの悪をあなたの心からの確信どおりに癒すことができなくても、社会を見捨ててはいけません。……むしろ紆余曲折しながら全力を尽してすべてをうまくさばくように、また改善できないものは、少なくともなるべく悪化しないようにと試み、はげまねばなりません。というのも、万事がうまくゆくということは、すべてのひとが善人でないかぎり不可能ですし、そういう状態は長年月待っても実現できるとは期待しておりませんからね。[59]

これは、社会の謬見や諸悪の完全な克服が不可能だとしても――事実、万人が善人たり得ない以上完全無欠な社会の実現は非歴史的である、とされている――、改善できなければ少しでも事態を悪化させないように所与の条件の下で最善の努力をすることが知識人の責務である、という立場である。ここに、思想史的考察抜きにではあるが、メーブスがモアの政治論の意義を「人間を政治的なものの尺度にした」ということに求めた。これ自体は正当なものである。又モアの立場が、現実社会をできるだけ速やかに、且つより良く改革を目指す所にあったことは明らかであろう。

モアの考えた社会改革の方法は二つある。一つは精神的、道徳的なものであり、もうひとつは、政治的、法的なものである。前者についてモアは、富をその正しい目的、すなわち自己と他者の生活と精神の向上のために用いるべきこと、[60]並びに、国王は法を遵守し、国内の全市民を自分の子供のように保護しなければならないことを説いて[61]

いる。これに対して後者に関しては、まず囲い込み運動対策がある。モアのヒュトロダエウスを通しての提案内容は、農場・農村のその破壊者自身による再建、もしくは再建希望者への譲渡の法定、農耕・織物業の再興と浮浪者の更正、及び富者による買占め、販売独占の禁止である。(62) これらの経済政策には、当時提起された他者のそれに比して特に目新しいものはない。しかしここで強調されるべきことは、それらが国家的な法的措置、言い換えれば政治による経済の規制だという点である。

次に国王財産の法的制限である。これは架空のマカレンス人の法として紹介されている。(63) それによると、彼らの王には一時に千ポンド以上の貨幣の保有が禁じられている。その理由は、第一にこの額が内乱の鎮圧と自衛に十分であるが、他国の侵略には不十分であること、第二に市民の日常生活に必要な生活必需品を確保すること、最後に法定額以上の王庫収入は全て支出しなければならない結果、王が不当な誅求を試みないだろうということにある。確かにこうした主張は、「それとは反対の立場を固執している人たち」に対しては無意味である。しかしこれも架空の話ではあるが、アコール人の場合のように、王の参事会員達が賢明であるか、マカレンス人の場合のように国王自身が明君であれば事情は別である。(64)

更に、より広範な財産権の制限や、「社会の栄えるのも滅びるのも役人の性格いかんにかかっている(65)」が故に重要な官職の法的規制が考えられている。ヒュトロダエウスは私有財産制について最終的な評価を下す。

それが残存するかぎり、人類の大多数を占める最善の人々のあいだには貧困と辛苦と心配という避けられぬ重荷がいつまでも残るでしょうし、この重荷を多少は軽くすることができるということは認めますが、それを完全に取り去ることはできないというのが私の主張です。（この状態を改善するために）法律を作って、何人も一定面積以上の土地を所有してはならないときめたり、各人の財産に法定の限度を設けたりしたとします。また君主があまり強大になり過ぎたり民衆がたかぶり過ぎるのを予防するような法律をつくったとします。同様に、公職が個人的野心の対象になったり賄賂の代償として分配されたり、またその職務遂行にばく大な私的支出が必要になったりするのを予防するような法律をつくったとします。……こういうような法律によって、ちょうどひどく健康を害した病弱の身体が、不断の投薬でどうにかこうにか持ちこたえるように、いまあげたようないろいろの悪弊も、軽減され緩和されはすると思います。しかし各人のものが私有であるかぎりは、そういう悪弊が快癒して、良好な状態にもどるという望みは皆無です[66]。

ここに私有財産の法的制限、王権と民衆の権利の法的規制、並びに官職の法的規制が社会悪の減少に役立つことが述べられている。しかも、ここで何よりも強調されているのは文脈上私有財産の法的制限[67]、それ故経済の法的規制であるように思われる。こうした在るべき共有制から現実的修正私有財産制への移行は、プラトンにおける「最善国家」から「次善国家[68]」への推移と形式的には類似している。しかし、プラトンが基本的に所有額の制限という一面的な見解に留まったのに対し、モアの場合は生産・分配・消費の経済過程全体に亘る多面的な構想だった点に決定的な相違がある。

それではこの立法の主体はだれか。モア自身は明言していないが、君主の社会における中心性の認識とその時代を前提にすれば、それは国王が主宰する議会だと解するのが自然であろう。とすれば、政策の立案に当たる国王とその側近の性格と能力とが何よりも問題になる。幼少時からの悪環境故に、国王が自ら哲学に関心を持つことが善政のために緊要だ[69]とすれば、少しでも多くの「現実的な哲学」を体得した賢者が、国王（王子）の若い時期からその周囲にあって彼を教導する以外に事態を打解するための手掛りは存在しない、ということになる。モアが学識者の国政への関与を重視した[70]のはこのためである。

結　語

以上のようにトマス・モアは、私有財産制と貨幣制度、並びに身分制を前提とする現実の社会において、少数の富者階層が公的な法律、従って国家権力をも手段として自らの欲望を充足するために一般民衆を搾取し、彼らに悲惨な生活を余儀なくさせていることを洞察していた。それ故、モアの構想した当為の社会においては、無貨幣の共有制・共同生活制が採用され、能力の相違に基づく機能的な役割の分担はあるが、社会生活全般において基本的に平等な人間関係が存在し、一般民衆が従事する経済活動も、有徳な学者主導の政府によって規制、計画化され、各人に物質的にも精神的にも豊かで幸福な生活が保障されている。

けれどもこうした政治と経済の状態は、人間存在の限界故に実現不可能であり、次善の実現可能な両者の在り方がモアにおいて考察されなければならなかった。その結果考案されたのが、私有財産制と君主制を主柱とする現実社会の可及的な改革であった。具体的には経済活動の法的規制並びに王権の法的且つ人的抑制である。

これは要するに、経済活動が個人の自由に委ねられた場合には、経済的強者が政治的国家権力をも利用して社会的弱者に対する支配、抑圧を行うという現実に対して、これを逆手に取り、政治それ故法律の介入によって経済の放任がもたらす弊害を抑制、軽減しようという立場である。端的に言えば、経済と政治との結合という現実認識と経済の政治による規制という政策の提示である。

私見によれば、これはモアの先行者には見られなかった思想である。確かにプラトンやアリストテレスは、既に早く政治と経済との間に一定の関係があることを見抜いていた。しかしそれは、ほとんど所有額の制限に留まった。もとよりモアの政治と経済との結びつきの洞察は、例えばマルクスの場合のように、人間歴史への一般化を伴ったものではなく、直接的には十六世紀初頭のイングランドを中心とするヨーロッパ社会に関するものであり、しかもいわゆる本源的蓄積期の第一次囲い込み運動によって触発されたものである。けれども富者として挙げられている者達が貴族、商業資本家、上層市民、及び君主であることに照らして、モアにおいてそれが特定の国家に限定されるものではなく、商品経済の浸透したかなり広範な国家に妥当性を有するものとして考えられていたものと解される。

なお、モアの提起した政策については、同様のものがプラトンにも見られるが、それは極めて限定的なものに過ぎなかった。

またこれまでのモア研究は、筆者の知る限り、このような彼の思想の意義を明らかにしてはいない。確かに先に見たカウツキー、オンケン、モートンは、ほとんど論証抜きにではあるが、一面の真理を指摘している点は評価できる。しかしながら、このモアの思想史に対する恐らく最大の貢献の一つを、彼らも明らかにし得ていないように思われる。

ここで改めてモアの思想史に対する貢献の一つをまとめれば、それは、政治と経済との結合関係、具体的には、経済の支配者が一国の政治をも支配することを見抜き、その弊害を軽減するために、政治による経済の合理的規制を考案したことである。この立場はその後およそ二世紀半同調者を見出せず、漸く十八世紀中葉以降に至りルソーやバブーフらによって独自に提唱され、今日では常識化するほどになったのである。

【注】

（1）*Utopia*, p. 242〔澤田訳、二四三頁〕.

（2）*Epigrams*, No. 117, pp. 55-6, 179, No. 117, pp. 55-6, 179.

（3）*Utopia*, pp. 168, 170〔澤田訳、一七二—三頁〕; *Epigrams*, No. 150, pp. 71, 192.

（4）*Epigrams*, No. 215, pp. 58-9, 181.
（5）*Epigrams*, No. 53, pp. 36, 159; *Utopia*, p. 66〔澤田訳、七四—五頁〕.
（6）*Utopia*, p. 66〔澤田訳、七四—五頁〕.
（7）例えば、G・M・トレヴェリアン著・大野真弓監訳『イギリス史』二、みすず書房、一九七四年、一八—九頁。
（8）*Utopia*, pp. 66, 68〔澤田訳、七五七頁〕.
（9）*Utopia*, p. 68〔澤田訳、七七頁〕.
（10）伊達『源流』、一八—九頁。
（11）*Utopia*, p. 66〔澤田訳、七六頁〕.
（12）*Epigrams*, No. 94, pp. 49, 172.
（13）*Utopia*, p. 56〔澤田訳、六五頁〕.
（14）*Utopia*, pp. 90-4〔澤田訳、九九—一〇二頁〕.
（15）*Utopia*, p. 92〔澤田訳、一〇一頁〕.
（16）*Utopia*, pp. 62, 64〔澤田訳、七二—三頁〕.
（17）*Utopia*, pp. 86, 88〔澤田訳、九五—六頁〕.
（18）*Epigrams*, No. 124, pp. 57, 180-1.
（19）*Utopia*, pp. 88, 90〔澤田訳、九七—九頁〕.
（20）*Utopia*, p. 62〔澤田訳、七一頁〕.
（21）*Utopia*, pp. 238, 240〔澤田訳、二四〇—一頁〕.
（22）*Utopia*, p. 240〔澤田訳、二四一—二頁〕.
（23）*Utopia*, p. 240〔澤田訳、二四一—二頁〕.
（24）*Utopia*, p. 242〔澤田訳、二四二—三頁〕.
（25）貴族の国家における指導的役割の認識については、*History*, p. 12 参照。
（26）*Utopia*, p. 104〔澤田訳、一一二—三頁〕.
（27）*Utopia*, p. 106〔澤田訳、一一三頁〕.

(28) プラトン『国家』（上）、422A, 第四巻第二章、二九七頁、『法律』743D-E, 第五巻第十三章、三二五頁。
(29) プラトン『国家』（下）、550C-D, 第八巻第六章、二〇六頁。
(30) *Utopia*, p. 104〔澤田訳、一一二頁〕.
(31) *Utopia*, p. 242〔澤田訳、二四三頁〕.
(32) *Utopia*, pp. 236, 238〔澤田訳、二三八—九頁〕.
(33) ユートピアの経済制度に関しては、主として「職業について」、「相互のつきあいについて」など幾つかの章で論じられているが、その概要については第一章で述べたので、本章では余り言及されていないものか特に強調する必要のある場合を除き、いちいち引用箇所は示さない。
(34) 保育施設については、乳母とそれ独自の部屋があること（*Utopia*, p. 142〔澤田訳、一四七—八頁〕）を想起せよ。
(35) *Utopia*, p. 120〔澤田訳、一二七—八頁〕.
(36) *Utopia*, pp. 128, 130〔澤田訳、一三六—七頁〕.
(37) *Utopia*, p. 130〔澤田訳、一三七—八頁〕.
(38) *Utopia*, pp. 132, 134〔澤田訳、一三九一四一頁〕.
(39) *Utopia*, pp. 114, 116, 178, 182, 184〔澤田訳、一二三—四、一二七—八、一八二—三、一八五—六、一八六—七頁〕.
(40) *Utopia*, pp. 182, 184〔澤田訳、一八五—七頁〕.
(41) ユートピア人の合理性については、ほかに例えば、ものの自然本性（*Utopia*, p. 150〔澤田訳、一五五頁〕）や反自然的快楽の排斥（*Utopia*, pp. 166-72〔澤田訳、一七〇—六頁〕なども参照）。
(42) *Utopia*, pp. 182, 184〔澤田訳、一八五—七頁〕.
(43) *Utopia*, pp. 178, 106〔澤田訳、一八二、一一四頁〕.
(44) *Utopia*, pp. 162, 164〔澤田訳、一六六—八頁〕.
(45) *Utopia*, pp. 162, 164〔澤田訳、一二七—八頁〕.
(46) *Utopia*, p. 184〔澤田訳、一八八—九頁〕.
(47) *Utopia*, pp. 134〔澤田訳、一四一頁〕.
(48) *Utopia*, pp. 166, 172, 174〔澤田訳、一六九—七〇、一七六—九頁〕.

(49) *Utopia*, pp. 164, 162〔澤田訳、一六八、一六六—七頁〕.
(50) 南原繁『政治理論史』、東京大学出版会、一九六二年、一六〇頁。
(51) *Utopia*, pp. 164, 166〔澤田訳、一六八—九頁〕.
(52) *Utopia*, p. 116〔澤田訳、一二四頁〕.
(53) *Utopia*, pp. 146, 148〔澤田訳、一五二—三頁〕.
(54) *Utopia*, p. 244〔澤田訳、二四五頁〕.
(55) *Responsio*, pp. 274-7.
(56) *Utopia*, p. 104〔澤田訳、一一一—二頁〕.
(57) *Utopia*, pp. 242, 244〔澤田訳、二四三—四頁〕; *The Last Things, in English Poems*, pp. 153-8.
(58) *Utopia*, p. 106〔澤田訳、一一三頁〕. アリストテレスの共有制批判については、山本光雄訳『政治学』岩波文庫、一九六一年、第二巻第五章、七五—七頁参照。
(59) *Utopia*, pp. 98, 100〔澤田訳、一〇五—七頁〕.
(60) *Epigrams*, No. 58, pp. 38, 161; No. 117, pp. 55-6, 179.
(61) *Epigrams*, Nos. 91, 93, 94, 97, pp. 48-50 171-3.
(62) *Utopia*, pp. 68, 70〔澤田訳、七七—九頁〕.
(63) *Utopia*, p. 96〔澤田訳、一〇四—五頁〕.
(64) *Utopia*, pp. 88, 90〔澤田訳、九七—八頁〕.
(65) *Utopia*, p. 196〔澤田訳、一九八—九頁〕.
(66) *Utopia*, pp. 104, 106〔澤田訳、一一二—三頁〕.
(67) この点に関するより詳細な論証については、鈴木「トマス・モアにおける私有と共有」、『トマス・モア研究』第五号、日本トマス・モア協会、一九七四年、一七—二三頁参照。
(68) 特に『法律』、737C, 第五巻第八章、三一三頁及び、743E-745B, 第十二章三二五—六頁を見よ。
(69) *Utopia*, p. 86〔澤田訳、九五頁〕.
(70) *Utopia*, p. 86〔澤田訳、九四—五頁〕. "More's Letter to Erasmus of 31 October 1516", in *Correspondence*, II, No. 481, p. 372.

第九章　モアにおける正統と異端
――『ユートピア』と宗教論争書を中心として――

第一節　宗教論争書

ここで取り上げるのは、モアが正統なキリスト教をどう考え、ルターやティンダルらの批判者の立場をどのように位置付けていたのかということである。以下、信仰の源泉、教会観、聖職、教皇制、異端論、及び異端に対するモア自身の態度の順に述べたい。

1　信仰の源泉

モアは、何よりも、ルターらが信仰の規範ないし源泉として聖書しか認めないことを批判する。すなわち、彼らは「聖書のみ」(sola scriptura)の立場から、そこに明示されていない一切の事柄が拘束力を持たないものとして排除している、とモアは見るのである。問題になるのは、教皇制、贖宥、修道士の誓約、宗教会議の教令、聖なる博士、諸大学、司教、秘蹟、煉獄、聖人崇拝、人間の諸伝承、ミサ[1]、及び死者への祈り、巡礼、聖遺物の崇拝[2]などの教会の伝承(traditione)や慣習である。これらの中に純潔性の重視[3]や化体説[4]も含まれる。

これに対してモアは、聖書と伝承の両方とも信仰の源泉ないし規範であると考えている。モアによれば、神の言葉はある場合には書かれ他の場合には書かれず、ある事柄は、使徒達によって後世に伝えられたか、あるいはキリストによって彼の教会に神々しく語られたのであり、こうして沢山の項目が文書の中に入れられ、多くのことが今までのところではいかなる文書にも含められておらず、七つの秘蹟やそれ以外の信仰箇条は、一部は書かれた言葉によって、一部は書かれざる言葉によって、しかしそれでも神の言葉によって支えられているのであり、両方の言葉が同等に正しく、同等に確かであり、同等に神聖である。(5)

こうしたモアの立場は、次の四点によって根拠づけられている。まず第一に、多数の信者の態度である。モアは、全ての信用できる人々が、キリストがキリスト教信者達に信じて欲しいと思うあらゆることを書き留めるよう気を付けたということをきっぱりと否定していると主張し、(6)このような信者を同時代と過去に見出す。すなわち、ルターやティンダルらの異端者の教会が多様であり、一定の地域の中にあらゆる宗派を含んでいるために普遍的とは呼ばれないのに対して、カトリック教会は、一つの信仰という日の出から日没まで輝く光の故に広く全世界に広まっており、こうした信仰の性格のため普遍的教会と呼ばれている、(7)というのである。

またモアに依れば、設立時から十五世紀に至る全ての教会が、信仰・希望・愛のためになされた善き業が天上において報いられるだろうこと、巡礼や聖人への祈願、全キリスト者の霊魂のために祈ることが良いことであり、善良なキリスト教徒のこの世における祈りと慈善行為が、煉獄の苦しみの中にある霊魂の救済に役立つこと、並びにキリストの正にその聖なる体と血が祭壇のサクラメントの中に存在すること、貞節を公言し誓約した者が自分の快楽のために勝手に誓いを破り結婚することは、合法的にはできないこと等を信じてきた、(8)とされているのである。

第二に、聖書自体である。すなわちモアによれば、ルターは明白な書かれた物以外受け入れないと叫ぶが、彼はこのことを従来聖書のいかなる言葉によっても証明していない、と言うのである。(9)これはルターの主張を逆手に取ったものであるが、このように第一の根拠の所で見たような、過去の長い慣行と共に聖書中のキリストの言葉に訴える論法は、モアの宗教論争書の随所に見られる。例えば贖宥権の擁護[10]や聖職者と俗人の区別、女性聖職者の否定[11]などがそれである。第三に、秘蹟が始められた時期である。モアは、教会の秘蹟が福音書以前から行われていたことを指摘しているのである[12]。最後に、モアによれば教義は伝統であって文書ではなく[13]、そもそも何をもって神の言葉と解するかを判定するのは教会なのである[14]。

2　教会観

モアによれば、ルターらの教会は、神の言葉への「信仰のみによって」(sola fide) 義とされる人々の集まりであり、この教会には罪人は含まれず、善人しかいない[15]。そこでは魂の救済にとって善き業は不要であり、一切の罪が信仰によって呑み込まれるが故に、信仰の欠如以外の何物も人を永遠の罰に処することができないと言うのである[16]。この立場を批判してモアは、教会をキリストを超自然的な頭とする聖なる体であり、キリストの名と信仰を公言している人間の群衆――罪人を含む――がカトリック教会であることは疑いなく明白であると考えている[17]。

こうした教会の体が感覚器官に知覚されるとしても、キリストがその超自然的な頭であるという事実も同様に感覚器官によって説明されるのではなく信仰によって説明されるのであり、また地上で聖なる人は誰でもこの教会の一部であり、この教会は、そこに罪を犯す者がいないからではなくて、地上ではこの教会の一員でない者は誰も神聖でないが故に、ここ地上においても神聖であると言われるという事実もまた信仰によって教えられるのであって、感覚器官によってではない、とモアは信じていたのである[18]。

モアがこのように教会を罪人を含む一般民衆であると見る論拠を補強するために示しているのが、ノアの方舟や使徒の書簡の性格である。すなわちモアによれば、ノアの方舟――これは、教会の形を予示したものなのだが――

の中では、不浄な動物が清浄なものに混ぜられていたし、また例えば、使徒がコリント人やガラテヤ人へ宛てて手紙を書いていた時、これらが教会に宛てられ、そこに見られる罪を非難していたのだと言うのである[19]。

このようなキリストのカトリック教会の全員一致した権威が、全ての人に真の聖書と必要な信仰箇条について確信を与えるものとモアは信じていた[20]。従ってモアによれば、「神の家[21]」であるこうしたカトリック教会の公的な信仰は正しく、誤り得ない[22]。その理由として、モアは次の二つの事項を上げている。一つはカトリック教会がキリストと使徒の時代以来受け継がれ、あらゆる時代と場所のキリスト教諸民族によって守られ続けてきたという事実である[23]。今ひとつは聖霊の導きである。すなわち神の聖なる霊が神の言葉を知り判断し、これを人の言葉から識別するために内的に教えてきたし、現在も教えており、これからも教え続けるであろうと言うのである[24]。言い換えれば、教会に内的に真理を吹き込み、神の全ての教えを伝え、全教会に一つの心を生み出すのが神の聖霊なのであり、これは時間と空間を超えて働く[25]のである。

3　聖職者

このように教会が善悪両方の信者を包含することは、教会をして信者の宗教生活に関与する存在たらしめることになる。その一つの側面が聖職者の権威の問題である。モアによれば、ルターらは教皇であれ司教であれ誰であれ、その同意がなければキリスト教徒にただの一言も強制する権利がないと主張しているとされる[26]。これは聖職者に説教する任務を委ねるとしても、聖職者と俗人とを区別せず両者を基本的に同等と見る[27]、いわゆる万人祭司主義の立場である。これに対してモアは、両者を区別する立場からルターらを批判する。すなわち大多数の信者が、神の礼拝のためであれ犯罪の回避のためであれ、一切の布告が不要なほど完全ではない以上、神の礼拝において人々を教導するように、多くのことを彼らに課する権限を神が与えた人々がいる、とモアは言うのである[28]。これは聖職の神的起源を認める立場であり、モアは聖職叙任も秘蹟と解するのである。[29]

このことをモアは、世俗法を引き合いに出すことによっても正当化している。すなわちモアによれば、もし誰もその同意なしにキリスト者に対してただの一言も課する権限がないとすれば、国王にしても全民衆にしても、反対者に対しては有効ないかなる法も制定し得ないことになり、[30] この意味でも教会には支配権が必要だと言うのである。[31] 但しモアも聖職者の現状には批判的であり、聖職者の数を減らし、より良い者と取り替えることが必要だと考えていた。[32]

また、ルターらが女性にも聖職者になることを認めるのに対して、モアはこれを否定している。その根拠として、モアの常であるキリスト教世界の伝統が示されている。すなわちキリスト教徒の女性が告解を聞くことを許されたり、聖職者になって聖餐式を行うのに適していることを認めた民族がこれまでなかった、とモアは主張するのである。[33]

更に、聖職者の結婚を合法的と見るルターらをモアは批判し、これを認めない。モアは、独身か結婚かの問題について、コリント人への第一の手紙の中のパウロの言葉を引き合いに出して述べている。すなわち教会は聖パウロが言うように、カトリックの信者が結婚生活を送るよりも童貞に留まることの方が良いと言っているが、それにも拘わらず、もし一人の男が一人の女と全生涯を送るならば、教会もパウロも、結婚生活を否定していない、[34] と。しかしながら、結婚しないと誓いを立てた者の場合は事情が異なる、とモアは考えた。例えば夫を亡くした妻が神に貞節を誓った後で再婚すれば、彼女は以前の信仰を破ったが故に神の呪いを受ける、とモアはやはりパウロを引証して述べているのである。[35]

こうした立場に立つモアによれば、修道士が修道女と結婚することは忌むべきことであり、例えばティンダルが、師であるルターに倣い、これを大変結構で合法的だと言うことは否定される。[36] なぜならば、それは自ら誓いを立てて修道士や修道女になった者が、その後自分の宗教から逃げ出し、誓約を背後に投げ捨てて、恥ずべき肉欲に陥ることを意味し、「この千五百年間、キリスト教世界の全ての善良で誠実な人々が忌み嫌ってきたことであり、許されないことだからである。(37)」。それだけに留まらず、モアはそれを売春であると見ていた。彼に依れば、神に対して永遠の貞節を誓った聖職者がこれを破って結婚することは、結婚ではなく売春そのものにほかならず、聖職者がその二倍、三倍にその地位を汚すものなのである。(38)

また、直前の文中の鈎括弧内のような表現の繰り返しは、マーツが指摘しているように、様々な読者に対して効果的な諸機能を有するのであるが、(39)聖職者の結婚についてモアは、聖母の処女性とも関連づけてその反対理由を説明している。すなわち、モアによれば聖母の永遠の純潔の決意が神に対する誓約であり、マスカーらのルター派がその誓約を無視して結婚を不法に行ったという口実の下にこれを合法的に破棄しても良い、というのは当たらないというのである。(40)

4　教皇制

既に見たように、ルターらが教皇制を聖書に根拠がないとして否定するのに対して、モアはこれを擁護している。その論拠は史実に求められる。すなわちモアに依れば、教皇職は教会の頭であるキリストが自らの首位権を代理するものとして置いたのであり、彼によって初代教皇としてペテロが選ばれ、その後教皇職が連綿と受け継がれてきていると言うのである。(41)これは、ペテロの司教座ないしローマの司教座とも呼ばれるが、全ての民族の合意に依って長期間変更されてこなかったことを変更することが禁じられていることをだれもが知っているのであり、実際変更が長い間なかったが故に、母なる第一の司教座として多くの諸民族によって崇拝されている、とモアは述べて自説を補強している。(42)

またルターらが教皇の性格を問題にするのに対して、モアはカタリヌスと共に職務と人間とを区別する立場を取る。モアによれば人間と職務、行為と権威、徳と権力とは別のものであり、神が善行に約束した天上的生命が邪悪で罪を犯している者から取り上げられるとしても、神がその職務と一緒にしたこの世の権威は取り上げられないと言うのである。(43)

この場合モアは、人間と職務を一体と見ることがもたらす結果をも考慮に入れている。すなわちもし人間の欠点が職務に負わせられるのであれば、教皇職のみならず王権や一切の統治職がなくなり、法と秩序の存在しない最悪の事態に陥るし、時として一人や二人の良い教皇が出ることを思えば、教皇制は廃止するよりも改善される方がはるかに良いと言うのである。(44)

ところでモアは、ルターとティンダルの思想の差異(45)を気に留めず、またルターの多くの著作を読んでいないように見え、その思想の変化についても注目していない。これは諸論争書を研究のためではなく、主としてモアが彼らを論破することを目的として論敵を批判し、弱体化することを狙うことを目的として執筆、刊行されたためであろう。

5　異端論

モアによれば、民衆がルター派に引き込まれ悪行に走るのは、次のような事情による。(46)すなわち、例えば新約聖書の各国語訳は、ティンダルの英語訳に見られるように、これに接した無学な民衆に対して、彼らが自分の誤りに気付く前に害を与え、様々な邪説をその心の中に抱かせるのであるが、その際ルター派の教説が信仰だけを強調し、福音書以外の一切の権威を認めないことが、その原因になっているというのである。より具体的に言えば、ルターやティンダルらは聖書を有害な異端の説を広めるために故意に異端的に翻訳し、彼らの翻訳は悪意に満ちて誤っており、しかも彼らの著作が扇動的で、多くの無学な人々が、人間によって作られた法によって拘束されるはずがない、ということを否定しないと断言することによって、人々を唆かしてその支配者に対して不従順で反抗的であるように仕向け、彼ら自身の破滅をもたらしているとモアは見ていたのである。(47)

その結果発生したのが、ドイツ農民等の反乱やローマの劫略というおぞましい事態だったとされている。(48)後者の場合、その実態とそれが本当にルター派のドイツ人傭兵によって引き起こされたのかどうかの事実を確認するべき問題に関して、モアは関心を示さなかった。その理由はモアが、その主力がスペイン軍だったこの事件を、噂に基づいて反ルター派の宣伝のために利用する目的を持っていたからである(49)ように思われる。

モアに依れば、こうした異端者は窃盗や殺人者、教会の強盗よりはるかに悪く、反逆者と同等である。(50)なぜならば、モアにとって異端者は社会の平和を乱す者であるだけに留まらず、(51)神に対する反逆者でもあったからである。(52)それどころか異端をモアは最悪の罪とすら考えていた。すなわちモアによれば、誓いを立てた修道士や修道女の結婚を認めるような異端は、「キリスト教世界から生じた最悪の犯罪」であり、(53)その教えは、「悪魔の教義」である。(54)こうして「異端ほど神を怒らせる罪はなく」、他のどんな罪よりも厳しく処罰されるにそれは十分値する、(55)ということになる。

こうした異端者は、モアによってあるいは「愚かな頭」(56)とか「狂った愚者」(57)、と悪態をつかれ、あるいは「聖なるルター」(58)と皮肉られ、マスカー、ルター、並びにフリスの三人は、「悪魔自身がこれ以上悪く作ったことがなかった三人の忌むべき瀆神の異端者」と極めつけられている。(59)こうしてトマス・アクィナスらのスコラ学者の節度ある表現からかけ離れて、(60)異端者は暴君と共に「地獄の門」と呼ばれ、(61)異端は「致命的な罪」(62)として断罪されることになる。こうしてモアに依ればルター派は、その意見とみだらな生活が示しているように、これまでキリストの教会の中に生じた最悪で最も汚らわしい異端者ということになる。(63)

それではなぜ人はこのように忌むべき異端に陥るのであろうか。その内面的な原因をモアは次のように説明している。すなわち、モアに依れば人は忌まわしい激情から姦通に陥り、怒りの激情によって殺人を犯し、高慢の激情によって多くの人々が反逆に陥るのであるが、この高慢という激情によって人々は異端に陥り、時として明白な狂乱にも陥る、と言うのである。[64]従って、こうした異端の激情において異端者達は、不作法に話しあるいは現行の諸秘蹟に反論し、聖母だけでなく我々の救い主自身をも冒瀆し、あるいは聖餐をひどく蔑み、ミサを嘲笑い、はたまた聖なる秘蹟におけるキリスト自身の体と血をののしることになる、とモアは考えた訳である。[65]またモアは、「大胆な理性」を「多くの異端の母親」とも見ている。[66]

ここに見て取ることができるのは、異端を生み出す内面的な原因が信仰ではなく理性と関連のある高慢（pride）であり、これが為政者の政治のやり方ばかりでなくキリスト教の現在とキリストを否定しようとする激情である、ということである。要するに他の人間と神とに優越しようとする衝動である高慢が反逆と共に異端をも生み出すというのが、モアの異端の原因についての見方である。

こうした異端者の取り扱いについてモアは、教会法の規定を擁護している。[67]すなわち最初の過ちにおいて人は、あらゆる異端を公然と捨て、誓って否認させられ、そのために苦業を罪滅ぼしとして司教が指定した苦業を行い、こうしてその人は再びキリストの教会の恩恵と援助の中に受け入れられる。しかし、この者がその後間もなく同じ罪に捉えられるならば、その時には当人はキリスト教信者から追放される。その理由は、この者の会話がキリスト教徒の間で危険であり、従ってこうした異端者は世俗の役人に委ねられ、その手によって処罰される。[68]モアに依れば彼らは窃盗や殺人者、教会の強盗よりはるかに悪く、反逆者と同等であるが、教会がこうした人間を再び受け入れることはないけれども、死の時にこの者が悔い改めの印を示して請求し次第、この者は罪を許され、再び受け入れられるのである。[69]その際死刑の種類は、火刑である。[70]このような手続を定めた教会法はモアに依れば適切で道理

に適っており、情深く、仁愛の精神に富んでいる。(71)

こうした世俗権力による異端の排除は、モアにとって信仰の維持のためばかりでなく、人々の間における平和の維持のためでもあった。(72)それにしてもなぜ火刑なのであろうか。その理由は二つある。一つは伝統であり、もう一つは効果である。モアによれば、第一に、アウグスティヌスや聖ヒエロニムスの時代以降、イタリアやアルメニア、スペインなどのキリスト教世界の各地で異端者が増加し、これに対して最後の手段として多くの厳しい処罰が案出されたが、中でもイングランドでは、良きカトリックの王国として、異端者が長らく火中の死によって罰せられてきた、というのである。(73)特にヘンリー五世の時代には、コバム卿がある異端説を主張したのでその異端者が増加し、彼自身はウェールズに逃亡したにも拘わらず、異端者達はロンドン近くの野原に多数集合し、国王と貴族達に危機感を与えたために抑圧され、多くの者が処刑され、その後コバム自身も捕えられてロンドンで焼かれるという事件が起こった。これを切っ掛けにして議会においてこれまでの規定に加えて申し分のないしっかりした規定が作られた、とされている。(74)ここにもモアにおける宗教上の伝承主義が現われている。

第二は、火刑の実質的な根拠としての効果である。モアは火刑という苦しい刑罰が異端者の増加を抑止する効果があると考えていた。(75)すなわちモアに依れば、君主達には自分の民衆が異教徒によって侵略されるのを防ぐ義務が疑いなくあるように、彼らには、民衆が異端者によって迷わされ堕落させられないように努める義務もある。なぜならば、異端者は短期間に増大して人々の魂を神から引き離し、善行を失わせ、民衆の扇動や暴動、内乱によってその肉体を破壊してしまうだろうが、最初の数人を処罰すれば、これら全てのことが、初期には全く容易に避けられるだろうからである。より具体的に述べれば、この措置によって少数の最初の異端者は抑圧され、必要なら全く根こそぎにされてしまい、はるかに少数の者しか彼らに追従する気にはならないであろう。これとは逆に、もし異端者が処罰される代わりに嘆願され好意を示され、丁寧な言葉や褒美によって再び家に帰されるならば、ほとんど効果がない。というのは、最初彼らが思い上がりによって異端に陥ったのだから、そうしたやり方は彼らをますます尊大にし、より多くの人々を彼ら自身によって転じ、その結果もっと多くの人々を異端に陥らせるからである。

このような異端裁判の手続は、モアによれば複雑なものである必要はない[76]。すなわち、そこでは契約に関する事件の場合に使われる普通法の裁判手続が簡略化され、正直で信用できる証人が存在すれば良いとされている。なぜならばモアは、異端の罪が極めて重大で忌まわしいのだから、それがより厳しく、しかも余り好意的でなく取り扱われるのが当然だと考えたからである。

異端審問については聖職者に任せられているが、異端者を処罰するのは聖職者ではなく世俗権力の役目であるから、異端者と判定された者は聖職者によって世俗権力に委ねられるとモアは考えていた[77]。その際異端者は破門された者としてキリスト教信者から放逐され、教会が彼らを再び受け入れることは容易ではないが、死の時に悔い改めの印を示して求めれば許され、再び受け入れられるのである[78]。

6　歴史的モアと異端者

モアは彼が大法官の時、自宅の庭木に異端者を縛りつけ、拷問を加えて彼らを取り調べ、ひどく打ったものだという異端者達の話に関して、二例を除き嘘だとしてこれを否定している[79]。モアによれば、その一つは子供で、モアの自宅の召使であった。彼は、現在アントワープで結婚しているジョージ・ジェイによって、祭壇の聖なる秘蹟に反対する野卑な異端を教えられていたのであるが、その後モアの下に仕え、ジェイの助言に従ってモア宅の子供達にその異端説を教え始めたので、これを知った時点でモアが、彼自身の矯正とそのほかの者達への見せしめにするために、自分の召使に命じて彼を家族の前で鞭打たせた、というのである。

もう一つは、狂気の異端に陥った後、間もなく明白な公然たる狂乱にも陥った男である。彼は街を徘徊し、教会にやってきてミサの最中に騒ぎ立てたりするなどの奇行に及んでいることを、あちこちの立派な聖所から通報され、非常に敬虔な宗教者達によって彼に何か指図するよう求められたので、彼がモア宅の近くにさ迷って来た時、モアが警官達に彼を連行させて、全町に面した通りの木に縛りつけさせ、彼らがこの者を疲弊するまで棒で打ったというのである。

なお、モアによると、この人は自分の過ちを悔い、言動も正常になり、今後言動を慎むことを約束したのであるが、神に感謝したいことに、今は彼について何も悪いことを聞いていないと言う(80)。

第二節　ユートピア

ユートピアにおける正統と異端について、ここでは信仰内容と信仰活動の両面に分けて検討したい(81)。

1　信仰内容

ユートピアの宗教については第一章などで論じているので、ここでは最小限の記述に留める。ほとんど全てのユートピア人が一致して信じていることは、全世界創造と摂理の原因である唯一の最高存在――ミトラス（Mythras）と呼ばれる――が有ること、人間本性の尊厳と霊魂の不滅、並びにこの世の行状に対する死後の賞罰、すなわち善行が救済の条件であることの三点である。『ユートピア』の中では、正統や異端の語が全く使われていないが、この少数信仰箇条の立場を正統信仰と解することが可能であるように思われる。

大部分のユートピア人はこの唯一の神的存在を、人間の精神を超え、永遠無量で説明不可能であり、物体としてではなく、能動力によって全世界に遍く充満しているものと考えており、これを父（parens）と呼んでいる。これとは異なり、あるいは太陽や月などの惑星を神として礼拝する者、あるいは徳や名声の高かった先人を神、それも最高の神とさえ見なしている者もいる。こうした立場は先に述べた多数派の立場から見れば異教的と言えそうであるが、上記三点の信仰箇条に抵触しない限り彼らも容認され、それ故に差別されることはない。

しかしながら、神の摂理や霊魂の不滅、死後における賞罰を認めない者は、霊魂の持つ崇高な本性を動物の次元にまで引き下げてしまった者として、人間の一員には数えられない。彼らは市民の一員に加えられず、いかなる役職、公的任務、栄誉も与えられず、どこでも無為無精者だとして軽蔑される。というのは、彼らは刑罰を科する法律以外に恐れるものはなく、肉体の次元を超えた希望を持たないのだから、ユートピア人の社会制度や生活風習に全く価値を認めず、自分の私的欲望のために違法行為や脱法行為を試みるに違いないと考えるからである。けれども、彼らが刑罰を加えられることはない。なぜならば、ユートピア人は人が自分の選ぶことを信じるのは、何人も動かし得ないことだと確信しているからである。

またユートピアには動物の魂も永遠不滅だと考える者が少なからず存在する。これは一種の異端と言えるし、彼らは動物の魂も人間の魂とは価値的に比較にならず、等しく幸福のためには創られていないが、永遠不滅と考えるのである。この見解は誤りであるが、全く理不尽と言う訳ではなく、人間として邪悪でもないので、彼らには特に規制が加えられることはない。

2　信仰活動

ユートピアでは、通常の信仰活動は自由であるが、公定の三つの信仰箇条を認めない者の言論活動には、大きな制約が加えられている。すなわち、彼らが自分の意見を一般民衆の前で論じることは禁じられているのである。しかし、聖職者や要人の前で論争することは認められ、否、むしろ勧められている。そうすることによって、彼らの狂気も結局は道理に道を譲ることになるとユートピア人は信じているからである。

公的な礼拝式は定期的に行われるが、全宗教に共通な形式を内容とする。独自の礼拝様式を持つ宗派があれば、その礼拝式は自宅で執り行われる。三つの信仰箇条に反しない限り一般民衆の信仰活動は自由であるが、その方法については一定の条件が付けられている。布教活動は理性的、平和的に行わなければならず、余りにも激しく自説を主張する者は、追放か「奴隷」刑（現在の無期懲役刑に相当するもの）(82)によって処罰される、というのがこれである。

こうした規定が置かれた理由は二つある。一つは平和に対する配慮であり、もうひとつは宗教自体の利益である。前者については不断の宗教闘争が社会を分裂、混乱させるという事情がある。また、後者に関しては、宗教上の真理があるとすれば、理性的に節度をもって扱えば自然の力によってそれがいつかは顕現するだろうが、騒乱になればそれが不可能になり不合理な宗教が他を圧倒してしまうだろうというユートピア人の認識がある。

この規定に違反した例は次のようなものである。キリスト教徒になったばかりのある熱狂的な信者が、公の場でキリスト教の優越性を主張しただけでなく、他の宗教を激しく攻撃、否定したために、この者は追放刑に処せられたという。この場合、その理由が彼が宗教を冒瀆したことにではなく、人々の間に騒擾を引き起こしたことに求められている。その拠になったのが、何人も自分の宗教故に損害を被ることがあってはならないというユートピア人の最古の社会規定の一つであった。

司祭は非常に聖なる人達で、数も極少数である。彼らは学者身分の中から民衆の秘密投票によって選挙され、同僚によって任命される。一般の聖職者の上に、彼らを統轄する聖職者の長、すなわち司祭長が各都市に一名ずつ置かれている。聖職者の任務は大きく分けて四つある。第一に宗教に関すること、すなわち神意の解釈、公的な礼拝式の主宰及び宗教生活の世話であり、第二に一般民衆の生活道徳に関する審査であり、第三に子供や青少年の教育である。この場合聖職者の役割は、正しくない生活を送っている者に対して勧告や警告を発し、時には最も恐れられている罰である礼拝式への参加禁止措置を講ずることにあり、その矯正や処罰は世俗権力によって行われる。しかし、この言わば破門された者が聖職者に早急に悔俊の印を示して許しを得れば、世俗権力による処罰を免れる。最後に、そこから上級の為政者が選ばれる学者の推薦権である。

司祭自身は公の裁判に掛けられず、神と自分自身にのみ責任を負う。ユートピアでは聖職ほど名誉ある役職はなく、これに就いている者がたとえ犯罪者であっても、献げものとして特別に神に委ねられた者（司祭）に人間の手で触れることは許されないと考えられているからである。女性にも司祭になる道が閉ざされていないが、これは稀であり、高齢の寡婦に限られている。また、男性の司祭には結婚が認められ、配偶者になるのは選り抜きの女性である。更に、宗教上の動機からただ他者に対する奉仕に専念する、修道士に類する人々がおり、彼らは独身を貫く者と結婚する者との二種類に分かれている。

第三節　宗教論争書とユートピア

まず、モアの宗教論争書と『ユートピア』の類似点として次の十点が挙げられる。第一に基本的な信仰内容である。形式的には、キリストとミトラスの違いがあるが奇跡を認め、善行を救済の条件とすることなども含め実質的な信仰では両者が一致している。第二に正しい信仰は一つという立場である。確かにユートピアにおいては唯一の宗教が確定されていない。しかし信仰活動の自由が認められていることが唯一の正しい信仰を実現するための前提条件であること、並びにユートピア人達が「いろいろの迷信的考えから段段に脱却し、理性的に見てほかの宗教に優っていると思われるあの唯一の宗教に合一しつつあります[83]」という記述に照らして、このことが推定できる。

第三に伝統重視の立場である。ユートピアの場合でも宗教に関する古い規定、しかも建国者ユートプス王の治世の初期に定められたそれが、現在でも同様の効力を保っていることから、このことが言える。第四に宗教が社会生活の土台であり、これを様々な側面において混乱させるものが高慢であるという認識である。『ユートピア』の末尾における社会悪の根源としての高慢に対する厳しい批判[85]がこれを裏付けているが、高慢などの悪徳が入り込む余地がユートピア人の制度の中にはない[86]という記述に照らして、ユートピアの社会制度には高慢を規制する側面があることが分かる。

第五にこうした高慢初め人間の悪徳である貪欲や怠惰を規制するために、政治・経済・社会生活並びに宗教生活において法と権威とが必要であるという認識である。第六に宗教と政治の区別と宗教的価値の優位性である。宗教論争書でも『ユートピア』においても両者が原理的に区別され、それぞれが人間の社会生活上の機能を分担するが、人間の最終目的である救済の条件であるこの世における善行を為しうる環境を整備するために、世俗権力が奉仕するという構図が見られるのである。『ユートピア』においてこのことを端的に示しているのが、その末尾に示された公的な礼拝式における最後の祈りの言葉であろう。これは繰り返しになるが、『その時が早いかおそいかは自分で決めようなどとは思いませんが、安楽な死のあとで私を御許に引き取ってください。けれども、神の威光を傷つけることがないかぎりどんなに運のよい生涯であろうとも神から長いあいだ遠ざけられているよりは、たとえ苦しい死を味わっても神の御許に参れるほうが私にとってはずっと本懐です[87]』。

第七に俗人と聖職者の区別と、聖職者の数が少数であるべきだという立場である。第八に熱狂的、大衆運動的な宗教活動による社会的混乱の防止という見地である。モアがルターやティンダルによる聖書の近代語訳を批判したのは、翻訳の主観性や教義の問題性と共に、このことにも関係している。というのは、それらを読んで盲信した無学な民衆が直接行動に走り、社会を混乱させるからである。丁度最近洗礼を受けたばかりのユートピア人による狂信的な布教活動のように。従って、ユートピアにキリスト教が布教され、浸透したにも拘わらず、聖書初め経典類に関する記述が皆無であることは、伝承を重視するモアの立場に対応すると共に、民衆によるその誤解の可能性とも無関係ではないように思われる。また、異端者の世俗権力による処罰という点も、共通点の一つである。こうしたユートピアの国内における宗教的抗争、社会的混乱が、他国による介入や征服を招くという認識[88]も、宗教論争書の中に散見される、キリスト教世界の混乱、分裂がトルコの脅威を増幅したという見方と軌を一にしている。

これに反して第九に個人的な次元における異端の言動については寛容であること。この点については、『弁明』の中で示された二人の異端者に対するモア自身の対処法(寛容)と、ユートピアにおける異端者の処遇を想起したい。また、モアの長女マーガレットの夫ロウパーがルターの教義にかぶれた際に、モアがその誤りを何とかして正そうと熱心に彼の説得を試み、結果的に功を奏した事実[89]も、このことを裏書きしている。

最後に修道士の独身制という立場である。宗教論争書における誓約した修道士の独身制に関しては明白であるが、ユートピアの場合、宗教的動機から奉仕の生活を独身で送る「より聖なる人々[90]」が、名実共にこれに相当するものと解される。

なお、モアがルターの結婚を繰り返ししかも感情的とも言えるほどに批判したのは、彼の自らの体験によって裏付けられた確信に由来するものであろう。ロウパーによれば、モアは一四九九―一五〇三年頃に、カルトジオ修道会で誓いを立てずに宗教的に厳格な生活を送った後、一五〇四年に結婚生活の道を選んでいるのである[91]。エラスムスの伝える「不貞な司祭」になるよりも「貞潔な夫」であることの選択であった[92]。モアにとっては、誓願して修道士になった者がこれを公然と破棄し、更には他者に対して結婚さえ勧めることは、言語道断の仕儀だったのである。

次に両者の相違点として、以下の三点が挙げられる。まず第一に表現法の違いがある。というのは、宗教論争書では、タンスタルの依頼もあって、ルター派に対する感情的、攻撃的な言辞が多用され、しかも一般に繰り返しが多く、文章が冗長である[93]。

もっとも、『ユートピア』も必ずしも十分整理された著作ではなく、また、宗教論争書においても修辞法、説得術が生かされ、[94]対話法も採用されているが、[95]『ユートピア』には、現状批判的な表現があるが、感情的な表現は少ないのである。本章で取り上げた六つの相似た宗教論争書の書名に、いずれも異なる標題が用いられていることが、何よりもモアが宗教の統一を実現したかったことを象徴的に示している。両者の相違は、主として、著作の性格と戦術の差に由来するもののように思われる。というのは、両者の意図が、その対象の範囲に違いはあるが、それぞれ現実社会の間接的、直接的批判にあったからである。

第二に非理性的な布教活動に対する刑罰の種類が異なっている。すなわち、ユートピアにおいては追放か「奴隷」の刑であるのに比して、宗教論争書では火刑が提唱されているのである。この量刑の違いは、両者における異端者の数、従って社会に対する危険性の差と、ユートピアの地理的位置によるものと解される。というのは、新発見の孤島とされているユートピアでは、危険な者が極少数――キリスト教徒の一例――が明示されているのに比して、ヨーロッパにおいては活発な異端がかなり広がり、潜在的な異端も少なくなかったからである。こうしたヨーロッパの現状においては、国外追放や懲役刑よりも火刑の方が予防と見せしめの効果があるとモアが考えたのであろう[96]（その際「奴隷」刑が軽減されるか釈放され、これに反して、反抗的な受刑者や姦通の再犯者は死刑に処せられることと軌を一にしている点は、両者の共通点ではあるが）。

最後にユートピアにおいては、女性の聖職者と男性聖職者の妻帯が認められていることである。しかし前者の場合その資格は高齢の寡婦に限られ、しかも女性が聖職者になることはまれであり、[97]実際にいるかどうかも不明である。モアが、女性も男性と同様に学識と徳性を身に付け生活の諸条件が完備した在るべき社会において、夫の指図を受けず子供の世話をする必要のない、取り分け有徳な高齢の寡婦に限って、聖職者への道を開く論理的可能性を認めたとしても、あながち不思議ではないであろう。しかし上述のように、実際には彼はこれを否定している。

また男性の聖職者の場合、選り抜きの女性が配偶者になるとされているが、その家庭生活に関する記述は僅か一箇所に過ぎない。すなわち、共同食事の際にその部族の区域内に礼拝堂がある場合には、そこの聖職者とその妻が部族長と同席して座長を勤めるというのである。[98]従って、この問題――例えば聖職者に子供がいるかどうかも含め――について厳密な判断を下すことはできないが、これも女性の司祭同様、恐らくユートピアが新発見のキリスト教の啓示がなかった地域に場面設定されていることと関わっているように思われる。[99]これも現実にはモアによって否定されている。

このように、制約は有るにせよ、一種の宗教寛容思想もモアの思想史に対するの一つ貢献であると考えられる。

モアは、『ルターへの反論』の中で、ルターが聖職叙任式を秘蹟とは考えられていないと主張したことについて、「多分彼はそれをユートピアで見たのだろう」（文中の見出し）と書いている。[100]これは、ルターが教皇の教会とキリストの教会を区別しているように見える点をモアが皮肉ったものであるが、ユートピアにおいては、キリスト教に改宗したユートピア人に秘蹟を施せる司祭が存在せず、しかも（この時点で仲間二人が死亡し、四人になっていた。[101]）そもそもそれが「どこにも無いところ」なのである。

『ユートピア』の記述の中でより興味深いのは、キリスト教徒の聖職者選びに関する記述である。すなわち、五年余りユートピアに滞在したヒュトロダエウスら四人のヨーロッパ人の中に司祭がいなかったので、秘蹟に与ることを熱心に求めるユートピアのキリスト者達が、司教の特派なしに彼らの一人が司祭の資格を得られるものかどうか真剣に議論し、その候補を選ぶのではないかと思われたが、ヒュトロダエウスらの出国時までにはそれがなされていなかった、というのである。[102]このことは意味深長であるが、ユートピアのキリスト教信者達が、ローマ・カトリック教会に司祭の叙任を申請した時点で、もしこの者が妻帯者だったり、女性であったりすれば――キリスト教の布教をきちんと受け入れ、これを正しく理解した者にはあり得ないことであるが――、これらのユートピア的な制度や慣行が修正されるものとモアが考えていたと推定することは、必ずしも的外れではないように思われる。要するに、聖職者の資格の相違は、主として、宗教論争書と『ユートピア』の著作の性格の違いによるものと解される。これらは、上述のように、宗教論争書の中では、明確に否定されているのである。

結　語

以上のように、正統と異端に関するモアの宗教論争書並びに『ユートピア』の内在的理解と相互比較が教えるのは、両者の相違であるよりはむしろ類似である。確かに、前期においてはカトリシズムの細部についてまでは自覚的に検討しておらず、ルターによるその批判がこれを本格的に考察する切っ掛けになったことは否定できないし、ルターの教説の影響力の大きさに驚いたために過剰反応したこともあるであろう。しかし、長期に亘る伝統と唯一の信仰を守る教会の権威を重視するモアの立場は、一貫している。その際モアが目指したのは、言わば体制内の改革であり、教会内部からその既存の諸機関――教会会議や教皇――を通じての平和的で漸進的な改革であった。その方法として重視されたのが、理性に訴える説得や教育である。

従って、モアが一貫して重要視したのは、制度の改革よりは人間の質の向上、改善であった。モアの基底には、こうしたエラスムス的な人文主義的改革の精神が存在し続けていたのである。後期のモアを保守的に見えさせるのは、現実のあるがままの人間を前提とする冷徹な態度と、掛け替えのない自分の信仰を守ろうとする実存的な立場であろう。後者は例えばモアの論敵ルターとの共通点であり、親友であったエラスムスとの相違点である。三人の生き方は、時代の問題に真正面から立ち向かう三つの典型として興味が尽きない。

【注】

（1）*Responsio*, pt. I. , pp. 256-57.

（2）*Dialogue*, pt. I, p. 3.

（3）*Answer*, pp. 58-63; *Responsio*, pp. 88-9: Confutation, pt. I, pp. 306-7.

（4）*Answer*, pp. 53-4; *Resposio*, pp. 440-9.

（5）*Responsio*, pp. 240-3.

（6）*Responsio*, pp. 122-3.

（7）*Confutation*, pt. II, p. 976.

（8）*Confutation*, pt. II, pp. 1033-4.

（9）*Responsio*, pp. 122-3.

（10）*Responsio*, pp. 324-9.

（11）Responsio, pp. 194-5.

（12）*Responsio*, pp. 88-9, 232-3.

（13）*Responsio*, pp. 198-9.

（14）*Responsio*, pp. 242-3. この点については、B. Gogan, *The Common Corps of Christendom: Ecclesiological Themes in the Writing of Sir Thomas More*, Leiden, 1982, p. 295 を参照。

（15）*Responsio*, pp. 176-7, 200-1.

（16）*Responsio*, pp. 176-7.

（17）*Responsio*, pp. 200-32

（18）*Responsio*, pp. 198, 202.

（19）*Responsio*, pp. 200-1.

（20）*Responsio*, pp. 198-9.

（21）*Confutation*, pt. I, pp. 389, 561.

（22）*Responsio*, pp. 250-1; *Confutation*, pt. I, p. 166.

(23) *Confutation*, pt. I, p. 389.
(24) *Confutation*, pt. I, p. 226.
(25) *Responsio*, pp. 622-3.
(26) *Responsio*, p. 271.
(27) *Responsio*, pp. 194-95; *Confutation*, pt. I, p. 166.
(28) *Responsio*, pp. 270-1, 278-9.
(29) *Responsio*, pp. 118-9; *Confutation*, p. 594.
(30) 但し、ルター派は別の著作の中で世俗権力をより重視する立場を取っている（例えば、一五二三年刊の『この世の権威について、人はどの程度までこれに対し服従の義務があるのか』、「ルター著作集」第一集第五巻、聖文社、一九六七年、一三九頁参照）。
(31) *Responsio*, pp. 196-7.
(32) *Dialogue*, p. 295.
(33) *Responsio*, pp. 194-5.
(34) *Confutation*, pt. II, p. 699.
(35) *Confutation*, pt. II, p. 716.
(36) *Confutation*, pt. II, pp. 715, 482.
(37) *Confutation*, pt. I, p. 141.
(38) *Confutation*, pt. I, p. 307.
(39) L. L. Martz, *Thomas More: The Search for the Inner Man*, New Haven and London, 1999, p. 34.
(40) *Answer*, pp. 215, 58-9.
(41) *Responsio*, pp. 130-35; *Confutation*, pt. II, pp. 962-3.
(42) *Responsio*, pp. 194-5, 344-5.
(43) *Responsio*, pp. 132-5.
(44) *Responsio*, pp. 140-3.
(45) W. D. J. Cargill Thompson, "The Two Regiments: The Continental Setting of William Tyndale's Political Thought", in *Reform*

and Reformation England and the Continent c. 1500-c. 1750, ed. D. Baker, Oxford, 1979, p. 32.

(46) *Dialogue*, pp. 368-9.

(47) *Confutation*, pt. I, pp. 31-2.

(48) *Dialogue*, pp. 368-72.

(49) "Persecution and Toleration in the English Reformation", in *Persecution and Toleration*, ed. W. J. Sheil in *Church History* 21, Oxford 1984, pp. 168-9; R. C. Marius, Appendix C, "Sack of Rome", in *Dialogue*, pt. II, pp. 773-7.

(50) *Apology*, pp. 117, 136 ; *Debellation of Salem and Bizance*, Vol. 10, p. 110.

(51) *Apology*, pp. 134-35.

(52) *Apology*, p. 136.

(53) *Apology*, p. 45.

(54) *Apology*, p. 39.

(55) *Dialogue*, p. 407.

(56) *Confutation*, pt. I, p. 482.

(57) *Answer*, p. 8.

(58) *Confutation*, p. 689.

(59) *Answer*, pp. 118-9.

(60) A. Kenny, *Thomas More*, Past Masters; Oxford, 1983, pp. 102-3.

(61) *Confutation*, pt. II, p. 807.

(62) *Confutation*, pt. II, p. 588.

(63) *Dialogue*, p. 427.

(64) *Apology*, p. 149.

(65) *Apology*, p. 149.

(66) *Responsio*, pp. 90-1.

(67) *Dialogue*, pp. 405-10.

(68) *The Debellation of Salem and Bizance*, CW, vol. 10, ed. J. Guy, R. Keen, C. Miller and R. Macugugan, 1987, pp. 116-7 (hereafter, *Debellation*).

(69) *Debellation*, p. 110.

(70) *Debellation*, pp. 116-7.

(71) *Dialogue*, p. 410.

(72) *Dialogue*, p. 406.

(73) *Dialogue*, p. 409.

(74) *Dialogue*, pp. 409-10.

(75) *Dialogue*, pp. 430, 415-16.

(76) *Dialogue*, pp. 260-61.

(77) *Dialogue*, p. 410.

(78) *Dialogue*, p. 410.

(79) *Apology*, pp. 117-18.

(80) *Apology*, p. 118.

(81) 本節の以下の記述については、「ユートピア人のいろいろな宗教について」(*Utopia*, pp. 216-30〔澤田訳、二一九—三一頁〕) 参照。

(82) 鈴木「構造」、一四六—四七頁。

(83) *Utopia*, p. 216〔澤田訳、二一九頁〕.

(84) *Utopia*, pp. 218, 220〔澤田訳、二二〇—三頁〕.

(85) *Utopoia*, pp. 242, 244〔澤田訳、二四二—五頁〕.

(86) *Utopia*, p. 138〔澤田訳、一四四—五頁〕.

(87) *Utopia*, p. 236〔澤田訳、二三八頁〕.

(88) *Utopia*, pp. 218, 220〔澤田訳、二二二—三頁〕.

(89) N. Harpsfield, *The Life and Death of Sir Thomas More, Knight, Sometime Lord High Chancellor of England*, in W. Roper & Harpsfield, *Lives of Saint Thomas More*, ed. E. E. Reynolds, London, 1963, pp. 100-3.

(90) *Utopia*, p. 226〔澤田訳、二二八頁〕.
(91) Roper, *The Life of Sir Thomas More, Knight*, in W. Roper & N. Harpsfield, *Lives of Saint Thomas More*, ed. by E. E. Reynolds, London・New York, 1963 p. 4. Roper, *Thomas More*, p. 4〔松川昇太郎訳「ウィリアム・ローパーの『トマス・モア伝』」澤田昭夫・田村秀夫・P・ミルワード編『トマス・モアとその時代』、研究社出版、一九七八年、四五頁〕.
(92) 一五一九年七月二三日付エラスムスのフッテン宛書簡、*Correspondence*, Vol. 4, No. 999, p. 18〔澤田「エラスムスの『モア伝』について——ヒューマニストの人間像」、澤田ほか編『モアとその時代』、一一頁〕.
(93) Ex., R. Pineas, *Thomas More and Tudor Polemics*, Bloomington, London, 1968, pp. 218-9.
(94) E. g., T. M. C. KLawler, 'Introductrion' I, "A General View of the Dialogue: An Anatomy of Heresy", in *Dialogue*, Pt. II, pp. 447-54; L. L. Martz, *Thomas More*, pp. 26-7.
(95) Pineas, *More and Polemics*, p. 216.
(96) *Utopia*, pp. 190〔澤田訳、一九四頁〕.
(97) *Utopia*, p. 228〔澤田訳、二三〇頁〕.
(98) *Utopia*, p. 142〔澤田訳、一四八—九頁〕。
(99) 鈴木「ルネサンス三つのユートピア——『ユートピア』、『太陽の国』、新アトランティス——」、『松山大学論集』第二巻第五号、一九九〇年、四五二—五四、四六一頁も参照。
(100) *Responsio*, p. 118.
(101) *Utopias*, pt. I, p. 218〔澤田訳、二二〇頁〕.
(102) *Utopia*, p. 218〔澤田訳、二二〇頁〕.

第十章　エラスムスとモアの当為の政体

第一節　エラスムスの当為の政体

エラスムスによれば、「この世に賞讃に値する偉大なものが何かあるとすれば、それはあらゆる文物が花と咲き誇り、見事に建設された都市、よく耕された田畑、この上なく優れた法律、尊重すべき訓育、気高い風習の見られる国家をおいて何がありましょう。[1]」これは、戦争がこれらの幸福を破壊してしまうという文脈において述べられたことであるが[2]、そこからエラスムスの在るべき国家像が浮かび上がってくる。それは、物質的にも精神的にも豊かで、整然と秩序立った都市構造や法制、優れた風習、教育と共に、学問や芸術の栄える文化国家である。

こうした国家が戦争によって最も甚しく破壊されるとすれば、これを回避するための手立てをエラスムスが追求するのは当然のことである[3]。その際彼は、当為の政治体制の問題にまで踏み込まざるを得なかった。当為の政体について、エラスムスは次のように述べている。

多くの国家形態があるけれども、最善の形態が君主政体であるということでほとんど全ての賢者の意見が一致している。これは、万物の総和が一者の中に置かれるという、神の例に従っており、それも、神の例に倣い、この者が賢明さと善良さにおいて他者に優り、何物も欲せずにただその国家を助けることを望むような具合にである。しかし、事情が別様であれば、それは最悪の国家形態であろう。もしあらゆる美質において完全な君主が見出されるのであれば、純粋で絶対的な君主政体が当を得ている。(それがありさえすればいいのだが。)もし普通の君主(人事の現状がそうであるように)が見出されれば、貴族制と民主制とによって抑制され緩和された制限君主制の方が良いであろう。その時には、専制が知らぬ間に入り込む機会がなく、丁度その諸要素が互いに均衡を保つように、国家は、同様な制御の下に結合を保つであろう。もし君主が国家のために尽す心構えを持っているのであれば、その権力は抑制されず、むしろ助長されるものと判断される。しかしながらもしその態度が別であれば、国家は崩壊し、たった一人の者の暴力が道を逸れるのに好都合である。(4)

エラスムスのこの発言は、フォックスが言うような、彼の影響を受けたトマス・エリオットの見解とは趣を異にしている。(5)エリオットによれば、「ただ彼に従う民衆の福利のためにだけ支配する」ものとされているにせよ、「最善且つ最も確実な」統治形態が君主政体であることは、疑いのないことであるとされている。(6)これに対して、エラスムスは、純粋で絶対的な君主制の非現実性を指摘し、他者によって王権を抑制する制限君主制ないし一種の混合政体を当為の政体と考えていたのである。

それでは、王権を抑制する貴族制的要素並びに民主制的要素とは何であろうか。この点についてエラスムスは、具体的に述べていない。しかし、彼の断片的な発言からその大凡の輪郭を描くことは、不可能ではないように思われる。エラスムスは君主と聖職者、神学者に加えて、次のような人々に反戦のための行動を呼びかけている。

市民の長老ならびに官職にある人びとよ、私は皆さんに訴えます。あなたがたの熱意によって、君主達の英知や教皇の篤信に力を添えていただきたい。

さらに、私は訴えます。キリスト教徒の名に誇りをもつすべての人々よ、心を一つに合わせて戦争に反対の狼煙をあげてください。民衆の協力が専制的な権力に対してどこまで抵抗する力があるかを示してください。この目的のために各人はそのすべて〔の知恵〕を持ち寄って頂きたいのです。自然が、それにも増してキリストが、あれほど多くの絆で結びつけた人間達を、恒久的な和合が一体としてくれますように。そして、全ての人々が、全ての者の幸福に等しく関係する事柄の実現のために、共通の熱意をもって努力してくださるよう!(7)

ここで、貴族政治的な要素に関わる「高貴さ」(nobiritas)についても、エラスムスは論じている。エラスムスによれば、高貴さには三種類あり、第一は徳と善行から、第二は最善の訓育の心得から、そして第三は家系ないし富からくるものであり、この場合、徳が最重要であり、第三のものがその中で最低のものとして位置付けられている。(8)更に、市民の長老と公職に就いている者の数に照らして、彼らを貴族制的な要素と解することができるであろう。しかも戦争が問題になった時に、君主は若者や私腹を肥やす人々を避け、慎重で偏見に囚われず、確固たる祖国愛を持つ年取った人々に意見を求めるべきであるとされる(9)時、彼らも、相談役ないし顧問としてそれに該当すると思われる。また、最も危険な戦争を全国民の承認がない限り企ててはならないとエラスムスが君主に求めていることは、一般民衆に対する反戦行動の訴えと共に、民主制的な要素を構成するものであろう。この場合にエラスムスが考えていたのは、後世に見られるような権力の機能的分立ではなく、権力と責任の分散だったように考えられる。(10)しかも、当時のネーデルランドには諸身分の合意という制限君主政体の制度的伝統があったのである。(11)

けれどもエラスムスにとって、君主政的な要素が重要であったこともまた事実である。君主の持つべき特長は、エラスムスによればまず第一に知恵であり、次に誠実さ、自制心、真面目さ及び用心深さであり、これらに加えて、民衆から愛されるために、慈悲深さや愛想の良さ、公平さ、丁重さ、優しさという諸特質が必要である[12]。しかもプラトンとともにエラスムスは、君主が愛知者でなければならず、そうでなければ暴君であろうと主張する[13]。ここで愛知者とは、弁証法とか物理学というような学識がある人ではなく、開いた心をもって真理を求め、守る者を意味し、更に、愛知者であることとキリスト者であることとが同義とされている[14]。

エラスムスによれば、こうした君主の採用法には二種類ある。一つは選挙によるものであり、もうひとつは世襲によるものである。前者の場合君主は、次のような五つの条件を満足することが必要である[15]。第一に落ち着いた性質で決して性急ではなく、また暴君に発展し、助言者や顧問達へのあらゆる配慮を捨て去る危険性があるほど激し易くてはいけないけれども、第二に人の言いなりになるほど弱くてもいけない。第三に経験と年齢を考慮するべきであり、軽薄さに全く共感しないほど厳しく、空想の高揚に心を奪われるほど衝動的であってもいけない。第四に国家にとって苦難となるであろう突然の王位継承の危険性がないように、健康であることである。最後に、知恵、正義、節制、先見の明、並びに公共の福利への熱意という、王に相応しい特質の全てにおいて秀でていることである。要するに、君主が統治に際して関わるべきであると同時に、民衆がその君主を選択するに当たって関わるべき観念は、あらゆる私的な利益から解放された公共の福利であると言う訳である。

当時のヨーロッパにおいてほとんど一般的であるとエラスムスが見た世襲君主制の場合、選択の余地はなく、良い君主を持つ可能性は主としてその教育に委ねられる。未来の君主の精神は、未形成で偏見のない幼少の頃から健全な諸思想、何よりもキリストの教えによって満たされなければならず、また、謬見や俗説、彼に悪影響を及ぼす人々を遠ざけなければならないとエラスムスは考えた[16]。ここで問題となるのが、未来の君主の教育者の選び方である。エラスムスによれば、その選任に当たって君主の場合と同様な注意が要求されるその教師は、自国の福利のために忠実且つ熱心に未来の君主の教育に献身し、その際厳格過ぎてはならず、中庸を保たなければならない[17]。

これに対して若い君主は未熟で衝動的であるが故に信頼するべきではなく、また頼りになる人々、できれば年取った人々の助言を得ないで重要な企てを試みさせてはならないとエラスムスは説く[18]。その上エラスムスによれば、他のいかなる職務にも増して君主は、その任務である統治の理論と実際に関する知識を君主になる前に身に付けていなければならない[19]。すなわち試行錯誤による自己教育が許されない君主は、少年時代から協議の席や裁判、執政官の叙任の席に出席したり、王達の諸要求を傍聴すると同時に、何よりも、事態をより良く判断できるように教えられるべきであり、更にまた君主は、未熟な間は多くの人々の同意なしにいかなる決定も下すことを認められるべきではない、とエラスムスは主張するのである。

それでは君主が暴君と化した場合はどうであろうか。エラスムスによれば、自然は全ての人間を平等に創ったものであるから、あるキリスト者が他のキリスト者達に対する全支配権を持つことは許されない[20]。更に、支配と呼ばれているものは実は奉仕（administratio）に過ぎず、生来自由な人間を家畜と同じように扱うことはできない道理であり、「君主達よ、あなた方が持っている権利は、民衆の同意によってあなた方に付託されたものである。だから、私が間違っていなければ、与えた権力は取り上げることができる。」、とエラスムスは強調しているのである[21]。

これは一種の抵抗権の思想であり、エラスムスが戦争について次のように主張する時、それはこのことを補強するように見える。

戦争の締め出しをはかり、その知力と決断によって和合をとり戻す人びとに最大の名誉が与えられねばなりません。また、最大の兵員と軍備を整えるためにではなく、これを不必要とするために全力を尽す人にも、同様にこの名誉が与えられるべきです。ものの本によれば、数ある皇帝の中でただ一人ディオクレーティアーヌス帝だけが、すばらしくも、この英慮を身につけていたようですね。彼によると、もし戦争がどうしても避けられぬというのなら、戦争の原因を造ったものの頭上に最も多くの災過が降りかかるように、戦争が行なわれるべきだというのです。それにひきくらべ今日では、君主たちは何の危害を受けることもなく戦争をやり、指導者たちは悠々私腹を肥やしています。[22]

こうした文章から、無用な戦争に訴えようとする君主を抑制することばかりでなく、それを行った君主の戦争責任の一環として彼を廃位することも読み取ることが可能である、と考えられる。しかしその具体的な方法は何か。エラスムスはこのことに直接言及していないだけでなく、一国の統治者の頻繁な交替が騒動を起こし易いことを理由としてこれに反対しており、[23]それに批判的であるようにさえ見える。この問題を検討する場合に参考になるのが、『キリスト教君主教育』の中で君主による法制の変革について述べた箇所である。

ある国家の体制、ある都市の不文法や古い法典は、大きな混乱なしには決して変えられるものではない。それゆえ、耐えうるこの種の何物かがあれば、それは変えられるべきではなく、我慢するかより良い働きへと上手に転じられるべきである。最後の手段として、もし全く耐え難い状態が何かあれば、変更がなされねばならない。ただし、徐徐に、しかも経験のある人によって。[24]

ここから類推できるのは、君主に対する抵抗ができるだけ平和的な手段により、しかも、政治に精通した公職経験者によって行われるべきである、という立場であるように思われる。そしてエラスムスが一般民衆の限界を認めており、[25]「およそいかなる平和も、どんなに正しくないものであろうと、最も正しいとされる戦争よりは良いものなのです。[26]」と述べていることに象徴されるように、彼が秩序を重視したことは、こうした理解を補強する。加えてカルヴァンの後継者テオドール・ド・ベーズのように、エラスムスが抵抗権の行使を君主の次位の為政者に委ねていたことすら、それは推測させるのである。

ところでエラスムスは、選挙に基づく君主制と世襲君主制との優劣の比較を行っていない。これは、この問題についてエラスムスが無関心であったからではなく、彼がヨーロッパの現実を歴史的所与として受け入れざるを得なかったからであろう。けれども、できれば前者の方が望ましいとエラスムスは考えていたように思われる。エラスムスは、世襲の君主と選挙によって選ばれた君主を選択できる場合とを比較して言う。

君主の世襲的な継承の場合には、しかしながら、選択の余地はない。アリストテレスが我々に伝えているように、これが昔の種々の野蛮な諸国民には普通の慣習であり、現代においてもほとんど遍く受け入れられていることである。そうした事情の下では、良い君主を得る主な希望は、その教育から生まれる……君主を選択する機会がない時には、未来の君主の教師を選ぶに際して、同じように注意が働かせられるべきである。(27)

更に、エラスムスは述べる。

プラトンによれば、不承不承そしてただ説得されて統治を引き受けたのではない者は、だれも支配するに適しない。というのは、君主の地位を得ようと努力する者はだれでも、必ず王の職務がいかに心配と困苦に満ちているかを自覚しない愚か者か何かに違いないか、王権を国家の利益のためではなく、自分自身のそれのために使うことを目論む邪悪な者か、あるいは自分が引き受けた職務を遂行しないほど怠慢な人であろう。(28)

この場合問題は二つある。一つは未来の君主の適切な教師がいるかどうかである。エラスムスによれば、「全ての人が善人になることは希望することすら無理であるが、幾千人の中から一人か二人の廉直と知恵に秀でた者を選ぶことは、難しいことではない。そして、彼らを通して多くの善人が容易に得られるだろう。[29]」

もう一つの問題は、未来の君主の素質は問わないのかどうかである。確かにエラスムスは次のように述べている。「たといその教師が不遇にも頑固で扱いにくい性質にでくわしたとしても、彼にその責任を回避したり少なくする見込みはない。その訓練者の手腕と忍耐が自分に慣らせないほど荒く恐るべき獣は、いないのである。[30]」しかし『痴愚神礼讃』に如実に現われているように、人間の性質がはるかに複雑で、その言動が周囲の他の人間の悪影響を受け易いものであることにエラスムスも気付いていた。[31] エラスムスは言う。「かなり多数の人間の性質が悪の道に傾きがちである以上、誤まった訓練によって腐敗され得ないほど幸運に生まれついた性質はない。[32]」と。ここに、少なくともどうにも仕様のない場合には、君主の選択を検討せざるを得なくなる。その主体として、第一次的には他の王子、王女達、その対象は、退位させようとする君主とその協力機関ということになろう。

第二節　モアの当為の政体

上述のように、モアの当為の政体は都市を単位とし、少数の学者が統治を行う哲人政治である。その際、彼らは基本的に学者集団の中から民衆によって選ばれ、これといった特権を持たない、政治を奉仕と考える立場にある。その詳細については分からないが、各都市では二議会制及び二読会制、都市統領、並びに民会を持つ混合政体である。都市の数は五十四である。

また、数多くの警句や古典の翻訳、『リチャード三世王史』からも知り得るように、モアも暴君の問題に大きな関心を持っていた。[33]暴君に対するモアの態度を端的に示しているのが、「民衆の同意が統治権を与え、取り上げる。」という警句詩である。[34]すなわち、「多くの者に対する支配権を持つ者はだれでも、その権威を彼が命令する者に負っており、その臣下が望むより一瞬たりとも長く支配権を持つべきではない。なぜ無力な王達がそんなに自慢するのか。彼らは、ただ大目に見みられて支配しているのに。」

この詩には一種の抵抗権の思想が見られるが、それではモアは具体的にはどのように考えていたのであろうか。まとまった資料は二つある。一つは『ユートピア』であり、もうひとつは『リチャード三世王史』である。前者では専制に対する制度的な歯止が示されている。すなわちユートピアにおいて市議会と民会以外の場所で公共の問題を協議することが極刑を以て厳禁され、市議会に毎回異なる二名の部族長が参加するとともに、重要な問題が部族長会議に諮られる体制になっているのは、都市統領と部族長頭領による専制の陰謀を予防するためであり、一般に官職への野望を持つ者にはその道が閉ざされているのである。[35]この場合、専制化を防止する第一次的な主体が民衆を直接代表する部族長達であり、ここにも抵抗権に関する次位の為政者の観念を読み取ることができる。また後者の場合、イーリーの司教ジョン・モートンによって使嗾された、バッキンガム公爵がその主体であり、ここにも同様な思想が現われているのである。

しかしながら、実際問題としてこうした当為の政体を近い将来実現することは、モアにとってほとんど不可能と考えられていた。そこで案出されたのが王権の議会と法による制限並びに君主の教育の問題であった。[36]後者にはふたつの方法がある。一つは著作を通して君主に勧告するという間接的な方法であり、もうひとつは君主の求めに応じてこれに仕え、あるいは君主に助言し、あるいは政府の構成員として政策の立案、遂行に従事するという、直接的方法である。

更に、未来の君主を民衆の自由と福利、平和を実現する主体、言い換えれば、家族における父親的な存在として育成するための、教師による君主の子女の善導もある。[37] 目標とされる君主の諸徳としては、知恵・勇気・節制・正義・公正や公共の福利への熱意という伝統的徳目が考えられていた。[38]

第三節　二つの当為の政体論の比較

以上のようなエラスムスの当為の政体論とトマス・モアのそれとを比較する時、両者には基本的な同質性があると同時に、微妙な差異があることに気が付く。両者の類似点は次の七点に求められる。まず第一に当為の政体とは何かという、プラトンやアリストテレス以来の西欧政治思想史上伝統的且つ基本的な問題に取り組んだことである。第二にそれが同じく君主制的、貴族制的、民主制的な三要素を併せ持つ、一種の混合政体であることである。こうした発想法は、具体的な内容は異なるが、プラトンやアリストテレス、ポリビウス、キケロにも見られるものである。[39] 第三に両者が理論上の最善政体（最善国家）と実現可能性を考慮に入れた最善政体（次善国家）とを区別しているように思われることである。この点においても、彼らはプラトンやアリストテレスと共通性がある。第四に最善国家の場合知性による政治すなわち哲人政治を、次善国家の場合王権の法的、制度的抑制を両者が考えたことである。この哲人政治を理想とする点も、両者がプラトンの思想を引き合いに出しているように、プラトンとその軌を一にしている。なお、王権の抑制は国家権力の機能的分立を意味せず、権力と責任の分散であった。第五にいずれも政治を奉仕と考え、君主を父親に準えるとともに、幼少期からの未来の君主ないし現在の君主の教育と経験を重視していることである。第六に為政者の特質として徳性と知恵を重視し、自らその地位を求める者を不適格と考えたことである。最後に、両者が為政者の地位を民衆の信託によるものとして捉え、その選出手続として民衆による選挙という考えを持っていたことである。すなわち、モアが都市統領の公選を示したのと同様に、エラスムスは世襲の君主よりも選挙による君主の方が望ましいと考えていたように解される。

これに対して両者の相違点は以下の五点である。第一にモアが具体的な制度論ないし組織論を展開しているのに比して、エラスムスは抽象的な理念論として語っていることである。これは一つには、モアが政体を含むユートピアという当為の国家状態を提示したのに対し、エラスムスは直接的にこれを示さなかったことに関係し、もうひとつにはモアが法律家でありエラスムスは文筆業に従事する在俗の修道士であったことと無縁ではないであろう。

第二に、理論的な当為の政体として、国家の創設時を例外とし、モアが議会を重視するのに対して、エラスムスは君主をより重視し、その権限の抑制を考えていることである。第三に、モアが君主なかんずく未来の君主の教育者や教育の具体的内容を示さなかったのに対して、エラスムスは未来の君主の乳母や遊び仲間の選択、その幼少期から青年期に至るまでの教育内容、教育法などをかなり具体的に述べていることである。確かにモアは、そのユートピアの叙述の中で、ユートピア市民の教育法と共に、為政者の選出母体である学者の教育についても言及している。しかし、特に後者の説明がそれほど具体的にはなされていないのである。但し、この差異はモアがこうしたことを考えていなかったのではなく、国家の当為の状態について読み物風に考察した『ユートピア』と、未来の国王カルロス五世に助言するべく、現実の君主の教育を意図した『キリスト教君主教育』との著作としての性格の違いに由来するもののように思われる。

第四に、モアが当為の政体の創設者として、プラトンやルソー的な意味における立法者的存在である、征服王を考えたのに比して、エラスムスの場合、選挙によって選ばれる哲人君主を考えていたことである。この差異は、ユートピアとノルマン人によるイングランドの征服とをモアが重ね合わせて考えていたであろうことも全く無視はできないが、モアが、人間社会の現実をより重視していたために、物理的強制力を止むを得ず承認した[40]のに対して、どんなに正当な戦争であっても不正な平和に劣ると信じるエラスムスの徹底した平和主義という立場の違いによるものであろう。

最後に、これとの関連で興味深いのは、君主ないし為政者の持つべき特質として両者が知恵や自制心、公正さなどを共有しながらも、エラスムスがモアの挙げた勇気を示さず、むしろ用心深さや温和さをより重視しているように思われることである。この点からも、エラスムス及びモアが古典古代の遺産を批判的に摂取していたことが分かる。

結　語

以上のように、エラスムスは単純な君主政体を当為の政体と考えていたのではなかった。彼の当為の政体は、君主政に貴族政的な要素と民主政的な要素とを組み合わせた、混合政体、より厳密には、君主を中心としこれを両要素が抑制する、制限君主制であった。しかも、世襲的君主制ではなく、選挙によって選ばれる君主制をより望ましいものとエラスムスは考えていた。プラトンの発想法に倣い、後者を最善政体、前者を次善政体と規定することも可能である。しかし、為政者が愛知者ないし哲人であることが求められており、その政治の実質は、哲人政治であると言えよう。そしてこれらのことは、エラスムスが政治の世界では失敗をもたらす可能性のある実験が許されないと考え、為政者が職務に就く前に予め経験を積んでおく必要があると説く点において、マックス・ウェーバー的な意味における責任倫理ないし結果責任の立場に通じると共に、エラスムスが決して現実政治の力学に疎かったのではないことを示している。

これに対してモアの場合、より貴族政約な要素を重視するが、やはり混合政体を次善と考え、その政治の内容は同様に哲人政治であった。また、モアも、政治家に求められる資質に関しても、エラスムスと同様な立場にあった。

また、エラスムスの当為の政体論をモアのそれと比較する時に気付かせられるのは、両者の異質性であるよりは、むしろその同質性である。確かにエラスムスは、モアのように当為の国家状態の全体像を示さず、それ故、政体の具体像が必ずしも明確ではないし、彼自身現実政治に直接関与した経験もない。しかしながら、エラスムスにも、モアに見られるような、現実政治を批判する基準であるキリスト教的な理念と同時に、これをあるがままに見る観察眼とが二つながら備わっていたのである。

両者が君主の教育を重視したにも拘わらず、モアがその可能性を君主の側近くにあって試そうしたのに対して、エラスムスは専ら文筆を以て政治の改革を目指したことが、二人の人生を異なるものにした。彼らは知者と政治との関係についての二つ典型を成しているように思われるのである。

【注】

（1）*Querela*, p. 92〔箕輪訳、八二頁〕.
（2）*Querela*, p. 92〔箕輪訳、八二頁〕.
（3）エラスムスの戦争論・平和論については、例えば、鈴木「エラスムスの平和思想——その独自性と意義——」、『経済学』、第五〇巻、第一号、一九八八年、八一—九二頁参照。
（4）*Institutio*, pp. 162-3. *Education*, pp. 173-4.
（5）Fox, *English Humanism and Body Politic*, p. 43.
（6）Thomas Eliot, *The Book Named the Governer*, ed. S. E. Lehmberg, London & New York, 1962, p. 7.
（7）*Querela*, p. 98〔箕輪訳、九四—五頁〕.
（8）*Institutio*, p. 146. *Education*, p. 151.
（9）*Querela*, p. 88〔箕輪訳、七三頁〕.
（10）Born, "The Political Theories of Erasumus", in *Education*, p. 10.

(11) Tracy, *Politics of Erasmus*, p. 35.
(12) *Institutio*, p. 186. *Education*, p. 209.
(13) *Institutio*, p. 144. *Education*, p. 150.
(14) *Institutio*, p. 145. *Education*, 150.
(15) *Institutio*, p. 136. *Education*, pp. 139-40.
(16) *Institutio*, pp. 137-40. *Education*, pp. 140-50.
(17) *Institutio*, pp. 137-38. *Education*, pp. 140-44.
(18) *Institutio*, p. 140. *Education*, pp. 143-44.
(19) *Institutio*, p.169. *Education*, p. 183.
(20) *Institutio*, p. 165. *Education*, p. 183.
(21) *Dulce*, p. 341.
(22) *Querela*, pp. 57-8〔箕輪訳、七〇頁〕.
(23) *Querela*, p. 88〔箕輪訳、七一頁〕.
(24) *Institutio*, p. 187. *Education*, p. 211.
(25) E. g., *Querela*, p. 80〔箕輪訳、五五—六頁〕. 外に『痴愚神礼讃』の随所にある。
(26) *Querela*, p. 86〔箕輪訳、六六—七頁〕. *Panegyricus ad Philippvm Avstriae dvcem*, ed. O. Herding, in *OE*, p. 74.（*Panegyric for Archduce Philip of Austria*, tr. B. Radice, in *Corrected Works of Erasmus*, 27, *Literary and Educational Writings* 5, ed. A. H. T. Levy, Toronto/Baffalo/ London, 1986, p. 55.
(27) *Institutio*, p. 137. *Education*, p. 140.
(28) *Institutio*, p. 152. *Education*, p. 160.
(29) *Institutio*, p. 140. *Education*, p. 143.
(30) *Institutio*, p. 141. *Education*, p. 145.
(31) *Institutio*, p. 139. *Education*, pp. 142-43.
(32) *Institutio*, p. 139. *Education*, p. 143.

(33) 鈴木「モアの政治思想」、一二八―九頁。
(34) *Latin Poems*, No. 121, pp. 168-69.
(35) モアの当為の為政者像については、Suzuki, "Thomas More on Politics as a Profession", *Moreana*, Vol. XXV, 97, pp. 125-132 参照。
(36) 鈴木「モアの政治思想」、一三七頁参照。
(37) *Utopia*, p. 86〔澤田訳、九四―五頁〕.
(38) より詳しくは、鈴木「モアの政治思想」、一三四―五頁参照。
(39) 古代の国政理論については、例えば、Born, "Ancient Theories of Statecraft" in *Education*, pp. 44-98 参照。
(40) バッキンガム公によるリチャード三世の放伐を正当化しているように見える『リチャード三世王史』は、この見方を補強する。

第十一章　モアとエラスムスにおける戦争と平和

第一節　ユートピア人の戦争論

ユートピア人は、国内外の平和を重視し[1]、戦争を野獣的なものと見て嫌悪すると共に、通常の見方とは裏腹に、戦争で求められる栄光ほど恥ずべきものはないと考えている。けれども、現実には戦争が絶えない以上、彼らもそのための準備を怠らず、月に一度は午後に軍事教練を行い、男女を問わず全市民がこれに参加する国民皆兵の民兵制を敷いている[2]。戦争の原因は、ユートピア人の思想に賛同するヒュトロダエウスによれば、君主とその側近の支配欲や物欲、狂気及び常備軍そのものである[3]。こうした侵略的な戦争の原因を除去したものが、民兵制という軍制を含むユートピアの政治・経済・社会制度なのである[4]。すなわち、そこでは民意を基礎にした共和的体制を持つ五十四の都市から派遣された代表者たちが全国的な問題を処理し、政治に学問によって裏付けられた見識と年取った者の経験的知恵とが反映されて、暴政が排除される仕組になっていると同時に、国内では無貨幣経済が採用されている。

ユートピアの対外関係の基本方針は善隣友好である。ユートピア人は、二年分の生活物資の備蓄を行った上で種々の余剰物資の七分の一を輸出地域の貧者に贈与し、残りを廉価で販売する[5]。輸入品は鉄などの不足物資に加え多量の金銀である。莫大な金銀を保有しているため、彼らは貿易によって生じた債権の大部分を請求しない。これは、自分たちには無用だが他者にとっては有用なものを後者から取り上げるのは公正でないという、彼らの正義の観念に基づいている。また、ユートピア人は貪欲や偏愛、悪意に囚われないので、近隣諸国――その多くを昔彼らが暴政から解放したのであるが――から期限付で執政官として招聘され、これらの国民のために奉仕する。[6]

しかしながら、彼らはいかなる国民とも同盟を結ばない。[7] その理由は、諸君主間の同盟や条約が守られていない実状、並びに同盟が遵守されるとしても、諸民族を敵視し、紛争の原因となる同盟を結ぶこと自体が悪しき行為だとユートピア人が考えていることにある。換言すれば、人間は自然の共同体の一員として自然の友情を持つものであり、条約や言葉よりも善意と精神によってより強く結合されるのだから、自分達に危害を加えたことのない人間を敵と見なすような同盟関係に入るべきではないという訳である。要するに、人為的な国境の壁を自然的な友情が超越しうるというストア的な思想である。

しかし、それにも拘わらず彼らは、第一章でも述べたように、六種類の戦争を認めている。すなわち、①自国の防衛戦争、②彼らが利益を与えてきた友邦[8]の防衛戦争。③圧制下にある民族の解放戦争。④友邦とその国民が被った不法行為が救済されなかった場合に行われる報復・処罰のための戦争。⑤自国民に重大な危害を加えた他国籍の犯人が引き渡されなかった場合の報復戦争、並びに⑥未利用の耕作可能な土地を潤沢に持っている近隣の大陸の原住民が、人口過剰のためこうした土地の一部に植民地を建設しようとするユートピア人との共生を拒絶し、しかも彼らが設定した境界外への立ち退きに抵抗した場合の戦争[9]が、これらである。

②・④について友邦を軍事行動という形で援助する場合には、彼らが事前に相談を受け、その主張の正当性を認めること、彼らの要求したものが返還されず彼ら自身の参戦が必要であることという幾重もの条件が付けられている。これに対して③では人情が強調されているが、ここでも事前の相談と事実の認定が条件になるものである。ま

た、自国民が同じく不法行為によって他国民から財産の侵害を受けた場合、戦争に訴えることはせず、賠償が完了するまでその国との通商を停止するという制裁を加えるに留めるのは、彼らが他国民とは異なり共有制を採用しており、損失物も剰余物資であるから、受ける打撃が小さい点にある。

戦争の目的は平和的には達成できなかった要求事項の実現であり、それが不可能な場合には、その責任者に対して厳しい懲罰を行うことによって、彼らが将来同じようなことを繰り返さないようにすることである。この目的の早期達成が目指されるが、その際称賛や名誉の獲得よりも危険の回避が重視され、流血によるよりも戦略と謀略によって勝利を得ることが求められる。というのはユートピア人が、いかに貴重なものであっても要求事項を余りにも大きな犠牲を払って高価に買うのは無分別だと考えるからである。つまり、体力で戦うのは野獣であり、その大部分が筋力と獰猛さにおいて人間に優るのに対し、彼らが人間に劣るのは才能と精神であるから、人間らしく戦うということは知性の力を駆使することだという訳である。

ユートピア人が用いる手段は七種類あり、これらが宣戦布告後目的が達成されるまで順次使われる。①敵国民の買収[10]。彼らはユートピアに対する敵対行為に責任のある君主らの首に多額の懸賞を掛け、敵国内の要所要所にこの旨を掲示する。君主に比してその他の重要人物の賞金は少額であり、また、生け取りにした者には殺害した場合の倍額が支払われる。更に指名人物自身にも働きかけ、同額の褒賞に加えて特赦を与える。なお、指名手配された敵国の要人に対して多額の褒賞が掛けられるために、同国人の中から彼らを裏切る者が現れる危険の大きさを考慮して、莫大な金だけでなく友邦の領土の中にある安全で収益の多い土地も彼らに与える約束をし、これを忠実に守る。こうしたやり方は余所では堕落した残酷な行為だとして非難されるが、第一に流血なしに危険な戦争を終結させるのだから賢明な行為であり、第二に少数の犯罪者を犠牲にすることによって、戦っていれば失われていたであろう両陣営の無辜の人々の生命を救うのだから、人道的で慈悲深い行為であると彼らは考えているのである。

②敵国の君主の兄弟か貴族の誰か一人が王権獲得の望みを抱くように、敵国内に分裂の種を蒔くこと。もしこの内部抗争が収まってしまえば今度は、③敵国の隣接民族を唆し、廃れた古い権利を掘り出して争わせること。④他国民の傭兵。自国民の価値を極めて高く評価し、誰であれその人を敵国の君主と交換しようとは思わないユートピア人は、戦時に備えて貯蔵している金銀を惜し気もなく注ぎ込む[11]。あらゆる所から雇い兵が募られるが、特にザポレート人が採用される。彼らは忍耐強く野蛮且つ狂暴で、戦争のために生まれてきたような民族であり、雇い主のために勇敢且つ忠実に戦うが、条件次第で日々党派を変え、命掛けで手に入れた報酬をすぐに浪費してしまうような民族である。

ユートピア人が傭兵を使い、彼らを危地に陥れて憚らないのは、善人を善用し悪人は悪用するという彼らの人間観に基づいており、彼らはザポレート人が何人死のうが全く意に介さず、むしろこうした邪悪な人間を世界から取り除くことができれば、人類に対する最大の功労者になるだろうと考えているからである。

⑤ユートピア人がそのために戦っている紛争当事国の軍隊。⑥友邦の補助軍。最後に⑦自国の義勇軍。その指揮官は志願兵の中から選ばれ、彼の下に二人の代理が置かれる。指揮官代理は指揮官が健在な間は無冠であり、指揮官に事故があればその一人が後を継ぎ、彼にも同様なことが起こればもう一人がその後継者となる。これは戦運の不確実性を考えて、全軍が混乱するのを予防するための措置である。ユートピアでは何人も自分の意志に反して海外に戦争のために派遣されることはない。生来臆病な者は戦力にならず、他の兵士の戦意を殺ぎさえすると彼らが考えるからである。しかし自国の防衛戦争の場合は別である。その時には、体さえ適していれば彼らも他のより勇気のある兵士と共に上船させられるか、脱走できない城壁の上に配置されて戦闘に従事させられる。

夫に従って妻が軍務に就くことは禁じられておらず、むしろ奨励される。妻達はそれぞれの夫と同じ隊列に配属され、各兵士の回りにその子供や他の親族が配置される。これは、互いに助け合うべく自然によって定められている人々の便宜を計るためである。家族を失って帰国することは最大の恥辱とされているので、敵の抵抗次第では戦闘が長く凄惨なものになる。彼らは、緒戦から猛攻を加えず、次第に攻撃を増す戦法を採り、死を恐れず頑強に戦う。子孫の将来について心配のないことが彼らの戦意を高め敗北を卑しめており、また教育と良い社会制度が培った正しい考えが、その勇気を強めている。全線に亘って戦闘が最高潮に達すると、青年の精鋭が敵の指揮官を求めて、長く、常に新たに組織される楔状の戦列を組んで交替制で次々に攻撃を続け、彼の殺害ないし捕獲を図る。これは、本文中の見出しにもあるように、戦争をより早く終結させるためであろう。

ユートピア人は勝利を収めても決して虐殺を行わず、敗走兵は捕虜にする。形勢が逆転したこれまでの経験に基づき、敵を追撃する場合には必ず戦闘態勢を整えた部隊を温存しておく。伏兵を置く巧みさとともに、これを避ける用心深さを兼ね備え、臨機応変で整然とした行軍を行い、城塞も、全軍の兵士の手により合目的的且つ迅速に築くことができる。甲冑は頑丈だが行動に支障のないものを身に着け、武器としては遠距離戦の場合飛失を、白兵戦では鋭利で重い斧が用いられる。

彼らは新兵器の発明が巧みで、その際移動が容易であることと機動性があることが目指されるが、事前に敵側に知られて無用になるのを避けるために、細心の注意を払ってこれを秘匿しておく。なお、各都市十三人以内の司祭の内七人が従軍し[12]、戦場の近くで何よりもまず平和を、次に自国の勝利を、それも両軍にとって犠牲の少ない勝利を祈るばかりでなく、無益な殺戮を回避するため両軍の間に割って入ることもあるので、周囲の全ての民族の間で彼らは尊敬されている[13]。

一旦敵国と停戦協定が結ばれると、彼らはこれを極めて忠実に守り、挑発されてもこれを破らない。敵の領地や穀物を荒らさず、間者でない限り非戦闘員に危害を加えることもない。但し、降伏を妨害した者は殺害し、その他の防衛員を奴隷にする。降伏を勧めた者がいれば彼らに戦争犯罪者の没収財産の一部を贈与し、残りは他国の援兵に与える。彼らは戦費をそのために支出した友邦にではなく、戦争に責任のある敗者に対して請求する。その一部は現金、一部は土地で請求し、派遣された財務官の管理により後者は少なからぬ年収をもたらす。その一部は敗戦国民に貸し付けられ、自分達に必要になっても彼らが貸付金全額の返済を求めることは滅多にない。

他国民が自国内に武力侵攻する気配を見せれば、極力国内での戦争を避け、直ちに大軍によって国境外でこれを迎撃する。ユートプス王によって人工的に島国にされたユートピアの近海は、浅瀬や岩礁の存在で航行は危険であり、水先案内人や海岸の標識の指示なくして安全に入港することができない。海岸の要所要所に防備も施され、守備隊が常駐して警戒に当たっている。[14]

第二節　エラスムスの平和論

エラスムスによれば、人間のあらゆる営為の中で是非とも避けなければならないことは戦争であり、これとは逆に何としてでも実現しなければならないことは平和である。なぜならば、戦争が戦場の兵士にとって凄惨であり、銃後の人々に対して物的、肉体的、精神的犠牲を強い、社会全体に道徳的、法的荒廃をもたらすだけでなく、戦争には拡大し連鎖反応を起こす傾向があるからである。[15] これに対して、平和こそが自然の美しさや生活の安全、愉楽、清らかなもの、神聖なものの前提条件、つまり一切の善きものの源泉であり、保持者であるからである。[16] 要するに戦争ほど非人間的なものは存在せず、平和ほど人間的なものはないとエラスムスは考えたのである。

けれども、同じキリスト教を信仰している君主同士が引きも切らずに戦争を行い、平和を訴えるべき司祭が従軍し、司教が野戦の指揮官となっているのが現実である。[17] その理由はと言えば、エラスムスにとって全く取るに足りないことである。あるいは古い廃れた権利や条約に規定されていないこと、私的なもめごとが開戦の理由とされ、あるいは権勢を安定させるものが民衆の不和であるとの立場から戦争が始められ、はたまた国家の繁栄が攻撃を受ける理由になるといった具合である。[18]

しかし君主一人で戦争ができる訳がない。エラスムスによれば、国家の戦争指向性には人間生活全般に亘る広範な社会的基盤がある。エラスムスは、その内訳として次の七例を挙げている。[19]①官庁や元老院、裁判所、神殿に見られる争論。②同じ法制下にある都市住民間の不和。③宮廷内の分裂。④学者間の対立。⑤宗教界の分裂。⑥一心同体であるはずの夫婦間の不和。最後に⑦個人の精神内部における理性と感情、並びに諸感情間の葛藤。こうした葛藤は、エラスムスによれば物欲や情欲、野望、貪欲などによって引き起こされ、[20]なかんずく邪な貪欲が騒乱の源である。[21]ここに「権勢と栄誉と富と報復のために争っているところには、平和を確立できない。[22]」というエラスムスの認識が生まれる。従って、エラスムスにとって戦争とは、政治社会間の武装集団による戦闘行為であるだけでなく、人間の社会生活の様々な側面に生じる不和一般を意味していたのである。エラスムスは言う。「戦争とは、世の中に広く蔓延する不和そのもの」であり、「平和とは、多くの人々の相互の友愛」にほかならない。[23]

しかしながら、エラスムスが最も重視したのが国家間に発生する狭義の戦争であったことは言うまでもない。そこで注目されたのが政策決定機関である宮廷である。エラスムスによれば、宮廷では「あらゆることがあからさまな派閥や、人目を避けた陰謀や嫉妬によって分裂しています。……一切の戦争の源泉と温床はここにある。[24]」そして、宮廷の中心人物である君主を戦争へと駆り立てるものが憤怒や野望、愚昧、情欲、貪欲及び狂暴性である。[25]しかも戦争は国王が専制君主と化する機会でもあるとエラスムスは見ていた。[26]というのは、平時には高等法院や執政官が君主の悪意を抑制するが、戦時になれば国事の決定が極く少数の者によって行われるからである。

このように頻発する非道な戦争も、人間の歴史の最初からあった訳ではないとエラスムスは考える。エラスムスによれば、戦争は以下のような過程を経て人類史に登場したものである。[27]

まず、野獣との戦いがあった。人間は、初めは自衛のために野獣を殺していたが、次第に毛皮を求めて野獣狩りに行く（殺人の第一歩）ようになり、更には、無害な小型の動物まで殺し、人間以外のあらゆる動物が屠殺の対象とされるに至った。次に、人間同士の戦いが始まった。人々は、腕力によって戦ったので、度重なる獣殺しの経験から人間も容易に殺害できると心得るに至った。初め争いは個人間に留まり、用いられた道具も拳や棒、石程度であった。それが次第に集団的な争いへと移行し、やがて様々な武器（槍など）、甲冑が考案されて、人々は至る所で戦うようになった。この段階に危険を冒して敵の攻撃から家族や財産を守る者に勇敢という名誉が与えられるようになった。更に、文明の進歩が戦闘技術を高めると共に、都市間、国家間の戦争が登場した。しかし、そこでは未だ奸計は用いられず、名誉を目的にして戦われた。また、無用な流血は回避され、異邦人との戦争に限られていた。その後支配権が出現し、戦争が支配権や財産を獲得するために行われるに至る。こうして、殺戮と略奪をこととする戦争が日常化し、大砲という「地獄の兵器」すら発明されるに至った。(28)

しかもエラスムスによれば、習慣の力や生活上の便宜が屠殺の過程を推進し、人間の残虐性や怒り、野心を増大させたのも習慣であり、更に天性の知性が武具や戦術の発達を促したのである。

ところで、本来反戦的であるはずのキリスト教徒が、なぜ戦争の悪習に染まってしまったのであろうか。エラスムスによれば、他の諸悪徳同様、戦争も軽率な人々を通じて徐々に入り込んだのであり、具体的には、学問と雄弁、アリストテレスの諸学説、並びにローマ法の受容によってである。(29)すなわち、学問は初め敬虔な気持からキリスト教への改宗以前に修得していた者達がその知識を用いていたのであるが、次第に異教徒を論破するための道具として広まり、雄弁も異端を説得するという口実の下に論争趣味を生み出して教会に悪の種を蒔くに至り、ついには肉体と私有財産制を重視するアリストテレスの学説が受け入れられた。更にカエサルの法によって福音書の教説を人々は改ざんし、あるいは一定の利子の取得を認め、あるいは正当なものでありさえすれば戦争を称え、君命の正当性を認めるようになってしまったというのである。

にも拘らず戦争を追求する者が少数であり、大多数の一般民衆が平和を希求していることにエラスムスは気付いていた。[30]そこでエラスムスは戦争の具体的な予防策として次の十点を提案した。[31]①諸君主による領土の画定とその不変更。②君主の子孫の権限が及ぶ範囲をその領土内に限定すると共に、他国民と結婚する者には王位継承権を認めないこと。③王位が最近親者か人民投票によって選ばれた者によって継承され、他の王子たちは貴族として遇すること。④君主は長期に亘る旅行をしないこと。⑤戦争をするかどうかの検討は、未経験の若者や、社会の混乱や民衆の不幸によって利益を得る者の意見によってではなく、偏見から解放され、慎重で確かな祖国愛を持つ年取った者の意見に基づいてなされること。⑥戦争の芽は直ちに摘み取り、全国民の承認が得られなければこれを企ててはならないこと。⑦場合によっては「平和を買う」こと。⑧優れた学者や高位の聖職者、執政官による仲裁によって紛争を解決すること。[32]⑨知力と決断によって戦争を回避し、和合を回復する人々と、軍備の縮小、廃止のために尽力する人々に対して最大の名誉を与えること。最後に⑩戦争を制度的に防止するためにも、一種の混合政体ないし制限君主制を採用することが、[33]これらである。

以上の諸点に加えて戦争防止のためにエラスムスが提案したことは、キリスト教徒、取り分けその社会の指導層に対して、戦争の非人間性、非キリスト教性と平和の人道性、キリスト教性を訴えて彼らを平和へと説得することであった。これは次のような五点から成る。①獣類との比較。人間同士が武器を手にして集団で戦うことは、獣が生存のために自分の身体だけで戦い、同種間で争う場合、一対一で戦い致命傷を与えないのだから、獣にも劣る行為であること。[34]②異教徒との比較。エラスムスによれば、異教徒は名誉や信仰のために戦い血腥い武器や戦術を用いなかっただけでなく、武力の行使そのものをできる限り控え、戦争における約束事を守り、モーセの律法や、ローマ人が聖職者の流血への関与を禁じた点においてキリスト教徒に優っていること。[35] ③戦争が人間にもたらす物的、政治的、経済的、精神的、道徳的、文化的損失。これらの諸事項の中でエラスムスが強調しているのは、戦争の反社会性や不経済性であるように見える。[36] 結論として彼は断言する。「戦争に要する十分の一の面倒と苦痛と恐怖と危険と流血とで、たやすく平和は達成されてしまう」[37] と。

④社会の指導層に各自の役割と責務とを自覚させること。(a)人間社会の運命が主としてその意志に懸かっている君主[38]は、君主と国家との関係は父親と家族とのそれであり、私欲を抑えて人民の幸福と諸都市の恒久平和、繁栄を図ることがその使命であり、最良の人民、完全に自由な人間を支配することこそが君主を偉大、高貴にするものであることを胆に銘ずるべきであること。[39] (b)貴族や執政官も、君主と同様な心構えを持たなければならない。すなわち彼らも万事を国民全体の福利を基準にして考えるべきであること。[40] (c)教会の要職に就いている者が、本来の義務を果たす必要がある。つまり聖職者や神学者はキリスト教徒に相応しい言動を守り、中でも聖職者は戦争に反対して平和を説き、戦争になっても協力したり、これを推進するような行事への参加を慎まなければならないこと。[41] 無論キリスト教徒全員に、力を合わせて戦争と専制的な権力に反対し、万人の幸福のために尽力することが求められている。[42]

最後に、人々に人間の本性を見直させることである。[43] エラスムスは、それを次の五点において捉える。①人間の外見の特徴を考えると、自然ないし神が被造物の内人間だけを弱く無防備な姿に造り、生後かなり長期間他者の庇護を必要とし、柔和な表情や笑い、涙を与えたのは、相互に友愛と善行を交し合うためであること。②自然は人間に対してだけ、善意を育み暴力に訴える必要のないように言語と理性、孤独を嫌い仲間を求める性向を与えていること。③知識欲と学問愛を自然は人間に植え付け、それが人間を獣的な行為から解放し、友愛に満ちた関係を築くのに特に寄与していること。④自然が人間に種々の優れた肉体的、精神的資質を恵与したこと。最後に⑤神は、人間に対し無償で他者のために役立つことを喜びと感じる心性を付与したこと。

しかしながら、エラスムスは一切の戦争を否認する絶対的平和主義者ではなかった。キリスト教徒にはキリスト教徒同士の戦争が認められず、伝統的な正戦の観念を否定したエラスムスも、自国とキリスト教社会の防衛戦争を止むを得ないものとして容認した[44]。但し侵略者を撃退する方法についてもエラスムスは条件を付けている。例えば、トルコ人が攻撃を仕かけて来た場合、キリスト教の精神に従い、彼らを収奪するためではなく、救済するために戦っているということが彼らに分かるように戦うことが求められているのである[45]。また、戦争が不可避となった場合でも、平和を守るためのあらゆる手段を使い果たした後でこれに訴え、しかもその災厄は邪悪な人間が担い、無辜の民衆の被害を最小限に留めるようエラスムスは求めている[46]。ここで「邪悪な人間」とは、兇悪犯や剣士、傭兵、海賊などの平時においては無用且つ有害な人々であるように思われる[47]。更に、戦没者を優遇せず、普通の墓地に彼らを埋葬するべきであると主張されている[48]。

第三節　二つの戦争論・平和論の比較

以上のようなユートピア人の戦争論とエラスムスの平和論とを比較する時、両者には幾つかの相違点と共に多くの類似点があることに気付く。類似点は、次の十五点である。①戦争を野獣的なものとして嫌悪し、戦争を回避するための平和外交を重視していること。②平和を対外的な戦争のない状態に限定せず、国内における和合をも含めて広く考えていること。③宗教戦争の否認。④現実の国際政治においてありとあらゆる権謀術数が駆使され、キリスト教的な道徳が実現していないという現実認識と、政治の世界では行為の動機よりは、むしろ結果の方が重要だという見方。⑤神学的な戦争理解から離れ、戦争の口実として表面的には血縁関係に基づく他国の相続権や相手国の不法行為が持ち出されるが、実際は君主とその側近の支配欲や物欲、狂気にその原因があるという認識。[49]⑥人間生活における習慣を重視し、戦争で行われる殺人につながる屠殺が、人間の邪な習慣によって形成されたという認識。⑦中世的な騎士道と暴力礼讃の否定。⑧戦争を最後の手段として考え、これを極力避けるために種々の予防策を提案していること。例えば、領土の拡張や二国の統治をしないこと。[50]戦争に関する権限を有する為政者の選出手続が決まっており、経験豊かで確かな判断力を持つ年取った者の意見が戦争の検討に生かされるべきこと。並びに、場合によっては戦争を金銭的な決着によって回避すること。⑨民衆の幸福と平和の実現に尽力する父親的な君主・為政者像、及び戦争回避のために努力する人々の重視。⑩各人が社会の中で本来の役割を果たすこと、特に為政者や聖職者などの社会の指導的な人々がその任務を全うし、司祭は戦争による犠牲を少なくするために我が身の危険を顧みず尽力するべきであること。⑪平和の維持手段としての同盟に対する疑念。⑫戦争を制度的に防止するために、政策決定過程を多元化すること、すなわち一種の共和制的ないし混合政体的な政治体制の提唱。⑬強制されるのではなく、自分の意志による参戦の主張。⑭大砲などの大量殺傷兵器の否認。[51]最後に⑮戦争になった場合、邪悪な人間がその災厄を引き受け、無辜の民衆の犠牲は最小限に留められなければならないこと。

これに対して両者の相違点は以下の六点である。①ユートピア人が他国民のための戦争を含む六種類の戦争を是認するのに対して、エラスムスは正戦の観念そのものを否定し、ほかに手段が存在しない場合の万止むを得ない戦争——自衛戦争だけが明示されている——を容認しているに過ぎないこと。②エラスムスは可及的に破壊や流血を回避するよう訴えることに力点を置き、場合によっては平和を買う必要があると説き、その実例としてフランス王フランソワ一世に言及している[52]だけに留まり、ユートピア人のように具体的な戦術や講和についての見解を示していないこと。③エラスムスが、いかに犠牲を少なくするためとは言え、ユートピア人のように敵国民を買収したり敵国内や近隣諸国との間に紛争の原因を作るという一種の権謀術数や、友邦の補助軍の投入までは主張せず、異教徒の侵略者を撃退する場合でも、その救済のために戦っていることが彼らに理解できるような戦闘方法すら提唱していること。④ユートピア人が採用している国民皆兵や、当時しばしば禁じられ奨励されることのなかった妻の従軍[53]という考えをエラスムスは持たないこと。⑤エラスムスが仲裁による戦争の回避を主張するのに対して、ユートピア人は国際紛争解決の手段としてこの方式を採用していないこと。最後に⑥エラスムスが『ユートピア』には述べられていない戦争起原論を示し、更に戦争の人間生活全体に与える不経済性を強調していることである。

これらの両者の相違点は、次のように説明できるように思われる。第一に『ユートピア』が、当時のヨーロッパ社会の主として政治的側面を批判すると同時に、その改革の手掛かりとしてユートピアの実情を紹介するための書物であったという同書の性格が、例えばエラスムスにある戦争起原論がそこにない主たる理由であろう。第二にエラスムスが具体的な戦術論を示さなかったのは、彼の平和論の目的が何よりも反戦論であり、しかも一つの国を軸にして平和を問題にしているのではなかったからであろう。

第三に、ユートピア人の戦術論がいかなる戦争のために書かれているかが問題である。宣戦布告後ユートピア人が五番目に採用する戦術は「彼らがそのために武器をとって戦ってやる人たちの軍隊[54]」であり、「戦争が終わったという場合、彼らはその戦費の請求を、彼らがそのために出費してやった友邦に対してではなく敗者に対して行ないます。[55]」これらの記述から推定できるのは、ユートピア人の戦術論が主として友邦を援助する場合、特に友邦に対する他国の不法行為を想定して書かれているのではないか[56]ということである。敵国を裏切った者に友邦内の土地を与える行為は、この文脈において初めて理解できる（無論、これ自体問題であるが）。それ故、誰よりも自国民を大切にするユートピア人は、最後の手段としてしか自国軍を友邦のために投入しないのであろう。これは、その植民地建設と原住民との関係にも現れているように、自らを知的、道徳的に優越していると見、高度な文化を自負し、その判断を正しいものと見なすユートピア人の知的、道徳的優越意識に基づくものと解される。しかし自衛戦争の場合は、これへの対応が具体的に述べられているように、直ちに自国民が防衛に当たるものである。従って、全ての戦争に同じ戦術が順次用いられる訳ではないであろう。

敵国民の買収は、その説明から明らかなように、人命の損失を最小限に抑えるための合理的な計算によるものである。また、敵国の内部分裂を図るのは、支援する人物が王位に就けば要求事項を受け入れるという約束をしているか、その国力を弱めることによって目的の達成を容易にするためであろう。(57) 敵国の隣接諸民族を使嗾して争わせるのも、同様な意図から出たものと推測される。

これらの二点に関する記述が簡単なので、両陣営の本格的な武力衝突まで想定しているかどうかは不明であるが、もしそうだとすれば、敵国民の買収を採用する趣旨とこれらの手段は矛盾することになる。しかも、これらの次に、邪悪な傭兵による敵国との戦争が初めて登場することに照らして、問題の二手段は少なくとも大規模な軍事行動までは含んでいないように推定される。(58) そうでなければ、利用されるのは悪性の民族ということになろう。

また傭兵の次に、援助を受けている友邦自身の軍隊が投入されるのは自然であるが、その次に他の友邦の補助軍が用いられる点が問題となる。これもユートピア人の知的、道徳的優越意識の現れと解されるが、彼らが友邦を軍事的に援助する場合の手続と両者が同盟関係にないことに照らして、友邦がユートピアから種々の恩恵を受けているとしても、ユートピアによって援軍の派遣を強制されるものではなく、当該友邦の好意によるものと解釈される。なお、これに限らず自分の軍隊の投入以外の手段は、援助を受ける友邦がユートピア人の諸戦術を採用するかどうかの問題も含めて全て相手次第であることにも留意したい。

第四にユートピア人がエラスムスの提唱する仲裁の採用について言及していないのは、彼らがユートピアが位置する世界の諸国の中で最も優れた国であり、その判断がどこの国のそれよりも正当なものと考えられていること、更に、一度その強力さを知った国々がユートピアとは敵対せず、その要求に従うか、初めから同国やこれを背後に持つその友邦諸国に対して不正な行為に訴えなくなることが期待されているからであろう。また戦闘中無用な流血を避けるために、ユートピア人の司祭によって戦場における一種の仲裁が行われている。第五に、国民皆兵の民兵制は、ユートピア人の徹底した合理主義によるものであり、エラスムスの反正戦論や異教徒に対する温情は、彼の理想主義と自己をより相対化できる寛容な精神に基づくものと解される。

最後に、ユートピアの国是が何よりも戦争の回避であり、次に国際社会に放置できない程度の不正が生じた場合に限り要求事項を実現することによってその不正な状態を匡正すること、これが不可能ならその責任者を厳罰に処することにより同じ不正の再発を予防することにある、ということを改めて銘記したい。ネフェロゲト人とアラオポリト人の戦争の記述はその例示であろう。

結　語

以上のように、ユートピア人の戦争論とエラスムスの平和論には多くの共通点があり、両者の記述上の相違点の少なからずが、それぞれの著作の性格や強調点の違いによるところが大きいように思われる。(59) そして明らかに異なる数点が、両者の個性からくるものであろう。従って、『ユートピア』に見られる戦争論は、基本的にトマス・モア自身の思想と解して差し支えないものと判断される。

ユートピア内部の相対的理想性——これは犯罪や社会的強制の存在を否定しない程度のものであるのだが——と対外関係における相対的現実性の矛盾は、主として現実に存在している攻撃的な諸国家のただ中に理想的な一国家が登場したことに由来するように思われる。この国の為すべきことは第一に自己保存であり、第二に他の諸国の改革への援助であり、最後に、より望ましい状態にある友好国に対して不正を働く国々の懲罰とその無害化だったのである。ただ問題なのは、自らをいわば裁判官として位置づけるユートピア人の知的、道徳的優越意識であろう。そしてこれは、モアの個性の一側面でもあったのである。

【注】

（1）*Utopia*, pp. 64, 90, 198, 220, 230 etc.〔澤田訳、七三、九八、二〇一—二、二二二、二三一頁など〕. なお以下の記述では、第二巻の「軍事について」の章（*Utopia*, pp. 198-218〔澤田訳、二〇三—一七頁〕）で述べられている事項に関しては、原則としていちいち引用箇所を示さない。）

（2）*Utopia*, pp. 220, 236〔澤田訳、二〇三、二三八頁〕も参照。

（3）*Utopia*, pp. 86, 88-96, 204, 64〔澤田訳、九五—七、九八—一〇三、二〇七—八、七三頁〕.

（4）ユートピアの政治・社会制度を含む『ユートピア』の解釈については、例えば、鈴木「構造」、一二九—七七頁参照。

（5）*Utopia*, p. 148〔澤田訳、一五三頁〕.

（6）*Utopia*, p. 196〔澤田訳、一九八—九頁〕.

（7）*Utopia*, pp. 196, 198〔澤田訳、一九九—二〇二頁〕.

（8）*Utopia*, p. 196〔澤田訳、一九八—九頁〕.

（9）*Utopia*, p. 136〔澤田訳、一四三頁〕.

（10）*Utopia*, pp. 202, 204〔澤田訳、二〇六—七頁〕.

（11）*Utopia*, pp. 204, 206, 148, 150〔澤田訳、二〇七—九、一五三—四頁〕.

（12）*Utopia*, p. 230〔澤田訳、二三一頁〕.

（13）*Utopia*, pp. 226, 228 230〔澤田訳、二二八—九、二三一—二頁〕.

（14）*Utopia*, p. 110〔澤田訳、一二〇頁〕.

（15）*Dulce*, p. 953A-E〔月村訳、二九六—八頁〕.

（16）*Querela*, pp. 61-2〔箕輪訳、一六頁〕.

（17）*Querela*, pp. 83-4〔箕輪訳、六〇—一頁〕.

(18) *Querela*, pp.78-80〔箕輪訳、五一—三頁〕.
(19) *Querela*, pp. 65-8〔箕輪訳、二五—三二頁〕.
(20) *Querela*, p. 68〔箕輪訳、三二頁〕.
(21) *Querela*, p. 86〔箕輪訳、六八頁〕.
(22) *Querela*, p. 74〔箕輪訳、四一頁〕.
(23) *Dulce*, p. 957D〔月村訳、三一〇頁〕.
(24) *Querela*, p. 66〔箕輪訳、二六頁〕.
(25) Querela, p. 86〔箕輪訳、六五頁〕; *Institutio*, p. 215 (Education, p. 252).
(26) *Dulce*, p. 968E〔月村訳、三四四頁〕.
(27) *Dulce*, pp. 955A-956E〔月村訳、三〇三—八頁〕.
(28) *Querela*, p. 96〔箕輪訳、九〇頁〕.
(29) *Dulce*, pp. 960-F-61C〔月村訳、三二〇頁〕.
(30) *Querela*, p. 99〔箕輪訳、九六頁〕.
(31) ⑧と⑩を除き、*Querela*, pp. 87-90〔箕輪訳、七〇—四頁〕.
(32) *Querela*, p. 86〔箕輪訳、六六—七頁〕; *Institutio*, p. 216 (*Education*, pp. 252-3).
(33) *Institutio*, pp. 162-3. *Education*, pp. 173-4.
(34) *Dulce*, pp. 953F-954D〔月村訳、二九九—三〇一頁〕.
(35) *Querela*, pp. 78, 96, 82〔箕輪訳、五〇—一、九〇、五七—九頁〕; *Dulce*, pp. 961F-62C, 956E-57A〔月村訳、三二三—四、三〇八—九頁〕.
(36) *Dulce*, p. 969C〔月村訳、三四五—六頁〕; *Querela*, p. 94〔箕輪訳、八六頁〕.
(37) *Dulce*, p. 959C〔月村訳、三一五頁〕; *Institutio*, p. 217 (*Education*, p. 254); *Querela*, p. 94〔月村訳、八六—七頁〕.
(38) *Querela*, p. 98〔箕輪訳、九四頁〕.
(39) *Querela*, p. 86〔箕輪訳、六八—九頁〕.
(40) *Querela*, p. 86〔箕輪訳、六九頁〕.
(41) *Querela*, p. 90, 82〔箕輪訳、七四、五七—八頁〕.

(42) *Querela*, p. 98〔箕輪訳、九五頁〕.
(43) *Dulce*, pp. 951F-53A〔月村訳、一九三―六頁〕. *Querela*, pp. 63-4〔箕輪訳、二〇―一頁〕.
(44) *Querela*, p. 90〔箕輪訳、七五頁〕.
(45) *Dulce*, p. 968B-C〔月村訳、三四二―三頁〕.
(46) *Dulce*, p. 969E〔月村訳、三四六―七頁〕.
(47) *Querela*, pp. 93-4〔箕輪訳、八三―四、八七頁〕.
(48) *Querela*, p. 90〔箕輪訳、七四―五頁〕.
(49) エラスムスと同様に、ユートピア人も習慣の力を重視し、国内外の犯罪者がその大部分を占める「奴隷」を屠殺に専従させ、一般市民にはこれを行わせない。というのは、屠殺に慣れれば、最も人間的な感情である慈悲心が徐徐に死滅する、と彼らが考えるからである（*Utopia*, p. 138〔澤田訳、一四五頁〕）。
(50) *Utopia*, pp. 88, 90. 澤田訳、九六―九頁。
(51) ユートピア人がキリスト教の長い伝統を持たない民族として描かれている点にも、留意しなければならないが。
(52) *Querela*, p. 98〔箕輪訳、九六頁〕.
(53) J. R. Hale, *War and Society in Renaissance Europe 1450-1620*, Leicester, 1985, p. 161.
(54) *Utopia*, p. 208〔澤田訳、二一一頁〕.
(55) *Utopia*, p. 214〔澤田訳、二一六―七頁〕.
(56) 鈴木「構造」、五四頁。近隣諸国の解放が昔にあった事、並びに金銭問題に端を発したネフェロゲト人とアラオポリト人の戦争が、戦術論の直前に説明されている事にも注意せよ。
(57) *Utopia*, pp. 200〔澤田訳、二〇四頁〕.
(58) Cf. Logan, *Meaning of "Utopia"*, pp. 236-40.
(59) モアとエラスムスが時を同じくして政治論を刊行した事は、一定の役割分担を両者が意識していたことを想像させる。

第十二章　モアにおける職業としての政治

第一節　当為の政治家例

モアは、一般民衆を冷遇抑圧し、彼らの平穏な生活と自由を踏みにじる、君主による現実の悪政を憎み、君主制の持つ悪政化傾向故に、民衆によって選出される為政者達の合議による一種の議会制を理想としていた。けれども変革の諸条件が欠如しているために、彼は、暴君の死や哲人君主の出現という僥倖に望みを託さざるを得なかった。それでも、日常的な悪政を見過ごすことはできず、モアはヘンリー八世に仕える迄様々な著作を通じて暴君や簒奪者を批判し、あるいは君主を間接的にではあるが教導しようと試み、あるいは有識者に警鐘を鳴らし続けた。しかしながら、世襲的君主制を前提にする限り、王侯貴族以外の一般民衆は政治を動かす主体ではあり得ない。モアは『リチャード三世王史』の中で、彼らの政治に対する態度を次のように描いている。すなわち、「人々は言ったものだ。こうしたことども（政争。筆者）は王様方のお遊び、言わば舞台劇で、大方が断頭台上で演じられる。そこでは、下々の者はただの見物人に過ぎない。だから、利口な者ならこれ以上お節介はしないものだ。何ぜなら、時として近づき共演する者は、自分の役を演じられないと芝居を乱し、しかも自分自身のためにもならないからだ。[1]」と。

このように政治を危険極まりないものにしているのは、君主や貴族の野心・支配欲・虚栄心であり、[2]これらを有効に制御する手立てが見当たらない以上、一般民衆は政治に関わるべきではない、とモア自身考えていたようにも見える。しかし、政治に携わるのに相応しい能力の持主が実際政治に関与した場合があるということにモアは思い至る。この人物の一人が、彼が幼少期に親しく接したヘンリー七世の大法官ジョン・モートンである。

モアは『リチャード三世王史』と『ユートピア』の中で、モートンを次のように描いている。「優れた天性の才能に恵まれ、極めて博学で、品行において立派な人物であり、決して人から好意を持たれる諸点を欠いてはいなかった。[3]」

また、「司教は天性機智に富み、学識深く名声に恥じぬ振る舞いの人で、人の愛顧を受ける賢明な手段に事欠かなかった。[4]」

この方は、権威ある地位もさることながら、それによってよりも賢慮と徳によって尊敬されるべき方でした。……人とのつきあいにおいて彼はまじめで重厚でしたが、気むずかしいところはありませんでした。……彼は、不謹慎にならないかぎり頭の回転の早さは自分の性に合うものとして喜び、仕事をするうえにふさわしいものとして歓迎していました。法律問題に関する豊かな知識、無比の知性と底知れぬすばらしい記憶力、こういう優れた天性を彼は研学と実地の応用でさらに向上させました。[5]

ここに見られるのは、知性・学識・徳性に秀で、真面目、公平である反面、機知と友愛に富み、打ち解けて親しみの持てる優しいモートン像である。これはエラスムスがフッテン宛の手紙によって伝えている、人文主義者モアと同質の人間像である。[6]このようなモートンが政治家に適しているのは、モアによれば次のような事情による。「彼は、少年期に入ったか入らないうちに学校からすぐに宮廷に送り込まれ、一生を重要な公務で過ごし、幾多の運命の荒波にもまれ、さまざまの大きな危険を通じて人生の賢慮を獲得してきた。」[7]言い換えれば、彼は「繁栄と逆境の長くしばしば入れ替わる経験、すなわち、大いなる経験――知恵の母であり女王である――により、政治や世の中の動向について深い洞察力を獲得していた。」[8]ここに、上述したモートンの政治家としての適性に更に経験に基づく現実政治・社会の透徹した観察力と知恵とが付け加えられている。

しかも、モアによればこのモートンが、リチャード三世と仲違いして失意の状態にあったバッキンガム公――彼は、リチャードによる王位簒奪の共謀者だったのだが――に対して、リチャード三世への謀反を巧妙に使嗾したと言う。[9]この場合その根拠はリチャードの王位継承権の有無にではなく、自分もその一員であるイングランドの福利に求められている。[10]ここに見て取れるのは、形式的な権利よりも実質的な利益を重視し、より大きな価値のためにはある程度の混乱や流血も止むを得ないとする、相対的で冷徹なものの見方である。モートンの世事への精通は、ヘンリー七世即位後も遺憾無く発揮され、エドワード四世の娘との結婚策の妙により長年国内の騒乱の原因だったランカスター、ヨーク両家の対立を解消させ、貴族の団結を実現させたと言う。[11]そしてモートンがヘンリー七世に仕えるようになったのは、後者の要請によるものであった。[12]

第二節　政治家の条件

モアは、単に在るべき政治家の実例としてモートンを紹介するだけで満足しなかった。彼は、より一般的にマックス・ウェーバー的な意味における政治家の理念型をも提示しているように思われる。すなわち、「社会の栄えるのも滅びるのも役人の行動いかんにかかっている」[13]と考えるモアが退ける行政官を含む広義の政治家は、収賄等により私腹を肥やす貪欲な者、えこひいきをする者、[14]高位高官への無定見な追従者、[15]富者[16]並びに野心家である。[17]なぜならば、貪欲と偏愛のふたつの悪徳が人間の判断を左右するならば、「社会の最も堅固な中核であるべき正義」が崩壊してしまうからである。[18]これに対してモアが望む政治家像は、無論これらと正反対であるが、明示されているのは、学識と徳性とを併せ持つ賢者である。[19]この場合真の知恵は、先述のモートン像から明らかなように、天性の才知を学問と経験により鍛え上げることによって体得される。ここで学識を生み出す学問とは、学問の特定の分野ではなく、学問全体を意味している。なぜならば、モアは「知識の全部門を研究した者だけが、学識があると言われる権利がある」と考えていたからである。[20]

それではなぜ諸学への精通が政治家の条件となるのであろうか。それは何よりも、政治という人間の営みが持つ性質のためであるように思われる。すなわち社会全体ないし国家の運営に関わる政治の持つ全体性ということである。モアが人間社会の組織原理として最も重視したのは、内容は異なるがプラトンと同様、「各人に彼（その人）のものを与えること」と定義される正義（iustitia）である。[21]社会の根本原理であるこの正義――モアの場合、平等を基調とする――を認識、実現しうるためには、人間とその社会について可能な限り正しく且つ体系的に知っていることが前提になる。そうだとすれば、政治家は人間の生の営み全般を考察する諸学に通じることが必要であるということになる。換言すれば、人間活動の諸分野を研究対象とする諸学に精通することによって政治家は、社会を混乱させる様々な悪徳から解放され、正しい政治を行うことができるということである。モアが、誰よりも現実国家の中心人物である君主[22]に対して哲学を志すことを期待した[23]のは、このためである。

またモアによれば、一般に学問には精神を錬磨する働きがある。この点については直接論じられていないが、「カンディドゥスへ。いかにして妻を選ぶべきか」という警句詩の一節から、これを類推することが可能である。再度これを引用すると、彼女をして教育されるか、もしくは教育されうるようにせよ。幸福なのは、古代の諸作品の最善のものから生活に恵みを与えてくれる諸原理を引き出すことができるように教育された婦人である。この学問で武装すれば、彼女は、順境において高慢に、困窮にあっても――たとえ不運が打ちのめしたとしても――悲嘆に屈することはない。(24)

ここに表明されているのは、古典を学ぶことによって、運命の変転に翻弄されずに人間としての品位を保つことを可能にする自制心の涵養ができるという見解である。換言すれば、学問が、あるがままの現実を直視し、これを希望を失うことなく引き受ける態度の形成に有益であるという立場である。

この態度は、多種多様な人間が織り成す国家的政治において、何よりも求められる。現実政治に対して学識ある賢者はいかに身を処するべきかを論じているのが、『ユートピア』第一巻の対話なのである。論題は、「賢者は君主に仕えるべきか」であり、対話の実質的な主体は、書中のモアと架空の人物ヒュトロダエウスの二人である。

ヒュトロダエウスの立場は、腐敗堕落した宮廷の現状に照らして、君主自身が哲学を志向しない限り、仕官しても自分の思想は生かされず、一般民衆にとっても自分自身にとっても良い結果をもたらさないから、賢者は君主に仕えるべきではないという否定的な立場である。これに対して書中のモアは、現実を軽視した理想論に固執するヒュトロダエウスの立場を「観念的な哲学」と規定し、政治や社会生活を演劇に、そこにおける人間行動を登場人物の演技に擬する、「もっと社会の現実生活に合った哲学」を提唱する。(25) この立場は賢者に社会に対して次のような関わり方を要請する。

まちがった意見を根こそぎにしてしまえなくても、習慣で根をおろしてしまったいろいろの悪をあなたの心からの確信どおりに癒すことができなくても、社会を見捨ててはいけません。……他方反対の信念をもった人々を動かす力はないことがわかりきっておられるのに、聞き慣れぬ新奇な話を押し売りしてはいけません。むしろ紆余曲折しながら全力を尽してすべてをうまくさばくように、また改善できないものは、少なくともなるべく悪化しないようにと試み、はげまねばなりません。というのも、万事がうまくゆくということは、すべての人が善人でないかぎり不可能ですし、そういう状態は長年月待っても実現できるとは期待しておりませんからね。(26)

ここに、君主がその中心に位置している国家を根本的に変革し得ないとしても、現実を可能な限り改善するように、少なくともなるべく悪化させないように、人々の実態に即して倦まず弛まず努力し続けることが、賢者の義務となる。これは、政治家が対象としなければならない不条理に満ちた現実の認識と、これに対処するその精神態度――責任意識に加えて、熱情と不撓不屈――において、二十世紀のマックス・ウェーバーの現実政治の理解と政治家像(27)と同質の、事柄に即した徹底的に目的合理的な立場である。

第三節　現実的政策例

政治家の存在理由は政策の実現である。とすれば、このような政治家にとって当時の諸条件下で達成可能な具体的政策として、どういうものをモアは考えていたのであろうか。理想は、ユートピアのような共同生活制、貨幣流通皆無の生活物資共有制の共和制的哲人政治の国家であるが、この非現実性故に、次善の策としてこれらの精神を理念とする私有財産や王権の法的制限を彼は構想した。しかし、これらは全般的、長期的な政策目標である。それでは短期的に見て当面実現可能な具体的政策例とは何か。これらは、『ユートピア』第一巻の三つの対話から、架空のものとされている「フランス王の参議会」と「どこかの王の参議会」を舞台とするものを除いた残り、すなわちモートン邸の食卓における対話の中に示されているように思われる。この対話は、これを裏付けるかのように、実際にあったこととして描かれている。

一例として、いわゆる第一次囲い込み対策として提起され、法律化はされたが、実施の不徹底のために実効性を持たなかった、農場・農村・織物業の再建や、富者による買占め、販売独占の禁止などの社会・経済政策が挙げられよう。(28) これに対してモアは、誰にも異論を差し挟ませていない。

もうひとつは、強窃盗に対する刑罰である。ヒュトロダエウスが、これに極刑を科し盗品を君主に帰属させている現行法を、犯罪の程度を考慮するべき正義の相対性と神法を根拠にして批判し、代案として盗品の所有者への返還ないし賠償、並びに独特の囚人服を着せ、囚人の身体の一部に目印を付けた上での強制労働を提案し、これに他の同席者のほとんど全員が反対して、ある法律家の現行法擁護論に賛同したのに対して、モートンは、盗みが死刑に値しない理由とこれに代わる刑罰案を一般予防の見地からヒュトロダエウスに質問し、その回答を綿密に検討した後、この懲役刑案を実験し、その効果を見定めた上でという留保条件付で、これに賛意を示す。(29) モートンの見解は、次の通りである。

この計画がうまくゆくかどうかは実際に試したことが全くない限り簡単に予想することもできまい。かりに、死刑の宣告が出されたあとで君主がその執行延期を命じ聖域の特権を制限してからこの方法を試してみることはできよう。その結果、事実上の成功によってその方法が証明されたら、それを恒久的な制度にするのは当然だろう。もしうまくゆかなかったら、そこではじめて前に刑の宣告を受けていた人々を処刑することもできよう。遅れて処刑したからといって、いますぐに処刑するのと比べて、社会の公益を減少することにも、世の不正を増大させることにもなるまい。その間、実験のために危険が生じるということもありえない。[30]

ここに、ある政策を実行に移す際には、試行を含む用意周到な措置を前提にするという、モアの経験重視の立場と社会に対する厳しい責任意識とを見ることができる。対話が完結し両者が見解の一致を見たのはこれらの二例だけであり、それ以外はモアにとって現実に抽象的に働きかける、ユートピアのような範型もしくはその基本精神のような理念としてならともかく、ただ今採用しうる改革案ではなかった。このことを最も端的に示しているのが、『ユートピア』結尾の書中のモアの発言である。

あの民族の生活風習、法律のなかでずいぶん不条理にできているように思われた少なからぬ事例が私の心にうかんできた。……なによりも、彼らの全社会制度の主要な土台になっているものにおいて、すなわち共同生活制と貨幣流通皆無の生活物資共有制においてである。（貨幣の流通皆無という）その一事だけでも、高貴、豪壮、華麗、威光などのすべてを、つまり、世論によれば社会の真の栄誉、飾であるようなもののすべてを根底からひっくりかえしてしまう。（再会の機会に恵まれる）それまでのあいだは、他のことについては論議の余地なく最高学識者で、人間界の最高経験者である彼が語ったことのすべてについて同意することは私にはどうしてもできないけれども、今私が容易に認めるのは、ユートピアの社会には、諸都市に対して、よりただしくいうならば、実現の希望を寄せるというよりも、願望したいものがたくさんあるということです。[31]

すなわち、モア自身が対話の相手として作り出した二人の人物の間で、ユートピアの諸制度の多くを実際に採用することないしそうできるかどうかについて意見の一致を見ていない以上、それらは当為ないし理念として願望の対象にしうるに留まるのである。

またここで「不条理」と判断されているのは、理想価値としてではなく現実価値つまり実現可能性を尺度としてなのであり、これはユートピアの諸制度が、社会の大多数を占め基本的にこれを動かしている一般民衆の価値観に馴染まない以上、当然のことであった。しかし、『リチャード三世王史』においてモアが一般民衆は政治に対して見物人に留まるべきだとする一般の言説に同調している訳ではないのと同様に、ここで彼は一般民衆の価値観を是認している訳ではない。これは、理想価値としては反語であり、現実価値としては非現実性を示唆している、と理解するべきであろう。

第四節　モアの政治選択

以上のように、モアによれば当為の政治家像は知性と徳性に秀で諸学に精通しているばかりでなく、経験に基づく現実洞察力と問題解決能力である知恵とを有し、民衆全体の福利のために、価値の相対比較によって時には道徳的に悪である行為をも辞さない、現実に精通した、他者から求められて職務に就く、哲人政治家である。

これは確かに、当時のモアとほぼ一致している。(32) けれども『ユートピア』第一巻の君主仕官論争に関する対話が終結していない点に問題が残る。賢者は、邪悪で改革困難な現実社会であるが故に政治に関わらないのか、それともそれにも拘らずこれに関わるべきなのか。この問題への解答は、実は黙示的に示されているように思われる。そのひとつの理由は、モートンに関するヒュトロダエウスの次の発言である。「〔私がいた当時〕彼の助言に王は信頼をよせること多く、社会はそれに依存すること大であったようでした。(33)」これは、その可能性がないことを理由にヒュトロダエウスは君主への仕官を拒絶したが、君主（ヘンリー七世）が賢者の影響を受けた実例になっているのである。[34]この意味で「仕官論争」は、ヘクスターの解釈に反して実質的には終わっているとも解される。もしそうだとすれば、モアはデイヴィスが彼流の方法で論結したように「順応の政治」を説いていることになる。[35]

もうひとつの理由は、ヒュトロダエウスが君主が哲学者の助言を受け入れる条件としていた学問への関心を、ヘンリー八世が示していたことである。エラスムスも伝えているように、当時ヘンリー八世は学問と学者を愛する優れた国王であるという印象を与えていたし、[36]事実、モアの尊敬する知徳兼備のカスバート・タンスタルらの学者が彼に仕えてもいた。[37]ひとつだけ足りないのは君主の心からの招請だったようにも見える。

しかしながら、フランダースから帰国後一五一七年以前にも仕官の勧誘があったにも拘らず、これを辞退してきたし、これからもそうするべきであるように思われる、とモア自身エラムスに伝えており、[38]また仕官直後に彼は、政務にいかに気が進まないかをやはりエラスムスに吐露もしてもいる。[39]彼の記述が本当だとすれば、比較的短期間の内に態度が変わったのはなぜであろうか。その後、地位や富、権力が欲しくなったのか。確かにモアは、フランダースから帰国直後、フランダース滞在中収入がほとんどなく、苦しい生計を余儀なくされていたことも事実である。しかし、モアが政治と関わる危険性を知悉していたこと並びに、ほぼ同じ時期に書かれた多くの警句詩に見られる彼の人生観や廉直さに照らして、これらをその主要な動機と考えることには無理がある。[40]第一、地位や富が欲しければ直ちに仕官していたはずである。それではエラスムスやロウパーが伝えているように、やはりヘンリー八世が有無を言わせずに彼を従わせたのか。[41]しかし、他に生計を立てる方法がなかったのならともかく、ヘクスターも指摘しているように、どうしても嫌なら断ることもできたはずである。[42]それともヘクスターが主張するように、単に、一五一六年の仕官論争執筆時と一五一八年――実際は一五一七年――の仕官時の間に生じたモアの確信の変化を何に求められるべきであろうか。[43]この難問を解く鍵は、モアがフランダース滞在中に付け加えたないし負わされたことの中にあるように思われる。

モアがそこで得たものは三つあると解される。第一に政治の一環である外交交渉の経験である。第二にタンスタル、ピーター・ヒレス、ブスライデンらの政治に関与している人文主義者達との親交である、[44]最後に、一方ではユートピアという現実社会批判の基準である当為の国家像の確立であり、他方では全ての悪の根源である高慢並びにその手段である貪欲や怠惰などの社会諸悪の源泉としての人間の弱点の確定と、これらの抜き難さの認識である。[45]第一と第二とは、モアに対して現実政治に関わる自信を付けさせただろうし、第三は彼にその際の指針と心構えを与えたであろう。従って、『ユートピア』第一巻執筆時に、既にモアの立場は理論的にはほぼ固まっていたと言える。

更にその後、モアが一五一七年の五月祭暴動事件を取り扱い、妥当な判断をヘンリー八世に認めさせ得たことは、[46]彼にヘンリーに適切に対処しうる可能性とその精神の健全さに対する期待を幾分なりとも抱かせたことであろう。エルトンの見方[47]を基本的に踏襲しているスカーリスブリックも指摘している[48]——過大評価ではあるが——ように、ウルジーの平和政策もこれを幾分かは強めたかもしれない。ここに、聖職か俗人かの選択に悩み、誓いを立てずに数年間修道院生活を体験した上で後者の道を選んだところに典型的に見られる、モアの経験重視の態度に照らして、彼の政治家としての実質的条件は全て整ったと言える。

モアがフランダースから帰国後、ヘンリー八世による仕官の要請によって引き受けざるを得なくなったもうひとつの問題は、いかにしてロンドン市とイングランド両者の職務と双方への忠誠とを両立させるかであったように思われる。国家的な仕事が軽微なものでない限り、それが物理的にも経済的にも精神的にも困難であることを、一五一五年のフランダースへの派遣によって彼は経験済みである。このことは、上記の一五一六年二月十七日頃付の彼のエラスムス宛書簡から知ることができる。そこでは、彼が国王への仕官を辞退する理由として、第一に外交交渉の煩わしさ、第二に俗人は精神的、経済的理由によりこれに不向きであること、最後に国王から年金を受ければ、市と国王との利害が対立する可能性が生じるが故に、市職員を辞めない限りロンドン市民が彼の忠誠心に疑念を抱くことが挙げられている。これらの内、第一と家族との一時的別居生活の可能性は、絶対的な理由ではないように思われる。というのは、モアは実際これらに堪え得たからである。また経済的理由は、国王が本人の滞在費に加えて家族の生活費をも支給することによって解決される。これに対して、利害の対立しうる二者に同時に仕えるかどうかの問題は、一方を選ぶことによってしか解決されない。そこに今度は一五一七年八月末のカレー行の依頼である。ここに至りモアは、考え続けていたロンドン市かイングランド王国かの二者択一の問題に決着を付けざるを得ない立場に置かれることになった。

結　語

以上のことから、エルトンが主張するように、モアは、出世を求めて好んで国王に仕えた[48]のではないと考えられる。彼が根拠とするモアによる手当の請求は、ヘンリー八世がモアに約束していたその支給の約束に基づくものと推定される。根拠は必ずしも十分ではないが、最近ブラッドショーも指摘しているように、モアが、強制されたり、不承不承仕官したのではないことだけは、確かである[49]。

彼は、政治家として必要な諸条件を満たしていることを自他共に認めるに至った時に、生活費の保証付のヘンリー八世からの強い要請を受け入れて、不安を抱きながらも、公共への奉仕という賢者の使命感に促されて、止むを得ず——感情によりはむしろ理性に従って——職業としての政治を選択したのである。

モアの行動は、その思想の具現だったと言える。その結果、聖職か結婚かの選択に悩んだ二十歳台半ばのトマス・モアが、俗人として法律家の道を選び、政治の悪魔性を知りながらも、やがて請われてヘンリー八世に仕え、大法官にも任命された。宗教改革期の政治と宗教の葛藤を真向から引き受け、大多数の聖職者らがヘンリー八世をイングランドの頭とする最高首長法を容認する中で、ジョン・フィッシャー司教ら五名の聖職者と共に、カトリック信者としての節操（同法に対する沈黙）を守った。しかもリッチの偽証も加わり、「悪意の沈黙」を口実に、反逆者と見なされ、遂には断頭台の露と消えたのは、一五三五年七月六日のことであった。結果的にエラスムスやヒュトロダエウスの予言が的中した訳である。[50]

【注】

（1）*History*, pp. 81.
（2）*Hizstory*, p.12.
（3）塚田『モアの政治思想』、七九―八〇頁及び佐々木毅『近代政治思想の誕生』、一九八一年、岩波書店、八六―七頁。両者は、『リチャード三世王史』は、一五一三年から一八年頃迄の間に少しずつ書き継がれたものであるが、両者は同箇所が英語版全体のほぼ九割書き進んだ部分であることにも留意するべきであった。
（4）*History*, p.90.
（5）*Utopia*, p. 58〔澤田訳、六八―九頁〕.
（6）"Erasmus,' Letter to U. Hutten of 23 July 1519", in *Correspondence*, No. 999〔澤田昭夫訳「エラスムスの『モア伝』について」、澤田ほか編『トマス・モアとその時代』、一九七八年、研究社出版〕参照。
（7）*Utopia*, pp. 58, 60〔澤田訳、六八―九頁〕.
（8）*History*, p. 91.
（9）*History*, pp. 90-3.
（10）*History*, p. 93.
（11）*History*, p. 91.
（12）*History*, p. 91.

（13）*Utopia*, pp. 56, 58〔澤田訳、六八—九頁〕.
（14）*Utopia*, p. 196〔澤田訳、一九八頁〕.
（15）*Utopia*, p. 80〔澤田訳、六六頁〕.
（16）*Utopia*, p. 104〔澤田訳、一一一—二頁〕.
（17）*Utopia*, pp. 104, 192, 194〔澤田訳、一一二、一九二、一九四頁〕.
（18）*Utoipa*, p. 196〔澤田訳、一九九頁〕.
（19）"More's Letter to Erasmus of 31 October 1516", in *Correspondence*, No. 481, p. 32.
（20）"More's Letter to M. Dorp of October 1515" in *Correspondence*, No. 15, p. 32.
（21）モアの正義の観念の詳細については、例えば鈴木「構造」、二二六—七頁参照。
（22）*Utopia*, p. 56〔澤田訳、六五頁〕; "On the Good King and His People", in *Epigrams*, No. 15, pp. 49, 172.
（23）*Utopia*, p. 87〔澤田訳、九四—五頁〕.
（24）*Epigrams*, No. 125, pp. 60-1, 182.
（25）*Utopia*. p. 98〔澤田訳、一〇五頁〕.
（26）*Utopia*, pp. 98, 100〔澤田訳、一〇六—七頁〕.
（27）M. Weber, "Politik als Beruf", 1919, in *Gezammelte politishe Schriften*, 3. Aufl. herausug. J. Winckelman,Tübingen, 1871, S. 560.
（28）*Utopia*, pp. 68-80〔澤田訳、七六—八九頁〕.
（29）*Utopia*, p. 80〔澤田訳、七八—八八頁〕.
（30）*Utopia*, p. 80〔澤田訳、八八—九頁〕.
（31）*Utopia*, pp. 244, 246〔澤田訳、二四五—六頁〕.
（32）*Utopia*, p. 46〔澤田訳、五五頁〕.
（33）*Utopia*, pp. 58, 60〔澤田訳、六八—九頁〕.
（34）*Thomas More*, ed. M. J. Moore, Boone, N. C. 1978, p.65. 前掲エラスムスのフッテン宛て書簡参照。
（35）J. C. Davis "More, Morton, and the Politics of Accomodation", *The Jounal of British Studies*, No. 19, 1970, pp. 27-49.
（36）*Correspondence*, No. 388 参照。

（37） *Utopia*, p. 46〔澤田訳、五五頁〕.
（38） *Correspondence*, No. 388, pp. 234-5.
（39） "More's Letter on 25 October 1517", in *Correspondence*, No. 999.
（40） 当時のモアの人生観・社会観・世界観については、例えば、鈴木「初期モアの社会諸観念——『ユートピア』の基礎——」、『イギリス哲学研究』第五号、一九八二年参照。
（41） 例えば、*Correspondence*, No. 999, p. 20; W. Roper, *The Life of Sir Thomas More Knight*, in Roper & N. Harpsfield, *Lives of Saint Thomas More*, ed. E. E. Reynolds（London, 1963）, p. 6; R.W. Chambers, *Thomas More*, London, 1935, p. 169; R. Ames, *Citizen Thomas More and His Utopia*, Princeton, 1949; republ. Westport, Conn., 1976, p. 139. 参照。
（42） Hexter, More's *Utopia*: The Biography of an Ideas, Princeton, 1952;（republished, Westport, Conn., 1976）p. 139, p. 138ff. J. C. Davis, *Utopia and the Ideal Society: a Study of 1516-1700* , Cambridge, 1981, p. 46. 両者の関係については、前掲一五一六年二月十七日頃付けモアのエラスムス宛書簡参照。
（43） Hexter, *More's Utopia*, p. 138ff. J. C. Davis, *Utopia and the Ideal Society: a Study of English Utopian Writing, 1516-1700*, Cambridge, 1981, p. 46. 両者の関係については前掲一五一六年二月十七日頃付けモアのエラスムス宛書簡参照。
（44） *Utopia*, p. 46〔澤田訳、五五頁〕、同「訳注」、二八・1、二五八頁、二八・2、二五九頁。
（45） E. g., *Utopia*, pp. 242, 244, 20, 32〔澤田訳、二四三—五、二九、一〇三頁〕.
（46） Reynolds, *The Field Is Won: The Life and Death of Saint Thomas More*, London, 1968, pp. 120-2.
（47） G. R. Elton, "Thomas More, Councillor", in *St. Thomas More: Action and Contemplation*, ed. R. S. Sylvester, New Haven, 1972, pp. 90-2.
（48） J. J. Scarrisbrick, 'Thomas More: King's Good Servant', *Thought*, Vol. 52, No. 206, 1977, p. 256.
（49） B. Bradshaw, "'More on Utopia", *The Historical Journal*, Vol. 24, No. 1, 1981, p. 24.
（50） 澤田「あとがき」『ユートピア』、三〇二—三頁、田村秀夫『トマス・モア』研究社出版、一九九六年、二五〇—三頁。

結　論

ここでは、トマス・モアの思想と行動の特質を要約した上で、彼の思想史上における意義を明らかにするものである。

以上論じてきたように、トマス・モアの思想は、基本的にまず、あるがままの現実の人間とその社会ないし国家と当為の人間と社会ないし国家の両面から考察し、両者の架橋を考案するものであった。これは言わば弁証法的な思考様式である。現実の人間の多くは労働に明け暮れ、非理性的な慣習に囚われ、理性に反する様々な欲望に駆られ、虚栄心を持ち、時には犯罪を犯す可能性がある存在であった。従って、こうした人間によって構成される社会は、不平等、具体的には社会的強者と社会的弱者とが対立する社会である。こういう社会を生み出しているのが、政治的、経済的、社会的強者である為政者や富者であった。その原因は、制度的には私有財産制であり、この背後にあるのが人間には克服することが至難な高慢（superbia）であった。

これに対して、当為の人間とその社会ないし国家では、モア独自の正義の観念に基づき、人間は基本的に平等であり、現世における理性に適った快楽、換言すれば幸福を保障され、これを全人教育・短時間労働・生涯教育・社会福祉・社会保障・十分な睡眠が保障している。従ってモアは、理性に反する贋の快楽を求めず、徳を実行することと良い生活を送っているという自覚から生まれる快楽を最も重要であると考えていた。但し、そこでは全市民が全く平等である訳ではなく、各人の学識や特性に応じて機能的な役割の分担を認め、勤労者と研究者集団とここから選ばれる為政者には役割の分担があった。これ以外の特典は取るに足りないものであった。これらの諸事項は、彼の『ユートピア』だけでなく、他の諸著作においても見られるものである。そこでは、例えば社会生活において、自分の快適な生活を実現するだけでなく、人間が「自然の協同体」(1)に属しているのだから、人間が相互に助け合うこと（いわゆる隣人愛）が求められている。

モアは、現実を当為の人間生活に少しでも近付けるために、経済活動や王権の法すなわちこれを決定する政治による規制が行われるべきであり、為政者も政治を一般市民のための奉仕として考えるべきだと主張した。しかし、モアは人間理性の独立性を認めることができず、世界の創造と摂理の原因である唯一神の仁慈によって、人間が幸福のために創られ、魂の不滅と現世の行状次第で死後に賞罰が与えられるように定められていると考えていた。その際、現世は天上の神の国へと至る過程として位置付けられている。モアにとって現世は、飽くまでも第二義的な世界であり、神の国へと到達するための言わば旅であった。

また、『ユートピア』は、諸修辞法を巧みに活用し、読者に面白く読ませるだけでなく、真実を真剣に考えることを求める社会批評書であった。その第二巻においてユートピア人がヨーロッパ人達の宗教と同質的な宗教を持ち、ヒュトロダエウスらの伝道活動によって、改宗者が続出し、最終的には、大部分のユートピア人がキリスト教に改宗することによって完成される国家形態であった。それ以前の彼らの欠点は、ヨーロッパのラテン語、できれば、ギリシア語が理解できる知識人なら分かるものであった。それにも拘らず、それまでのユートピアは、ヨーロッパより遙かに優れた社会諸制度と人間的諸徳を有する市民から成る国であった。この意味で、プラトンの思考形態に倣い、これを「次善国家」と呼ぶことができる。これはプラトンの『国家』や『法律』の中に描かれた国家と比べても、実現可能性が相対的に高い優れた国家像であった。

更に、『ユートピア』では、第一巻の現実社会ないし国家批判と第二巻の在るべき社会ないし国家を対置することによって、人々に与える効果を高める文学的・修辞法的な工夫がなされている。上述のように、架空の人物ヒュトロダエウスが歴史的モアの理想主義的な側面を代表しているのに対して、書中のモアは彼の現実主義的側面を代弁している。更に、モアがヘンリー八世に仕官したのは、イングランド初め、ヨーロッパの現状を少しでも改善・改革し、少なくともこれ以上悪化させまいという、「もっと社会の現実生活に合った哲学」の立場から選択したものである。

ここで、モアの思想史的意義として、次の十点を挙げることができる。第一に、彼が、プラトンが既に同様の発想法を持っていたとしても、同時代だけに留まらず将来をも念頭に置いて、実現可能性が全く無いとは言えない範型としての「次善国家」像を提起し、その精神を十分活かして、これを追求させようとした終末論的な発想法を持っていたことである。すなわちモアが、ユートピアという当為の社会ないし国家の全体像を、現実社会を批判する基準として、換言すれば範型としてのユートピアを構想、提示したこと自体に意義がある。つまりモアには、ユートピアという概念の創設者として評価できるのである。

第二に、モアが社会諸悪の制度的原因を私有財産制と貨幣経済に求め（ヒュトロダエウスによれば、共同生活制と貨幣流通のない生活物資共有制の採用が最善である。）、その道徳的ばかりでなく、法的規制を考えたが、究極的には自分を他者と神の上に置こうとする高慢（その外に貪欲や野心、虚栄心もある。）にその根源を見い出し、これを痛烈に批判し、経済活動の道徳的改善と法的規制を提起したことである。

第三に、モアが政治家の要件として、現実観察・適応の能力、公共奉仕の態度、不撓不屈の精神並びに諸学に精通していることを考えていたことである。これは、時代や個性の違いに由来する差異はあるが、政治家に基本的に共通してあてはまる見解である。二十世紀のマックス・ウェーバーのそれがその代表的な例である。(2) 第四に、政治と経済との密接な関係を認識し、王権と経済の法的規制を主張したことである。こうした見方はプラトンやアリストテレスにも見受けられるが、彼らの主張は、限定的なものであった。その際、複雑な法律によって統治することを不正の極みと考え、公平の見地から少数で自明な法律を主張したことも重要である。

第五に、モアが諸国が自然の連合体を形成していると考え、他国を敵視する条約を締結せず、非同盟を主張したことである。モアの平和思想はユートピア人の知的、道徳的優越意識の故に、原住民が農耕を行っていない土地に植民し、自国の法制や風習に従わない原住民を植民者が定めた境界の外に追放し、抵抗する人達に対しては、武力で対応すること［しかもユートピア人はこれを最も正当な戦争理由と考えている。］を認めるという限界はあったにせよ、正戦を排除し、自衛戦争のみを例外として認めたエラスムスの平和思想[3]ほど徹底したものではなかったにせよ、モアが基本的に平和を説き、他国を敵視する同盟を排除していることに意義がある。

第六に、教育思想である。子供達に全人教育を行うことである。躾や教育を家庭や学校で両親や兄弟、司祭によって行われるだけでなく、男女に平等な教育を受ける機会を保障し、地域社会がこれを支援するべきであると主張しただけに留まらず、十分な余暇を利用して、各自が関心を持つ講義をいつでも聴講できる生涯教育をモアが考えていたことに意義がある。

第七に、モアが基本的に限定的な信仰の自由を認める宗教的寛容思想を持っていたことである。例えば、ユートピア人の信仰箇条を認めない者に対してある程度の不利益（栄誉を認めず、公職にも就けず、軽蔑される）を与える以外、信仰に関しては最少信仰箇条しか求めず、宗教に関しては理性的に議論することが肝心であると考えただけでなく、宗派間の紛争や戦争を避けるために主張されたことである。この立場は、宗教対立を避けるためにフランスで考え出された、ポリティークに類似している。第八に、ヒエロニムス・ブスライデンのモア宛書簡やエラスムスのフローベン宛の書簡から明らかなように、彼が、どの国であれ、人間に絶えざる社会改革を求めたことである。[4]

第九に、一五三二年に出版されたマキアヴェッリの『君主論』に見られるほど[5]ではなかったにしても、社会諸制度の欠陥や人間の諸悪徳を神や運命だけに任せず、一部は、人間の努力や工夫に掛かっていることを認めた点に意義がある。これは、『ユートピア』の方が『君主論』(回し読みされていたが、読者は限られていた。)より早く出版されたことから言えることである。

最後に、ユートピアそのものが、実現可能性が全くないとは言えない範型としての「次善国家」を提起し、モアやプラトン流に表現すれば、その精神を手掛かりにして、これを追求させようとしたことである。次善の目標なくして目前の実現可能なことすら実現出来なくなるからである。更に敷延すれば、モア的なユートピア思想の持つ意義は、例えばギヨーム・ビュデがイングランド人トマス・ラプセット宛に書いた書簡から明らかなように、何よりも、同時代だけでなく、後世をも念頭に置いていたことである。ビュデは述べている。読者は、ユートピアを「洗練されていると同時に有益な諸制度をはぐくむ育成所だと考えることでしょう。[6]」と。従って、モアは絶えざる社会改革を主張した訳である。

なお、これらの諸事項の多くが、現代にも参考になることである。

【注】

(1) *Utopia*, p. 198〔澤田訳、二〇一二頁〕.

(2) Weber, "Politik als Beruf", S. 560〔西島芳二訳『職業としての政治』、一〇二頁〕参照。

(3) エラスムスは正戦を否定し、自衛戦争のみ認めた(*Querela*, p. 99〔箕輪訳、九六頁〕)点においてモアより徹底しており、理想主義的ですらある。又彼は上述のように、戦争の不経済性も指摘している(*Dulce*, p. 969〔月村訳、三四五—六頁〕; *Querela*, p. 94〔箕輪訳、八六頁〕)。

(4) *Utopia*, pp. 36, 2〔澤田訳、四五、一二頁〕.

(5) Machiavelli, *Il Principe*, in *Tutte le Opere*, a curadi, Mario martelli, Firenze, 1971, p. 295〔河島英昭訳『君主論』、岩波書店、

一九九八年、三―四頁〕. 彼は人間の自由意志によって運命のほぼ半分を支配出来ると考えていた。
（6）*Utopia*, p. 14〔澤田訳、一三三頁〕.

後　書

本書は、トマス・モアが著述を始めてから死に至るまでの政治・法・経済・教育・宗教などの、社会諸思想と人間観・人間像を明らかにしたものである。具体的には、第一に、モアの主著『ユートピア』を中心として、従来の諸解釈を批判し、筆者独自の解釈を行った。第二に、モアの諸思想の全体像を把握するために、彼の教育思想・経済思想・宗教思想も取り上げた。第三に、ほぼ同時期に著された、『ユートピア』とトマーゾ・カムパネッラの『太陽の国』並びにフランシス・ベイコンの『新アトランティス』とを比較することによって、「ユートピア」の特色をより精確に明らかにした。最後に、同時代を代表する思想家であった、北方ルネサンスを代表するエラスムスの戦争・平和思想に限り、モアとの比較を行い、その独自性を明らかにした。ここでは、膨大な量の新教徒との諸宗教論争書については、全てを取り上げることはしなかった。その理由は、これらがカトリックを擁護する、ほぼ同様な内容のものだからである。

本書は、私のこれまでの研究生活において、北方ルネサンスの代表的な人文主義者トマス・モアに関する諸論文にその後の研究成果を取り入れ、大幅な加筆・修正を加えるとともに新たな論文も加え、一書の統一を図った。これらの論文を発表順に記す。

1．「『ユートピア』解明のための一試論――トマス・モアにおける正義の観念――」、『紀要』、第二三巻、一九七二

年

2.「最善国家としての『ウートピア』——トマス・モアの社会思想史的意義解明のために——」、『経済学』、第三五巻第一号、一九七三年

3.「モアにおける私有と共有」、『トマス・モア研究』、第五号、一九七四年

4.「Utopia とトマス・モア」、『紀要』、第二七巻、一九七六年

5.「『ユートピア』の構造」、田村秀夫編、御茶の水書房、一九七八年

6.「初期モアの政治思想」、『社会思想史研究』、第五号、北樹出版、一九八一年

7.「トマス・モアにおける経済と政治——その思想史的意義——」、『経済学』、一九八三年

8. "The Social Ideas of Younger More," *Moreana: Bulletin Thomas More*, XXI (83-4), 1984.

9.「エラスムスの平和思想——その独自性と意義——」、『経済学』、第五〇巻第一号、一九八八年

10. "Thomas More on Politics as a Profession," *Moreana*, XXV (97), 1988.

11.「トマス・モアとエラスムスにおける戦争と平和」『紀要』、第三九巻、一九八八年

12.「北方ルネサンス二つの最善政体論——エラスムとトマス・モア——」、『イギリス哲学研究』、第一二号、一九八九年

13.「ルネサンス三つのユートピア——『ユートピア』、『太陽の国』、『新アトランティス』——」、『松山大学論集』、第二巻第五号、一九九〇年

14.「トマス・モアにおける正統と異端——『ウートピア』と宗教論争書を中心として——」、『経済学』、第五二巻第一号、一九九二年

15.「『ユートピア』」、佐藤正志・添谷育志編『政治概念のコンテクスト—近代イギリス政治思想史研究—』、

一九九九年

16．(1)「トマス・モア『ウートピア』の再解釈」、『紀要』、第五九号、二〇〇八年

(2)「トマス・モア『ウートピア』の再解釈」、（本論文は、査読を受けた上で一字修正を行い、同じ論題で『研究論文集――教育系・文系の九州地区国立大学間提携論文集――』、二〇〇九年、二〇〇九―九に掲載に掲載されている。）

また、本書が出来上がるまでには、多くの方々の尽力があった。例えば、東北大学名誉教授の宮田光雄先生は、筆者がモアを研究する切っ掛けを与えてくれた（結果的には、異なる道を歩んだが。）。また、日本人では、日本トマス・モア協会会長の澤田昭夫先生や故田村秀夫先生・故塚田富治先生、菊池理夫先生・渡辺淑子先生らから多くの刺激を受けた。更に、ケムブリッジ大学のクェンティン・スキナー名誉教授と故G・R・エルトン名誉教授は、聴講を認めてくれただけでなく、筆者の拙い英語の論文草稿を丁寧に批評してくれた。ブレンダン・ブラッドショー博士は、モアやエラスムスについて話し合う機会を作ってくれた。その上に、強調したいのは、数編の拙論を発表する機会を与えてくれた、国際トマス・モア協会のジェルマン・マルクハドゥール師には、感謝の言葉も無い。加えて、本書を出版するに当たり、『ユートピア』の解釈では、見解を異にする筆者を、風行社に紹介の労を取られた、菊池理夫教授にはお手数かけた。

最後に、出版事情の厳しい中、本書を公表する機会を与えてくれた、風行社並びに編集者兼代表取締役の犬塚満氏にも感謝したい。彼は、編集者として適切な対応をしてくれた。上記の人々の理解と適切な助言がなければ、本書が日の目を見ることはなかったであろう。

なお、本書の刊行に際しては、日本学術振興会の平成二二年度科学研究補助金研究成果公開促進費の交付を受け

た。記して謝意を表したい。

（二〇〇九年一二月一日脱稿）

[著者紹介]
鈴木宜則（すずき よしのり）
1945年生まれ
東北大学大学院法学研究科修士課程修了、同経済学研究科研究生修了
鹿児島大学名誉教授
主要論文：
1．"The Social Ideas of the Younger More," *Moreana: Bulletin Thomas More*, Vol. XXLV, Nos. 83-84（Angers, 1984）
2．"Thomas More on Politics as a Profession," *Moreana*, Vol.XXV, No. 97（Angers. 1988）
3．"Thomas Hobbes on Social Welfare," *Hobbes Studies*, XI-1988（Helsinki, 1999）

トマス・モアの思想と行動

2010年10月25日　初版第1刷発行

著者　鈴木宜則
発行者　犬塚　満
発行所　株式会社風行社
〒101-0052 東京都千代田区神田小川町3－26－20
Tel. & Fax. 03-6672-4001
振替 00190-1-537252
印刷・製本　株式会社三秀舎

 ISBN978-4-86258-052-8